大清帝国と朝鮮経済

開発・貨幣・信用

山本　進

九州大学出版会

大清帝国と朝鮮経済

開発・貨幣・信用

まえがき

本書は基本的に朝鮮王朝後期の社会経済史を取り扱った専門書である。書誌学から言うと本書は間違いなく朝鮮史に分類されるであろう。にもかかわらず書名には「大清帝国」ということばを用いている。中国との関係が深い北辺地域経済や対外貿易品目である人蔘・銀について考察しているとは言え、これは多分に羊頭狗肉ではないか。また奥付に記した通り、私は長年にわたり中国明清時代史を研究し、既に五冊の専門書まで著した。そのような者が朝鮮史の研究書を刊行するのはお門違いではないか。本書を手に取られた方は恐らく以上のような疑問を持たれることであろう。「大清帝国」についての説明は序章に譲り、ここではとりあえず中国史研究者としての問題意識について簡単に述べておく。

確かに、私は学生時代より朝鮮史に関する専門教育を受けていない。しかし本来研究者とは絶えず未知の領域に関心を抱き、新たな課題に挑戦し、必要な知識や技能を習得して、新天地を開拓しようとする者であるべきではないだろうか。また巨視的に見れば中国史も朝鮮史も東洋史の一部であり、私にとっては宋元以前の中国史を研究するより朝鮮王朝時代史を研究する方がはるかに容易である。更に近世東アジアの先進国であった中国を理解していることは、朝鮮を理解する上で大いに役立った。逆に朝鮮史や日本史の専門家が同時代の中国について必ずしも通暁しているとは言えないことに疑問を覚える。少なくとも私は本業である清代史の余業として朝鮮後期史を捉えているのではない。

また、学問の深化は不可避的に専門領域の細分化をもたらすが、それは得てして研究者の独善を招きやすい。二〇一一年三月一一日に発生した福島第一原子力発電所の事故は、専門家と呼ばれる学者・技術者・官僚らが所謂

「原子力村」という閉鎖的空間で研究・開発を推進していたことを広く知らしめたが、私は歴史学を含めたあらゆる学問で「村」化現象が起きていると思う。明清史や朝鮮史を見渡しても分野横断型の研究を展開しているとは言えないし、使用言語や方法論の壁を越えて中国や韓国・朝鮮の研究者と議論を闘わせているようにも見えない。不幸なことに近隣諸国から突き付けられる歴史問題や教科書問題がかえって真摯な意見交換を躊躇させている嫌いさえ感じられる。

政治学や経済学とは異なり歴史学は同時代に密着した問題意識を喚起することが苦手な学問であるが、歴史を趣味とする人が多いことも事実である。朝鮮半島について言うと、開化期・日帝強占期（植民地時代）と称される近代史や大韓民国・朝鮮民主主義人民共和国成立後の現代史に関心が集まるのは致し方ないことではあるが、同時に「大長今（宮廷女官チャングムの誓い）」や「イサン」「トンイ」などの歴史ドラマが高視聴率を取っていることも見逃せない事実である。私は歴史ファンと歴史学者との間に橋を架け、多額の税金を使ってなされている研究成果を社会に還元しなければ、この学問はやがて整理淘汰されてしまうのではないかという危機意識を持っている。

とは言え、安易な概説書を新たに書いても社会的貢献にはならないであろう。そのような類書は既に多数刊行されているからである。今必要なのは「中国史村」「朝鮮史村」「日本史村」相互の隙間を埋めるような研究、換言すれば既存の専門領域の垣根を越えた新しい近世東アジア史像を世に問うことであると思う。これが本書の執筆動機である。

もちろん私は自分が東アジアの全体像を描き得るに足る実力を持っていると自負しているわけではいない。本書の基盤となった各論文の多くは九州史学会朝鮮学部会で発表し、参加者各位より貴重なご意見を頂いた。また既刊の著書と同様、本書もまた読者から厳しい叱正を受けねばならないであろう。至らぬ点は多々あるかもしれないが、本書をきっかけとして東アジアの各国史間で少しでも議論や交流が深まればと願っている。

なお、本書で引用する史料中の大括弧は、引用者による誤字の訂正や省略された字句の補塡を表す。また『備辺司謄録』や『承政院日記』からの史料引用は話題が廷議に掛けられた日付ではなく、記録された日付で表示する。

従って実際の日付（干支表記）で編纂された『朝鮮王朝実録』とは異なる場合が多い。また常用される歴史的事件の記述は主として史料上の表現に拠った。「倭乱」「倭銀」「胡乱」は、日本人や女真族に対する蔑視を含んだ呼称であると言えるが、敢えて「秀吉の朝鮮出兵」などとは言い換えなかった。逆に「李氏朝鮮」「李朝」という日本の朝鮮史学固有の表現は用いず、「朝鮮王朝」あるいは単に「朝鮮」と表記した。

初出一覧

序章　書き下ろし
第一章「清代鴨緑江流域の開発と国境管理」九州大学『東洋史論集』三九号、二〇一一年
第二章「清末民国期鴨緑江流域の開墾」九州大学『東洋史論集』三八号、二〇一〇年
第三章「朝鮮王朝後期平安道江界府における蔘政」北九州市立大学『外国語学部紀要』一三一号、二〇一二年
第四章「朝鮮王朝の北辺充実政策――徙民と刷還――」九州大学『東洋史論集』四〇号、二〇一二年
第五章「朝鮮王朝後期の貨幣政策と鴨緑江辺経済」北九州市立大学『外国語学部紀要』一二九号、二〇一〇年
第六章「朝鮮後期の大銭鋳造論」北九州市立大学『外国語学部紀要』一三五号、二〇一三年
第七章「朝鮮後期の銀流通」北九州市立大学『外国語学部紀要』一三三号、二〇一二年
（韓国語訳は『明清史研究』三九輯、ソウル、二〇一三年）
第八章「朝鮮後期の銀財政」北九州市立大学『外国語学部紀要』一三三号、二〇一二年
第九章「朝鮮後期の銀品位」北九州市立大学『外国語学部紀要』一三五号、二〇一三年
第十章「朝鮮後期の纚布」九州大学『東洋史論集』四一号、二〇一三年
第十一章「近世日朝貿易と被執取引」北九州市立大学『外国語学部紀要』一三六号、二〇一三年
第十二章　書き下ろし
終章　書き下ろし

第Ⅲ部　対日対清貿易と信用創造

略年表

索引

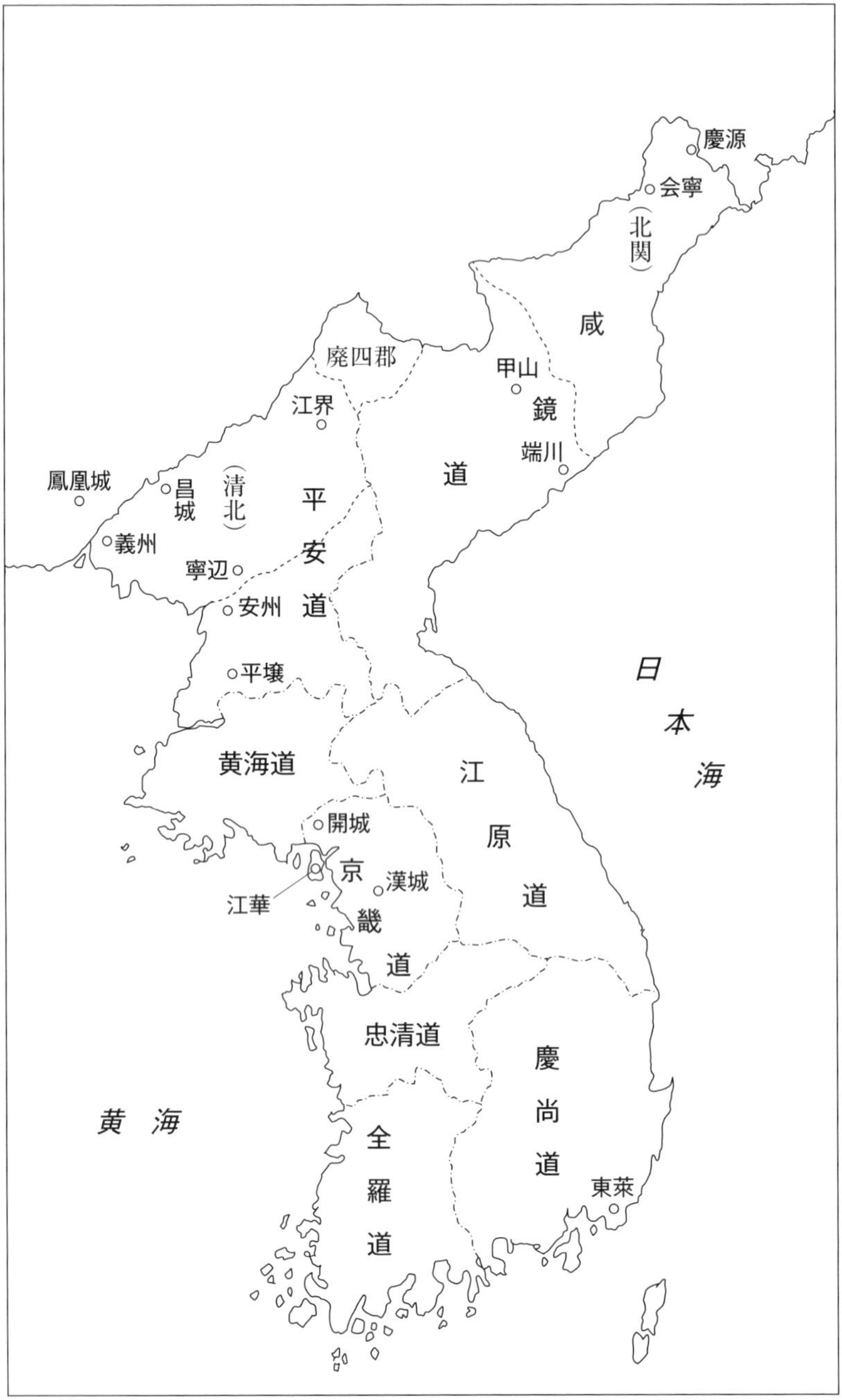
慶源
会寧
（北関）
咸
鏡
道
甲山
端川
廃四郡
江界
鳳凰城
昌城
（清北）
平
安
道
義州
寧辺
安州
平壌
日
本
海
黄海道
江
原
道
開城
京
畿
道
漢城
江華
忠清道
慶
尚
道
全
羅
道
東萊
黄　海

序章　大清帝国の脅威と後期朝鮮経済の跛行的発展

近世東アジア地域では中国大陸を清朝が、朝鮮半島を李氏朝鮮王朝が、日本列島を徳川幕府が統治していた。琉球は清との冊封関係を維持しながら実質的に薩摩藩の支配下に入り、日本の一部分に組み込まれた。中朝日三国は程度の差こそあれ商品生産が発展し、国内の商品市場も形成されていたが、相互間の貿易は発展しなかった。日本では中国から輸入し続けていた生糸や絹織物を国内で代替生産する傾向さえ見られるようになった。

改めて言うまでもなくこの地域の先進国は中国であった。しかし清朝は歴代王朝と同様、モンゴルや東トルキスタンなど漠北や西域に対してはこれを直接支配下に組み込むことに努め、実際に征服したが、朝鮮に対しては明代と同様の宗藩関係にとどめ、日本に対しては外交関係さえ結ばなかった。

このような歴史的状況がもたらす必然の結果として、三国の近世史、とりわけ社会経済史は一国史的観点から研究がなされがちであった。もちろん使節の往来や統制貿易に関する研究はなされてきたが、それらは国内経済とは切り離されて論じられてきた。蓋し当時の国際貿易は支配階級の需要を充たす奢侈品の取引に偏倚していたからである。特に自給自足経済体制が最も色濃く残っていた朝鮮では、貿易と国内経済との関連性は低かった。

そもそも朝鮮では一七世紀まで米や綿布などの現物貨幣が取引の媒体として通用しており、銅銭が本格的に社会に浸透するのは一八世紀頃からであった。首都漢城（現ソウル）を除けば地方都市は発達せず、流通は農村の定期市段階に止まっていた。商業と財政との癒着関係の克服は、中国では明末清初に牙行（官許の仲介業者）に賦課された当官（地方衙門への物品・労務の貢納）の営業税化によって成し遂げられたが[1]、朝鮮ではなかなか進まず、一七九一年の辛亥通共により六矣廛を例外として特許商人の解体がようやく実現されたものの、自由商人であるはずの乱廛もまた権力と結託し、独占的経営を行うようになったと言われている[2]。

朝鮮後期の社会経済史を一国史的視点から観察すると、どうしてもその後進性が目立つ。しかしこれを無理に克服しようとすると、例えば現物貨幣の残存に対して、「貨幣の機能を市場における流通手段とのみ捉え、金属貨幣が物品貨幣よりも進んだ存在であるとする思い込みをいったん棚上げし、国家による再分配を第一義として市場による微調整をある程度許容するという朝鮮王朝の基本的な経済構想に立って朝鮮における貨幣を理解することが必要なのである[3]」などという展望を描かざるを得なくなる。このような後進性を強引に否定する試みは、かえって朝鮮史と中国史や日本史との距離感を広げてしまい、朝鮮経済は中国経済などとは異なった理念と制度の下で発展したのだという誤解を生みかねない。確かに、理念や制度は当該市場経済に一定のバイアスを与えはするが、それが規定的に作用したとみなすと、経済史の基本的な約束ごとを否定することになりかねない。先の例について言えば、金属貨幣が現物貨幣より計量機能でも運搬機能でも価値保存機能でも優れていること、すなわち数えやすく、持ち運びに便利で、腐ったり変色したりしない利点を有することは自明の理であり、片時も棚上げにできるものではない。

一方、一九八〇年代末頃から日本の東アジア史研究は一国史的歴史観を乗り越えることに力点を置いてきた。そこで脚光を浴びたのは新大陸からヨーロッパを経由して滔々と流入する銀であった。代表的論客である岸本美緒は、明代後期に流入した銀が中国の商品流通を活性化させたと見る[4]。ところが宮嶋博史は、中国が銀を媒体として世界システムに統合されたのに対し、朝鮮は「銀の流入をもっとも頑強に拒否した」「十六世紀に東アジアが銀流通圏にまきこまれようとしたとき、李朝政府は銀と国内経済との関係を断ち切ろうと努めた」とも述べている[5]。このように中国史においては銀を起爆剤とした商品生産活性化論（それは確かに明清史を説くには非常に都合が良い）が展開される一方、朝鮮史においては銀流通を否定し、なおかつ植民地時代の朝鮮社会停滞性論にも与しない（それは日本帝国主義の歴史観を克服するためには不可避である）というのは、多分に虫が良すぎるのではないか。

宮嶋は「朝鮮社会はけっして停滞した社会ではなかったが、その変化のあり方は独自の様相を呈する」[6]とも述べているが、私は中国には世界システムという普遍的理論を当てはめ、朝鮮では独自性を前面に出すという二重基準性が近世東アジアの全体像を観る目を曇らせているように思われてならない。

私が知る限り、朝鮮政府が銀の輸入や流通を排除したという史料や実証研究は存在しない。朝鮮国内に流通する銀の量が比較的少なかったのは、同時代の中国とは異なり生糸・絹織物や茶などといった世界市場向け商品をほとんど生産していなかったため、そして明朝の歳貢要求や製錬技術の低さなどの諸要因により政府が国内での銀鉱開発に消極的であったためであると思われる。何より一七世紀から対馬藩を通して積極的に倭銀を輸入していた事実が宮嶋の言説と決定的に齟齬している[7]。

世界システム論の妥当性はさておき、当時の朝鮮もまた中国や日本との間で銀を媒体とした国際交易を行っていた。それは多分に中継貿易的傾向が強かったが、朝鮮もまた人蔘という特産物を輸出して東アジア国際分業の一角に参加していた。朝鮮史では当然視されるこれらの史実を明清史は今一度検討すべきではないか。逆に朝鮮史は現物貨幣から常平通宝への進化という図式だけに拘泥せず、一七・一八世紀には銀が国内市場で通行していた事実を真剣に受けとめ、その歴史的意味について考えるべきではないか。私が本書を通して越えんと欲する垣根とはまさにこのことである。

私は長い間、清代社会経済史を研究してきた。その経験から言うと、朝鮮経済の後進性を否定する努力は結局新たな袋小路を造り出す作業に終始するように思われる。本書における私の関心は朝鮮経済の後進性ではなくその跛行性にある。すなわち稲作や綿業など基幹産業は遅ればせながら自律的に成長を遂げつつあったのに対し、それとは全く異なる次元で人蔘の採取や生産、生糸や銀銅の貿易がなされていたという経済の二層構造である。そして二層構造の上層部分において清朝が及ぼした影響は非常に大きかったと考えている。それは単なる貿易相手としてだけではなく、軍事大国としての存在感も強かった。これが下層部分すなわち農村経済にいかなる波及効果をもたらしたかについては不明であるが、貢賦の部分的銭納化などを通して間接的変化をもたらしたことは確かであろう。

本書は大清帝国の存在が朝鮮経済に与えた影響と朝鮮固有の経済構造の形勢について、北辺の農業開発と特産物採取、銅銭・銀貨・布貨などの貨幣流通、対日・対中貿易における信用取引という三側面から検討を加える。まず第Ⅰ部では鴨緑江流域の開発について、清初から清代後期まで（すなわち近世）と清末民国期（すなわち近代）とに分けて考察する。前者が第一章、後者が第二章に相当する。第一章では鴨緑江流域に眠る豊富な天然資源の存在が鍵となる。中国側は人蔘（薬用人参）と木材であるが、朝鮮側は特に人蔘に注目していた。そこで第三章では朝鮮政府の人蔘政策について掘り下げた考察を行う。一方第二章では木材を伐採した跡地における焼畑方式の開墾が鍵となる。朝鮮側の焼畑農民は火田民と呼ばれ、その存在形態は中国側と異なっていた。そこで第四章では火田民を析出する要因となった平安道の相対的過剰人口がいかなる歴史的経緯によって発生したのかについて検討を加える。

次に第Ⅱ部の貨幣流通について。平安道は咸鏡道と並んで朝鮮における経済的後進地域であったが、貨幣経済は相対的に発達していたと言われてきた。義州・平壌など使行貿易の経由地が存在することなどがその理由と考えられてきたが、既述の通り、使行貿易が朝鮮経済に占める割合は低かった。私はむしろ清の脅威に対して兵餉を準備するため、敢えて軍事拠点に貨幣を備蓄したのだと考えている。朝鮮後期は現物貨幣から金属貨幣への移行期であったが、銅銭や銀の流通は不安定であり、また綿布や穀物も財政に組み込まれていたため貨幣機能を残していた。そこでまず第五章と第六章で銅銭の鋳造・備蓄・運用について考察する。第五章では平安道備蓄銭の南送問題を通して銭の軍事的側面について検討し、第六章では英祖初期から純祖期に間歇的に提起された大銭鋳造論を通して常平通宝の規格が鋳銭段階からまちまちであったことを解明する。中国と異なり銅銭は兵餉としてその多くが戸曹や軍門など政府機関における備蓄に回され、一八世紀までは鋳銭事業も実施と停止を繰り返しており、規格の不揃いに悩まされていたことが明らかにされる。

続いて第七章・第八章・第九章では通説において否定的に見なされてきた朝鮮国内における銀の流通とその財政的役割について考察する。第七章では銀に対する信認が日本から輸入された丁銀に依存していたこと、日本銀の杜絶に伴い国産銀である礦銀が流通するようになったことを解明する。また第五章で触れた通り、朝鮮の通貨政策は市場における流動性の確保のみならず、兵餉備蓄としての側面が強かった。しかし使行貿易の拡大に伴い、戸曹や各衙門・軍門は保管された銀を通訳官や随行商人に貸し付け、高利回り運用を図った。そこで第八章では国家の銀備蓄と銀鉱開発について検討する。そして第九章ではこれまで全く顧みられてこなかった銀の品位について考察する。これら各章を通じて銀が朝鮮国内でも相当流通し、政府も銀を対清防衛のための備蓄や対清貿易の原資として位置付けていたことが明らかにされる。

最後に第十章では銅銭や銀の登場により脇役の座に追いやられた現物貨幣がやがて貨幣機能を喪失し、単なる商品になったことを、布貨（綿布貨幣）を例にあげて考察する。特に麤《そ》布と呼ばれる粗悪綿布は使用価値と乖離していたため商品流通の媒体となり得たのではなく、現物納税に依存した朝鮮財政が生んだものであり、貢賦の銭納化により駆逐されたことが明らかにされる。

更に第Ⅲ部では貿易における信用創造について検討する。第十一章では日朝貿易に見られる被執取引について取り上げ、これが管理貿易下で可能な延べ取引であったことを論じる。また東萊府は対馬藩に回賜する綿布や米を手標と呼ばれる手形で年末に一括支給していたが、やがてこれが私貿易での決済にも流用されるようになった。そして手標は対中貿易でも使用された。第十二章では英祖初に発生した清債事件を通して、義州の密貿易商人が清国商人の振り出す一覧払い手形や支払人指定手形を送銀手段の一つとして利用していたことを明らかにする。

ここで注意すべきは、清朝が朝鮮に加えた圧力それ自体ではなく、清朝の対朝鮮政策を朝鮮政府がどのように受け取り、対日貿易の発展と組み合わせてどのような経済構造を構築したかということである。一七世紀から一八世紀の初期頃までは女真族・後金国・清帝国に対する朝鮮側の敵愾心は強く、これと呼応して清朝皇帝の態度も非常に厳しかった。ところが乾隆の盛世になると朝鮮の警戒心も弛み、これと連動して英祖・正祖の安定期が訪れるのである。大清帝国の脅威そのものよりも、巨大な経済大国となった清朝に対し朝鮮がどう対応したのかが重要なのである。結論を先取りすると、清朝への警戒感が弛むにつれて廃四郡と呼ばれる朝鮮側緩衝地帯の開発が進み、兵餉として平安監兵営や漢城の各衙門・軍門に備蓄されていた金属貨幣が市場に出回り、綿布に代わって流通の媒介手段としての機能を本格的に発揮し始めた。また対清貿易によって招来された唐貨や廃四郡を管轄する平安道江界府から採取された人蔘は倭館を通して日本へ輸出され、日本から大量の銀貨が輸入された。その多くは唐貨購入の代価に充てられたが、少なからぬ倭銀が朝鮮政府によって備蓄され、また国内市場で流通した。このように後期朝鮮経済の上層部分は対外関係に大きく影響され、その結果経済発展が跛行的に進行した。

もちろん対外的脅威や国際貿易は多かれ少なかれいかなる時代、いかなる社会にも見られる。そして後期朝鮮における影響が清朝中国や江戸期日本と比較して際立って強かったわけでもない。また琉球王国のように中継貿易への依存度が極めて高かった地域と朝鮮とを同列に扱うことはできない。とは言え、長江下流地域を中心に世界最先端の手工業を形成していた中国や、豊かな鉱産資源を梃子に海外から貴重な物産を輸入し、やがてはその輸入代替化に成功する日本と比較した時、朝鮮は銀を用いた国際貿易と現物貨幣が残存する自給自足的国内経済との二重性がより際立っているように見られる。従来の朝鮮後期史はこの時代の経済的発展水準の検証に偏倚していたが、本書ではむしろ経済の上層部分と下層部分との跛行性に注目して議論を進める。より具体的に述べると、確かに朝鮮の農村経済は停滞性が色濃く、王室や士大夫が大量に消費する絹織物の自給さえ不可能であったが、一方で中継貿易や特産物輸出により膨大な銀を市場に取り込んでおり、国際市場に積極的に参加していた。これらの現象を発展か停滞かという一元的な物差しで測るのではなく、両者が同時並行的に進行していたという観点から描いてみるつもりである。

註

（1）拙書『明清時代の商人と国家』研文出版、二〇〇二年。
（2）須川英徳『李朝商業政策史研究』東京大学出版会、一九九四年。

（3）朝鮮史研究会編『朝鮮史研究入門』名古屋大学出版会、二〇一一年、一六五頁。引用箇所の執筆者は須川英徳。

（4）岸本美緒「清朝とユーラシア」歴史学研究会編『講座世界史』二巻、東京大学出版会、一九九五年、三一―三二頁。この議論に対する批判については拙書『清代社会経済史』創成社、二〇〇二年の第二章を参照。

（5）岸本美緒・宮嶋博史『明清と李朝の時代』中央公論社、一九九八年、二〇〇頁・二八九頁。

（6）同右、二九一頁。

（7）岸本は一八世紀前半における朝鮮から中国への銀流出をマニラからの流出と同程度と見ており、朝鮮が半世紀以上にわたり相当量の銀供給力を維持していたことは認めている。岸本『清代中国の物価と経済変動』研文出版、一九九七年、一九一頁。

第Ⅰ部

鴨緑江流域の開発

第一章　近世鴨緑江流域の開発と国境管理

はじめに

一六世紀末、太祖ヌルハチによって統合が開始された女真族（後に満洲族と改称）は、一六一六年、明帝国の支配を脱して後金国を建国し、遼東の明軍と対峙して次第に勢力を強めていった。一六三六年には太宗ホンタイジが国号を大清と改称し、自ら皇帝を名乗るようになった。一方中国内地では飢饉が相継ぎ、一六四四年、李自成に率いられた農民反乱軍は北京を制圧し、崇禎帝を自尽に追いやった。この混乱に乗じ、清は山海関の守将呉三桂の手引きによって中国本土に侵入し、瞬く間に南明諸勢力を制圧して、新しい中華の主となった。

満洲族の入関後、東三省東部は一時的に無人の曠野と化した。そこで清朝政府は順治一〇年（一六五三）に遼東招民開墾例を公布し、移民による奉天の再開発を実施した。康熙六年（一六六七）、招民開墾例は廃止されるが、その後も山東方面からの移民が滔々と遼東半島へ流入したので、乾隆五年（一七四〇）、政府は封禁政策に転換し、漢族移民の防遏を図った。だが押し寄せる移民の流れを堰き止めることは不可能であった。

明清交替直後における東三省の荒廃と清朝の移民政策については、既に周藤吉之や石橋崇雄によってその詳細が明らかにされているが(1)、封禁政策の実効性については論者によって見解が異なっている。近年あらためて清代の東北移民問題を採り上げた荒武達朗は、時代が下るにつれ清朝が現実に合わせて封禁を解除せざるを得なくなったのではなく、封禁はその開始直後より「まさにそうあるべき」理念に過ぎず、現実には一時解除の便法を随時適用して弾力的に運用されていたと総括している。[2] しかし満洲族の漢化防止や貂皮・人蔘などの天然資源保護といった封禁政策の理念は清初より存在したはずであり、なぜ乾隆五年に至ってその理念が強化ないし再確認されなくてはならなかったのかまでは論じていない。

ところで、荒武は東三省を「満洲」と一括りにして捉えるが、同じ「満洲」でも、清朝の管理が緩やかな地域と厳格な地域とでは、移民への対応も自ずと異なっていた。具体的に言うと、柳条辺の内側では順治一〇年の遼東招民開墾例により入植が奨励され、封禁強化後も開墾が黙認され続けたが、柳条辺外への移住は建前として光緒初頭まで一貫して禁止され続けた。柳条辺とは山海関から遼河平原を囲繞して鳳凰城に至る辺柵のことであり、柳条辺牆とも俗称されるが、城壁は築かれておらず、木柵で境界を分けているだけである。もともと明朝が永楽年間（一四〇三―一四二四）より対女真族防禦のため構築したものであるが、清朝は入関後、漢族が満洲族の故地へ侵入することを防止するため辺柵を再整備し、順治一一年に開原県威遠堡から山海関までの西段を、康熙一一年に威遠堡から鳳凰城までの東段を修築し終えた。その後威遠堡より北東に向けて延伸し、現在の長春付近を経て松花江岸に達する北段が新築され、これが満洲族とモンゴル族との境界線とされた。東段と西段の内側が概ね奉天省に相当する。なお、朝鮮使節は義州対岸の中江（後の馬市台と推定される）から靉河北岸の九連城に渡り、鳳凰城柵門を抜けて鳳凰城に入り、瀋陽を経由して北京に赴いていた。柵門では柵門後市と呼ばれる、使節に附随した非公式貿易も行われており、朝鮮政府もこれを容認していた。[3]

このように、清代の柳条辺は防衛施設ではなく、主として民族の居住区を分かつ境界線の役割を担っていたが、現実には荒武の指摘する通り、天然資源の偷採（非合法な私的採取）を目的とした流民の辺外への侵入は跡を絶たなかった。にもかかわらず、彼らが定住を目指さない純然たる流民であったため、開発史や移住史の立場から観ると、辺外の流民問題は副次的なものとして捉えられがちであった。[4]

しかし、少なからぬ流民が辺外に侵入することは、天然資源保護の観点だけでなく、治安維持の観点からも深刻な問題を孕んでいる。嘉慶白蓮教徒の乱が端的に示すように、地方衙門の監視の目が行き届きにくい山間僻地はしばしば反国家活動の温床となるからである。特に柳条辺外の中朝国境地帯は、清朝にとっても朝鮮にとっても、治安対策上最も注意を要する要扼の地であった。

とは言え、清朝の軍事力を以てすれば、辺外の流民集団などさほど恐るるに足らぬ存在であったはずである。しかし朝鮮は清朝とは立場が異なる。朝鮮人流民による国境侵犯や天然資源の偸採は深刻な外交問題を惹起し、最悪の場合、軍事干渉を招きかねない。一七世紀前期に丁卯胡乱（一六二七）・丙子胡乱（一六三六）と呼ばれる二度の女真族侵攻で国土を蹂躙された朝鮮王朝は国境管理に神経を尖らせていた。

ここで両国の国境について簡単に述べておくと、清朝は国初以来、鴨緑江と図們江を両国の国境と定めており、朝鮮もこれを承諾していた。両江の源流である長白山（朝鮮では白頭山と称す）の分水嶺付近は境界が未画定であったが、康煕帝は康煕五一年（一七一二）穆克登を派遣して両江の分水嶺を確定させ、ここに両国国境は一線で結ばれるようになった。ただ穆克登が伝聞に基づいて建てさせた定界碑の位置は実際には図們江の源流とは異なっており、朝鮮側も穆克登の誤認を知りながら敢えて修正を申し出なかったため、後に光緒年間、このことが所謂「間島」問題を複雑にさせるのであるが、この国境線が同治年間（一八六二―一八七四）まで両国間で承認されていたことは否定できない事実である。

中朝間の国境問題は国境線の画定にあったのではない。一九世紀末まで、清朝も朝鮮も鎖国政策を実施しており、一般人民が国境を越えることを厳しく禁止していた。従って両国の国境問題は領土問題ではなく辺禁問題、すなわち国境付近での経済活動や国境を越えた人の移動の問題にあった。

清朝と朝鮮とは地続きの関係にあるが、国境付近に居住していた女真族が入関に伴い西遷した結果、両国間には国境監視兵を除き民間人の住めない緩衝地帯が形成された。その大部分は鴨緑江西岸と図們江北岸の清国側に位置するが、朝鮮側でも平安道東部に位置する閭延・茂昌・虞芮《ぐぜい》・慈城の廃四郡を事実上の緩衝地帯としていた。この地は世宗時代に四郡を置いて直接統治が試みられたが、しばらくして廃止され、朝鮮領の女真族居住区となっていた。清の建国後、朝鮮領の女真族も西遷し、廃四郡は無人地帯と化したが、政府は朝鮮人の入植と開墾を認めなかった。なお、同地は解放前まで平安北道に属していたが、現在朝鮮民主主義人民共和国は西側を慈江道に、東側を両江道に組み入れている。

白頭山定界をめぐる清朝と朝鮮との国境画定問題については戦前より多くの研究があり、戦後も中国と韓国とで盛んに議論されているが、鴨緑・図們両江を挟んだ国境管理問題については、これまで中国史の側からも朝鮮史の側からもあまり注目されてこなかった。一九世紀の朝鮮人越境流民については田川孝三の詳細な研究があるが[5]、考察対象は主に咸鏡道北端に設置された慶源・会寧・慶興・鍾城・穏城・富寧六鎮から図們江を越え、所謂「間島」地方やロシア領沿海州へ入植する流民であり、問題関心は流民を輩出する朝鮮農村の疲弊状況に置かれている。最近では、姜錫和が朝鮮後期の咸鏡道における辺境開発に関する著書を刊行しており、その中で廃四郡復設問題も論じている[6]。

一方、鴨緑江方面については、一九九四年、張杰が中国側史料を用いた清朝の鴨緑江流域における封禁政策に関する論考を発表しているが[7]、史実の発掘と政策の分析は簡潔で、未だ概説の域を出るものではない。ただ康熙二四年（一六八五）に鳳凰城周辺の柵門外一五里の地点で開墾が行われたと記された史料に基づき、柳条辺が一五里南東に拡張され、その内部で開墾が行われたと主張している点では目を引く。なぜなら柳条辺外は清朝官僚の度重なる開墾要請にもかかわらず、朝鮮政府の強固な反対に遭い、同治年間まで辺柵の移動と柵外の開墾が容認されなかったと考えられてきたからである。

その後二〇〇六年、李花子が中朝間の国境画定問題と国境管理問題を総合的に論じた著書を出版したことで[8]、研究は大いに躍進した。李は中国側史料だけでなく『朝鮮王朝実録』『備辺司謄録』『同文彙考』などの朝鮮側史料も広範に渉猟しており、同書により中朝国境問題の史実発掘は概ね完結したと言えよう。副題から窺えるように、李は中朝両国人の犯越（違法越境）事件を丹念に整理し、国初は朝鮮に対する強硬姿勢を貫いていた清朝が、中期以降その態度を軟化させたと結論付けた。

ただし、李の史実解釈については疑問点も残る。李は後金の建国から康熙年間（一六六二―一七二二）まで、満洲族政権は朝鮮に対し高圧的姿勢で国境管理問題に臨んだが、雍正・乾隆初の二度にわたる清朝側の莽牛哨《もうぎゅうしょう》（鴨緑江とその支流靉河《あいが》の合流点に位置する中国領に設置が予定された衛所で、対岸は朝鮮の義州）設汛計画に朝鮮政府が猛反対し、清朝もこれを撤回した事案を根拠として、この頃より清朝の対朝鮮政策が「懐柔政策」に転換したと理解する。

しかしそもそも清朝は朝鮮の宗主国である。順治・康熙初は国内情勢が不安定であったが、雍正・乾隆期は清の極盛期であった。にもかかわらず、この時期を境に清朝の対朝鮮政策が強硬から懐柔に転換した（朝鮮を手なずける必要性が発生した）というのは整合性を欠いている。そもそも外交とは駆け引きであり、相手国に対し、時には柔軟に、時には強硬に出ることは外交交渉の常套手段である。清朝が対朝鮮政策を転換させたか否かについてはさておき、この事件は外交以外の視点から再検討すべきである。

本論で詳細に検証するように、鴨緑江における中朝国境管理問題は、雍正・乾隆初の莽牛哨設汛問題（朝鮮側はこれを退柵問題、すなわち柳条辺から国境の鴨緑江までの緩衝地帯を廃止し、ここを開墾するための嚆矢であると理解した）と、道光年間（一八二一―一八五〇）末期の中朝両国官僚による緩衝地帯での統巡会哨（流民の私墾に対する両国の協同調査）問題の二時期に顕在化したが、乾隆中期から道光中期までは、廃四郡復設論議と中朝両国人の犯越問題が散発的に発生する程度で、深刻な事案は発生していない。ではなぜこの両時期に国境管理問題が顕在化したのであろうか。この問題は清朝の朝鮮に対する外交姿勢や朝鮮側の辺防強化論だけでは解釈不可能であり、荒武が注目する山東流民の活動を視野に入れる必要がある。

そこで本章では李の研究を土台としつつ、康熙二四年に勃発し翌年外交問題に発展した三道溝事件をめぐる両国の確執と、雍正・乾隆初と道光後期という特定の二時期に深刻化した国境管理問題を、鴨緑江岸における清朝側の天然資源管理政策と朝鮮側の対清警戒論との拮抗、および両政府の意向を無視した山東流民の浸潤という観点から検証する。特に、李があまり注目しなかった山東流民の鴨緑江無断遡航と彼らによる人蔘や木材など天然資源の偸採・偸伐および非合法開墾に焦点を当て、開発のなし崩し的な進展に対し両国がいかなる思惑によりどのように対処したのかについて考察する。具体的には、①三道溝事件が発生した康熙年間（一六六二―一七二二）、②馬尚船が頻繁に往来した康熙末年から乾隆一一年（一七四六）まで、③乾隆一二年から道光二一（一八四一）年まで、④道光二二年の春秋統巡開始から光緒初頭までの四時期における当地域の開発と国境管理について、主として朝鮮側の史料を用いて考察する。これらの作業を通して、これまで荒武ら東北移民史研究が見過ごしてきた鴨緑江岸の開発史を国境問題の観点から描き直すことが、本章の最終課題である。

本章は李花子が中朝外交史の視点から鍬入れした諸事象を開発史の視点から再検討するものであり、三道溝事件・馬尚船遡航・春秋統巡などの事実関係については先行研究の成果を覆すものではない。もちろん、開発の進展による両国人の接触が結果的に外交問題を生起させるのであるが、本章はあくまでも出発点となった開発それ自体の特徴を解明することを目指すものである。

一　三道溝事件の勃発

清国と朝鮮は鴨緑江と図們江を国境と定めていたが、清朝は奉天・吉林両省に柳条辺を設置し、民間人が辺柵を越えて封禁地に立ち入ることを許さなかった。これは満洲族の発祥地を保全し、併せて人蔘などの天然資源を保護するために施行された純然たる内政的措置であったが、朝鮮では辺柵と国境との間を無人の緩衝地帯と見なしており、清朝も朝鮮の認識に一定の配慮を払っていた。蓋し両国の人民が江を隔てて相接するようになると、天然資源の偸採・偸伐や密貿易（非合法的取引。朝鮮政府が黙認していた柵門での非公式貿易とは異なる）が盛んになり、治安が悪化するからである。ただ、暗黙の了解事項として、清朝は緩衝地帯での開墾を自粛する代わりに、朝鮮に対し厳重な国境管理を要求した。朝鮮側も犯越を厳しく取り締まり、重刑を以てこれに臨むとともに、一九世紀後期まで鴨緑江上流にあった廃四郡の復設を自粛して、自国側にも事実上の緩衝地帯を設けた。廃四郡にも蔘場すなわち人蔘採集地があったが、一七世紀初頭には朝鮮産人蔘の旺盛なる需要に反して供給能力は限界に達していたと

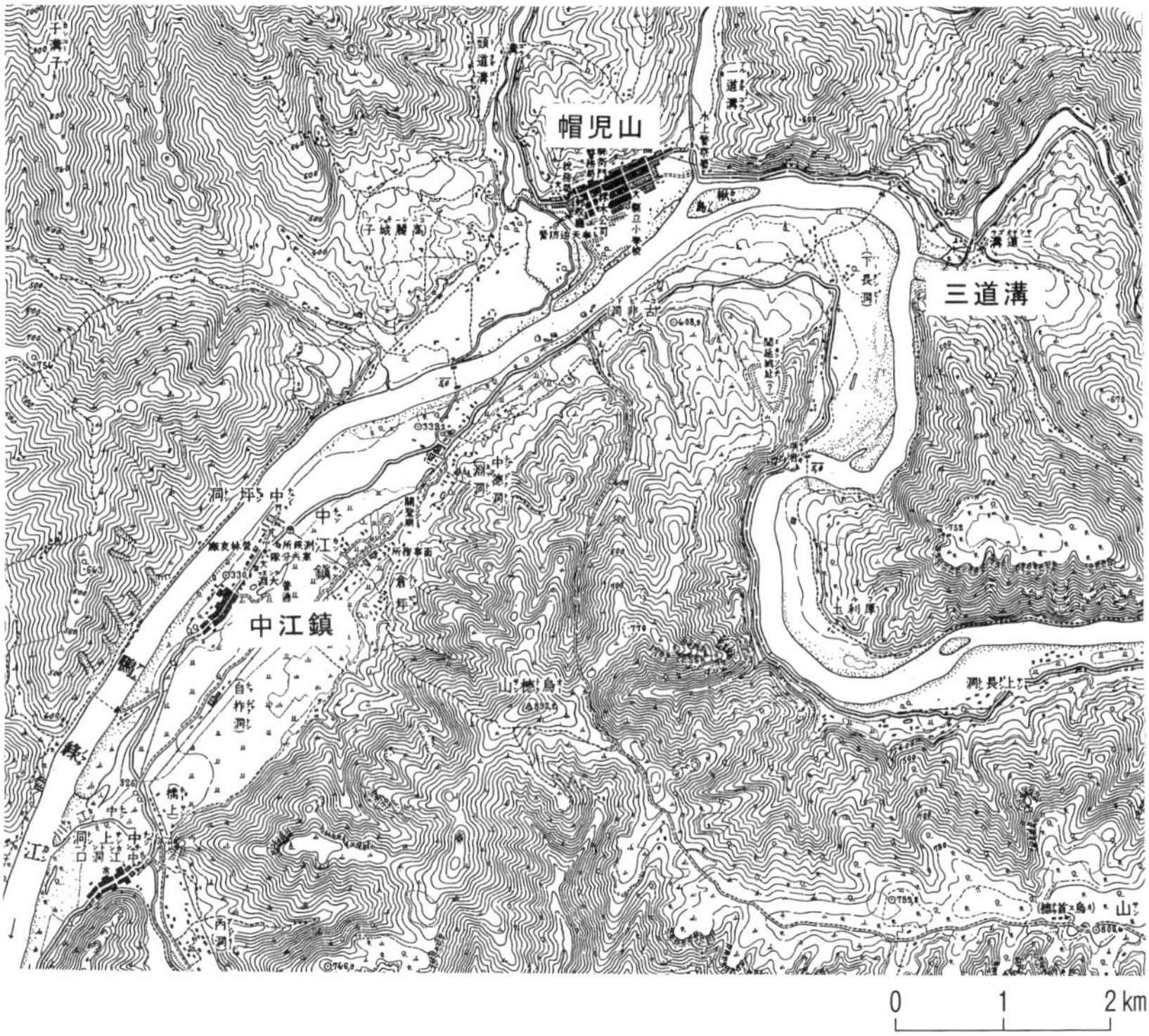

図 1　三道溝付近地図

出典：朝鮮総督府五万分の一地形図「中江鎮」1917 年。

言われている。[9]従って朝鮮政府が恐れたのは、廃四郡蔘場での偸採活動ではなく、むしろここを拠点として朝鮮の辺民が清国領へ偸採に出かけることであったものと思われる。しかし残念ながら、この危惧は粛宗一一年（康熙二四年）に現実と化した。

康熙二四年（粛宗一一年＝一六八五）八月一七日、咸鏡道三水・咸興二府郡および平安道熙川・安州・江界三府郡の辺民二八名が三水郡厚州鎮より鴨緑江を越え、三道溝付近で人蔘を偸採している最中に、地図作成のために派遣された清朝の官兵と遭遇し、偸採集団が鳥銃（火縄銃）を発砲したことによって清朝の官員が殺傷されるという事件が発生した。[10]廃四郡の一つである閭延（現在の中江付近と推定されるが正確な位置は不明）の鴨緑江対岸には帽児

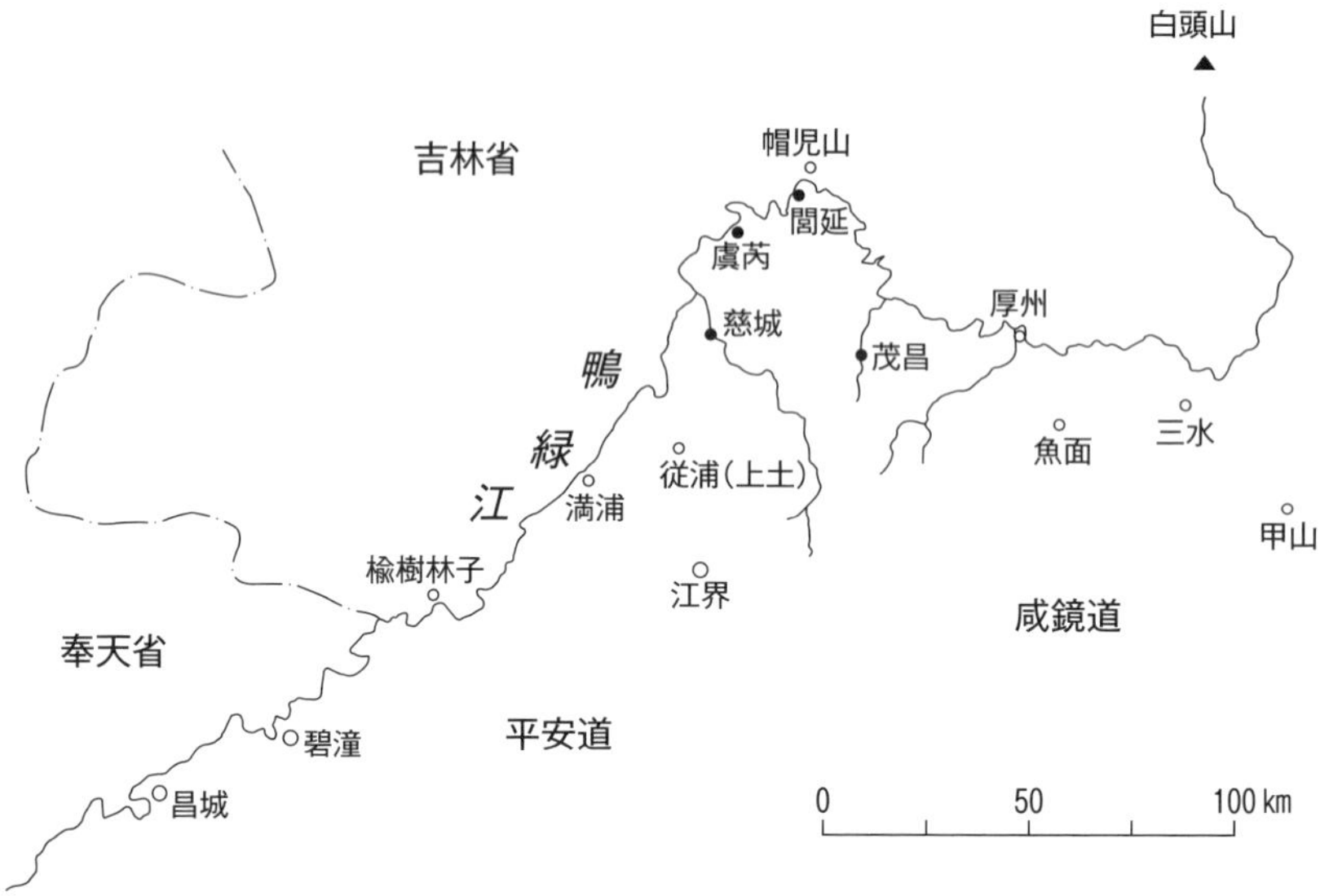

図2　廃四郡地図

註：
1）朝鮮側の○は府邑，鎮，堡などの位置を，●は廃四郡のおよその位置を示す。
2）奉天省と吉林省の境界線は康熙年間のものである。平安道と咸鏡道の境界線は確定できないため省略した。

山（現在の臨江市）という小集落があり、そこから上手の鴨緑江の本流に北から流れ込む小河川は下手すなわち西側から頭道溝、二道溝、三道溝と命名されていた。従って三道溝とは帽児山の上流約二・五キロメートル地点を河口とする鴨緑江の支流を指す（図1）。このように番号順に名付けられた河川は何もここに限ったものではないが、偸採集団が廃四郡東側の厚州鎮から侵入したと記されていることから、事件が起きたのはこの川だと判断される。

厚州鎮は現在の厚昌地区の鴨緑江沿いに設置されていた。朝鮮総督府発行の五万分の一地形図を見ると、厚州川と鴨緑江本流との合流点に厚州古邑という地名が残っており、ここが厚州鎮だったのであろう（廃四郡一帯の地理については図2を参照）。同地は本来、廃四郡の一つである茂昌郡の東部に属するが、当時朝鮮は厚州鎮を咸鏡道に隷属させ、厚州鎮を拠点として廃四郡東部を、また平安道江界府を拠点として廃四郡西部を管理させていた。厚州古邑と帽児山は直線距離でも六〇キロメートル以上離れており、辺民らは同鎮付近より鴨緑江対岸に渡り、人蔘を偸採しながら逐次下流に向かい、三道溝で清朝の官兵に出くわしたものと思われる。この厚州鎮は顕宗一四年（康熙一二年）一二月、咸鏡道観察使南九万により復置が建議されたもので、南九万はとりあえず別害堡に鎮を設置し、三水・甲山と併せて辺防を強化したいと申し出たが、廷臣の反対により保留された[11]。しかし翌年一〇月、九万は三水より約三〇キロメートル西の魚面堡を厚州の管轄下に移していることから[12]、顕宗一五年（康熙一三年）には厚州鎮の設置が実現していたと考えられる。

話を戻すと、三道溝事件は康熙二四年一一月、韓得完ら主犯六名の斬首、従犯一九名の死刑（翌年流刑に減刑）、事件を未然に防げなかった地方官らの流刑・罷免・降級、国王の罰銀二万両で外交的決着が付けられたが、朝鮮の受けた衝撃は大きかった。廃四郡については、顕宗一五年＝粛宗即位年の厚州鎮設置に続いて、粛宗六年（康熙一九年）、平安道観察使柳尚運・兵馬節度使李世華が四郡の復設を上疏しているが[13]、粛宗九年（康熙二二年）に至り、兵曹判書南九万が朝議にて四郡復置を力説し、領議政金寿恒も南九万に同調した。だがこの時、大司諫柳尚運は貂皮や人蔘など天然資源の保護と犯越者増大の懸念を理由に反対し、廷臣らも多くは柳尚運の慎重論に同調した。慎重論の根拠は辺民の国境付近への移住により犯越が増大することであったが、積極推進派は開墾の有無にかかわらず犯越路はいくらでもあり、むしろ開墾することで辺防に裨益すると主張した。廷議の後、金寿恒は南九万を通して諸大臣に意見を徴せしめたところ、左議政閔鼎重は四鎮復設に賛成したが、右議政金錫冑は柳尚運の慎重論に与し、同処は僻地であり入植者を募り難いため、まず二鎮を設置し、官員を派遣すべしという折衷案を出した。金寿恒は金錫冑の意見を採用し、粛宗も茂昌・慈城に二鎮を暫定設置することを裁可した。しかしその後、南致熏を筆頭に復設反対意見が続出したため、結局二鎮は辺民を移住させて郡治に昇格する前に廃止された[14]。このように、実現はされなかったものの、三道溝事件の直前には、廃四郡の復置に対しかなり柔軟な議論が朝廷で展開されていたのである。

しかし同事件は廃四郡復設論に大打撃を与えた。柳尚運の予想通り、国境沿辺に集落を置けば犯越を惹起することが証明されたのである。そこで朝廷では一転して厚州鎮の廃止を議論するようになった。この時も左議政南九万は、たとえ厚州鎮を廃止しても上流の三水・甲山二郡への物流が梗塞するだけで、偸採や犯越の予防には役立たないと反論したが、粛宗は廃止論に傾き[15]、翌康熙二五年（粛宗一二年）三月には、領議政金寿恒・判府事閔鼎重らの廃止論が判府事鄭知和・同李尚真・左議政南九万・広州留守尹趾善らの反対論を押し切り、ここに厚州鎮の裁革が確定した[16]。

一方清朝は三道溝事件をきっかけとして、国境管理に対して積極的態度に出た。康熙二五年一二月、戸部等衙門が鳳凰城など八地区に司官各一名を送り耕地を開墾することを議覆したのに対し、康熙帝は吏部侍郎薩海・戸部侍郎賽弼漢・内閣学士斉穡を派遣して監督に当たるよう命じている[17]。鳳凰城以外の地名は不明であるが、恐らく柵門付近の軍事拠点であろうと思われる。この議論が何時から始まったのか解らないが、張杰によると、光緒『鳳凰県志書』に、康熙二四年、鳳凰城城守尉呉爾慶が「鳳城辺門を山南に移し、地十五里を拓き、招民開墾」せしめたとの記載があることから[18]、あるいは三道溝事件の直後から招民開墾が検討され始めていたのかも知れない。この措置は表向きは鳳凰城など八箇所の軍事拠点付近での開墾を目的としているだけであり、康熙帝は辺柵の移設について指示してはいないから、緩衝地帯が全体的に一五里縮小されたという張杰の指摘は正しくない。この開墾令は恐らく辺防強化のための兵員増に伴う兵餉確保を企図したものであり、たまたま鳳凰城では柵門外の緩衝地帯に局地的に耕地を拓いたに過ぎないものと思われる。

なお朝鮮がこの事実を察知するのは粛宗一五年（康熙二八年）のことであり、遠接使柳命天が通訳官を通して、清朝が鳳凰城周辺の柵門を外側に二〇余里拡張したことを聞き付け、朝廷に報告している[19]。しかし後年の莽牛哨設汛問題とは異なり、朝鮮は抗議どころか事実確認さえしていない。そもそも清国領土内の開墾に朝鮮が口出しすること自体が筋違いなのであるが、この事実は何より、開墾が一部地域に限定され、朝鮮の使節も伝聞でしか知り得ないほどの小規模なものであったことを意味している。

この後も廃四郡復設の議は散発的に提起されるが、いずれも沙汰止みとなっている。粛宗二二年（康熙三五年）、前僉節制使李忠立が復設を申し出たが、備辺司の慎重論により却下されている[20]。また翌二三年には、領議政柳尚運がかつての南九万の建議に従い復設を訴えたが、左議政尹趾善は軽率に判断できる問題ではないと反論し、粛宗もこれに従っている。[21]ただ粛宗三三年には、右議政李頤命が辺民による拾橡（クヌギの枝拾い）に借名した廃四郡での人蔘偸採により江界府の人蔘資源が枯渇したと報告しており、[22]許可を得た上での立ち入りは禁止されていなかったらしい（蔘政については第三章で詳述）。一方、粛宗は二二年に平安道観察使李濡による鴨緑江下流の中洲の開墾を裁可しており、[23]一七世紀末には人蔘偸採以外の目的による犯越は想定されていなかった模様である。ただし鼕河口対岸の朝鮮領中洲である威化島には中国人がしばしば越境して無断開墾を行っており、朝鮮は清国との紛争を恐れ、鳳凰城に移咨して穏便に退去を請求している。[24]そして後述する通り、朝鮮でも自国民による威化島の開墾は嘉慶元年（一七九六）まで議論されなかった。

総じて、康熙年間の国境管理問題は朝鮮の人蔘偸採者による廃四郡の無人地帯から清国領への犯越を予防することに焦点が当てられていた。そして両国が採った対策は、柳条辺外と廃四郡の無人化であった。ところが康熙末年よりこの空隙に思わぬ来訪者がやって来るようになった。すなわち山東人流民集団である。

二　馬尚船の出現

中朝両国が個別に採用した国境付近での緩衝地帯設置政策は、両国辺民の相互往来防止に対して一定の効力を発揮したが、水路からの侵入者防止に対しては適切な手だてが講じられていなかった。国境東部の図們江流域は特にめぼしい天然資源がなく、中国本土とも隔絶していたため、清国人偸採者は図們江を遡上せず、陸路吉林・寧古塔方面から蔘場に侵入するのが常であった。しかし国境西部の鴨緑江流域は、支流から小船で侵入することが比較的容易であり、偸採集団が長白山脈東部の人蔘資源を略奪する可能性が出てきた。彼らの乗った小船は馬尚船と呼ばれた。

史料上馬尚船が最初に鴨緑江で確認されるのは粛宗二七年（康熙四〇年）で、場所は義州上流の昌城府付近であった。この船には一五名の清国人が乗り組んでおり、彼らは水路を調査しながら上流へ向かったが、地方官が等閑に付したため、政府への報告が遅れたという。[25] 同船は偵察隊であったと思われるが、粛宗三三年六月には、鴨緑江沿岸で清国人が越境し人蔘と米醤との交易を行っているとの伝聞が賚咨官を通して伝えられ、右議政李頤命が粛宗に対し、近年清国人が馬尚船に米を積んで鴨緑江を往来しているので、朝鮮人との密貿易を予防すべきであると進言しており、[26] 同年一〇月には、清国人一八六名が碧潼郡の対岸に出現し、その内四名が越境して塩醤を要求し、朝鮮側と衝突する事件が発生している。[27] この頃には馬尚船の活動が開始された模様である。しかしその後約一五年間、馬尚船発見の報告は見られない。恐らく朝鮮官憲の目をくぐり抜けるほどの小規模な侵入しか行われなかったのであろう。なお、康熙四六年に刊行された楊賓『柳辺紀略』巻三によると、辺外の偸採・偸猟者の多くは山東・山西の出身者だったとある。

馬尚船が頻繁に鴨緑江を往来するようになるのは、李花子が指摘する通り、康熙六〇年から乾隆初期にかけてのことである。[28] 康熙六〇年（一七二一）春には、数十名から百余名の偸採集団が馬尚船に分乗して鴨緑江を遡上しており、[29] 雍正二年（一七二四）六月には、毎日二〇—三〇余名の「獵胡」が馬尚船で義州を通過していたが、[30] 雍正五年四月には、四〇余隻の馬尚船が鴨緑江の義州対岸にある清国領の莽牛哨で朝鮮把守軍および朝鮮の通報により鳳凰城城守尉が派遣した清朝甲軍と衝突し、朝鮮把守軍に五名の溺死者を出したものの、偸採者二九人が捕獲されるという「義州事件」が発生した。[31] 莽牛哨とは靉河の河口にできた巨大な三角洲のことであり、靉河はここで二股に分岐し、それぞれ鴨緑江に流入する。三角洲の鴨緑江岸には中江（馬市台）が存在する。『同文彙考』に記された逮捕者の供述によると、彼らは雍正三年頃より鳳凰城に居住する山東民人孫鉄嘴こと孫光宗の指揮下で三〇〇余名の偸採集団を結成し、馬尚船四〇余隻に分乗し、清朝の甲軍・領催に賄賂を送って出辺していたが、靉河より鴨緑江に出たところで朝鮮把守軍に発見されたらしい。また鹵獲された馬尚船の遺留物から、彼らが山東・山西の潜採・潜商（人蔘の盗掘人・密売商）であったことが確認された。

義州事件に登場する偸採者は三道溝事件のそれとは大いに容貌を異にしていた。第一に、三道溝の偸採者は鳥銃を携帯していたものの、辺境で食い詰めた者たちであった（多くは自らを乞丐すなわち乞食と称していた）のに対し、義州のそれは馬尚船の建造費や守備兵への賄賂などに相当の資金を投下し、数百名の集団で組織的に偸採活動を行っていた。それと関連して第二に、三道溝の偸採者が猟師や乞食など流れ者の集団に過ぎなかったのに対し、義州の偸採者の背景には潜商と呼ばれる密売商がいた。山西人がこれに加わっているのも、独自の人蔘販売ルートを持っていたからであろう。総じて、義州事件の背後には資金力を備えた商人の影が見える。

この事件の関係者は皆清国人であり、朝鮮人は全く関与していなかったため、朝鮮側は清朝に対し「痛加禁断」「厳加禁飭」などの厳しい言辞で再発防止を要請した。一方、辺防の軍官が賄賂を受け取り偸採集団を見逃していたことで大いに面子を潰された雍正帝は、直接・間接を問わず関係する官員を厳しく処罰すると同時に、同年一一月、朝鮮国王英祖に対し、

今や内地の窃盗集団は、各地で逮捕や禁令が甚だ厳しくなり、隠れる場所がなくなったため、密かに外国に潜入し、かりそめに生き長らえている。該国王は既に藩封に列せられているからには、当然朝廷のために捕盗安民の職に尽力すべきである。ましてや聖祖仁皇帝（康熙帝）及び朕の度重なる諭旨を奉じているのである。ところが該国王は柔懦無能で、諭旨を全うすることができず、内地で法を犯した者は朝鮮を潜伏逃亡の適地と考えている。かかる風潮は断じて放置できない。今後もし悪党が越境して事件を起こし、朝鮮側が捕獲できず、逃がしてしまうことがあれば、該国王に命じて同国辺防官員の罪を問わせ、礼部は該国王と併せて処分を議し、以て諭旨に従い捕盗安民の職責を全うできない藩王に対する戒めとせよ。

という八つ当たりに等しい諭旨を下してこれに応えた[32]。しかしながら、中国内地で取り締まりが強化されたため、犯罪者らは朝鮮に逃げ隠れ、朝鮮は彼らを放置しているという雍正帝の言い分には何の根拠もなく、朝鮮政府がこれを「丁未辱咨」「雍正辱咨」と呼んで憤慨したのも無理はない。同年には、遼東の攬頭（荷物運搬請負業者で仲買業を兼営）胡嘉佩らが朝鮮使節に随行した中国物産買い付け商人との非公式貿易で六万余両の貸越金を抱え、そ

の原資である内帑金が返済不能に陥ったため、盛京礼部が朝鮮政府に代理弁済を求めたが、算定根拠があやふやであったため朝鮮が要求を拒んだので、雍正帝が英祖を「柔懦無能」と罵る「清債事件」も発生しており[33]、朝鮮側の雍正帝に対する不信感は極度に高まった。

義州事件と清債事件を境に、朝鮮は清朝に対する警戒感を強めた。非公式貿易については、雍正六年より随行商人の瀋陽での交易を禁止し、次いで柵門後市も廃止された。柵門後市の再開は乾隆一〇年まで待たねばならなかった。犯越については、朝鮮人が偸採集団に参加したり、彼らと取引したりすることがないよう、辺防を一層厳重にした。英祖五年（雍正七年）には、平安道観察使宋寅明が国王に謁見した際、ある者の意見として、中国では国境沿いに無住の緩衝地帯を設置している例に倣い、義州や昌城など鴨緑江沿いの諸邑では、秋冬に官衙をやや内陸部に移設すべしという防衛策を具陳している[34]。農閑期に官衙の役人だけ移動したところで軍事的効果が上がるわけもなく、この案は実施に移されなかったが、国境沿いの地方官らは氷結期に人民をできるだけ鴨緑江から遠ざけたいと考えたのであろう。宋寅明は同時に、犯越者を発見し告発した地方官はその罪を問わざるべしと進言し、承旨張泰紹もこれを支持したので、こちらは裁可されている。

一方、義州事件を朝鮮の辺防能力の低さのせいにした雍正帝は、鴨緑江に監視所を設けて偸採船を阻止しようと考えた。鴨緑江の馬尚船は川船であり、山東半島から渡海したものではない。奉天省の内陸部で建造された船であれば、それが鴨緑江に出現する可能性が高いのは鴨緑江河口ではなく支流との合流点であり、最も重要視されたのが先般の義州事件が起きた靉河口である。そこで雍正九年（一七三一）、清朝は突如として莽牛哨に汛（衛所）を設けることを朝鮮に通告してきた[35]。

礼部から咨文を受け取った朝鮮政府は恐懼した。盛京将軍那蘇図の計画によると、義州の対岸の虎耳山（現在の虎山）の防汛には官弁一員と兵丁二〇名が駐屯しているが、ここから靉河口を警備するのは不自由なので、河口の三角洲である莽牛哨に虎耳山と同数の官弁および兵丁を置き、小船四隻と三板船二隻を配備して河口を巡視させ、河流が氷結する冬季には官兵を虎耳山に引き上げさせることが企図されていた[36]。もちろん、この程度の兵員では朝鮮の軍事的脅威とはなり得ない。憂慮の原因は朝鮮政府が莽牛哨設汛案の背後に退柵計画の存在を疑ったこと、すなわち清朝が柳条辺の廃止と緩衝地帯のなし崩し的な開墾を企てていると邪推したことである[37]。結論から言うとこれは朝鮮側の思い過ごしであったのだが、万一退柵が実施され、中朝両国の人民が互いに鶏犬相聞こゆる至近距離で生活するようになると、犯罪者の越境や密貿易、更には両国民間の紛争が起き易くなる。そして問題が発生すると、これまで宗主国の清朝皇帝は一方的に責任を藩属国の朝鮮国王に押し付けてきた。朝鮮国王や廷臣らは三道溝事件や義州事件で舐めさせられた屈辱の再来が脳裡に浮かんだのであろう。

そこで朝鮮は清朝に対し莽牛哨設汛計画の撤回を申請した。その詳細は李花子書に譲るが、朝鮮の反対意見を簡略にまとめると、①順治以来、清朝は柵門外百余里の地を無人地帯として人戸の相接を防いできた。またかつて寧古塔将軍が咸鏡道の慶源・訓戎両鎮の図們江対岸付近で屋舎を設け墾田を開始した際、康熙帝は小邦の要請を受け入れ、撤収を命じられた[38]、②朝鮮の辺民が密貿易などの悪事を働く可能性がある、の二点である。雍正帝が朝鮮側の憂慮をどの程度深刻に受け止めたかは不明であるが、同年九月、設汛計画は中止された。

清朝の沿江警備強化計画が挫折したことで、馬尚船の往来は更に頻繁になった。英祖九年（雍正一一年）七月には、山西人李登四、奉天人王三平、同じく奉天人の唐姓または湯姓（唐も湯も漢語音は tang）なる者に率いられた清国人商人集団数百名が高山鎮や渭原郡から朝鮮内陸部へ侵入したことが平安道観察使権以鎮により発見され、また清朝甲軍も満浦鎮に渡来して「兇犯清人及偸山賊」が廃四郡方面に潜伏中との情報を伝え、平安道兵馬節度使李遂良が漢城に馳啓した。更に一一月には、李遂良より漂流中の馬尚船一隻を江界府で打破したとの報告が英祖にもたらされている[39]。人蔘偸採集団は朝鮮側にも被害を及ぼしていたのである。その後一〇年ばかり彼らは朝鮮では鳴りを潜めていたが、英祖一九年（乾隆八年）から活動を再開したようである。同年五月には、平安道兵馬節度使と江界都護府使から、廃四郡に清国人が多数侵入し、また馬尚船を造って吉林省の通化・桓仁方面から鴨緑江に流れ出る婆猪江（佟家江＝現在の渾江）を往来しているとの報告が入り、英祖は左議政宋寅明の進言により、瀋陽に咨文を送って清国人の朝鮮領越境や封禁地侵入の禁止を願い出た[40]。更に翌乾隆九年には、五月一五日に凾延に向から馬尚船三隻・清国人一三名が、六月二五日には咸鏡道方面に向かう馬尚船二隻・清国人一五名が、翌二六日には同じ場所で馬尚船一隻・清国人一二名が江界府で立て続けに発見されたので、同年一〇月、英祖は乾隆帝に咨文を送り、「世宗憲皇帝（雍正帝）が禁止の勅令を下されてから十数年来、波猪江（婆猪江）一帯では馬尚船の往来が途絶えましたが、突然昨年の春から、船頭らが群れを成して出来し、夥しい数に上りました。幸い盛京将軍より甲軍を派遣して頂き、逮捕することができたので、これで問題は収まったと思っていました。ところが思いがけず、今夏採猟者がまた以前のように到来し、絡繹として絶えることなく、日増しに多くなるばかりです」と訴えて、偸採集団の緩衝地帯への侵入を取り締まるよう請うている。(41)

英祖の要請に応え、乾隆帝は盛京将軍達爾党阿に命じて興京佐領孫達立・驍騎校王保住を江界府に派遣させ、偸採集団の巣窟を掃蕩させたが、冬場であったので仮小屋を焼毀するにとどまり、犯人は一人も逮捕できなかった。そこで達爾党阿は偸採集団を山東省登州府・萊州府の沿海州県から来た者と考え、興京・岫巌城・鳳凰城および金州水師の各官に下命して、警備を強化させている。(42) しかし馬尚船の活動は続き、乾隆一一年四月には中江（馬市台）付近で四五隻の馬尚船と偸採・偸猟者四六〇余名が義州府尹によって発見され、通報を受けた鳳凰城城守尉は佐領と官兵を派遣して追跡させ、馬尚船一六隻を鹵獲し、偸蔘犯七名を逮捕した。(43) 一方朝鮮では、清国人の度重なる侵犯により廃四郡復設論議が再燃した。英祖一七年（乾隆六年）正月には平安道幼学崔省義らが、英祖一九年七月には漢城府左尹元景夏が、それぞれ復設を上疏している。しかし国王や諸大臣は清朝を刺激することを恐れて慎重姿勢を崩さなかった。(44)

馬尚船偸採集団の清国領での活動状況については、清朝側の記録が乏しく、実態を解明することは困難である。しかし常識的に見て、警備が比較的手薄で手付かずの山が多い中国側での偸採がより大規模であったはずである。(45) 事態を重く見た乾隆帝は、乾隆一一年（一七四六）、再度莽牛哨に設汛する決意を固めた。(46) 今次の計画は水上戦に長けた官兵一〇〇名を莽牛哨に駐屯させ、同時に鳳凰城周辺の荒地を開墾して兵餉を確保し、鳳凰城辺門付近に草房二〇〇余間を建てて官兵の住居とするもので、雍正九年の第一次計画よりはるかに本格的なものであった。今回は前回とは異なり設汛と開墾を同時進行させるものであり、朝鮮はより一層退柵への懸念を強めた。そこで朝鮮は前例を盾に計画の撤回を要請した。

朝鮮政府の執拗な反対に遭った乾隆帝は、最初は強い不快感を示したが、最終的には康熙五四年の図們江岸での開墾禁止や雍正九年の莽牛哨設汛中止などの先例に倣い、計画を放棄した。李花子は雍正・乾隆両次の設汛計画の中止を清朝の朝鮮に対する懐柔政策の現れであると捉えるが、それでは清債事件および義州事件で雍正帝が見せた高飛車な態度との整合性が取れない。雍正朝を「懐柔政策」への転換期と措定するため、雍正帝が英祖を未だ「捕盗安民の職」を尽くしていないとなじったことを以て、清朝が朝鮮国王に対し内地の偸採者を捕獲する責任と義務を保障したとみなす李の理解にはかなり無理があるだろう。

平凡な解釈かもしれないが、私は三道溝事件と雍正辱咨に懲りた朝鮮が、設汛案を退柵の前触れであると勘ぐり、過剰反応を示したものと考える。蓋し朝鮮政府は英祖一五年（乾隆四年）時点で馬尚船の進出がますます増加していることを認識しており、朝鮮人が鴨緑江辺で彼らと接触することに警戒感を強めていたからである[47]。そして清朝もまた、国際河川鴨緑江の共同管理者である朝鮮に対し一定の譲歩を示したのであろう。すなわち、雍正・乾隆期に一貫した対朝鮮懐柔政策が採用されたのではなく、朝鮮を「窮鼠猫を噛む」が如き状態に追い込まないよう、外交上の手加減を行ったに過ぎないと捉えるべきである。

既に見た通り、清朝の一連の譲歩は山東・山西人を中心とした偸採・潜商集団の活動を助長した。ところが、不思議なことに馬尚船は第二次莽牛哨設汛計画が挫折した乾隆一一年を境として、ほとんど姿を見せなくなるのである。李花子も乾隆二三年に清朝の甲軍が馬尚船を襲撃し、一人が対岸の平安道昌城に漂着した事例しか挙げていない。その理由として、馬尚船の遡航が以前より巧妙になったこと、清朝の蔘場警備が強化されたことなどが可能性として挙げられようが、最も疑われるのは人蔘資源の枯渇である。蓋し人蔘は薬用に適するまでの生育期間が約六年かかり、また繁殖力も弱く、政府の蔘場でも休養期間を設けているほどであった[48]。一方偸採者は命懸けで密猟しているので、未成熟なものを含め全ての人蔘を根こそぎ採取する。朝鮮側への配慮から偸採集団に対する有効な対策が取れなかったことで、鴨緑江流域における比較的接近が容易な蔘場の人蔘は、康熙末年から四半世紀でほぼ消滅したものと思われる。

三　廃四郡の開墾

人蔘資源が枯渇し、馬尚船が鴨緑江からほぼ姿を消したことにより、中朝間の緊張関係は緩和し、国境地帯には「乾嘉の平和」とでも呼ぶべき平穏無事状態が到来した。図們江では乾隆一三年、訓戎鎮の対岸で原住民の烏喇人が開墾を始め、朝鮮側の停止要求に清朝が応じる一場面もあったが[49]、その後は両江ともほとんど越境問題が起きなかった。

清朝に対する配慮の必要性が低下したことで、乾隆後期すなわち英祖末期より、朝鮮では廃四郡の積極的開発についての議論が盛んになった。英祖五一年（乾隆四〇年）一〇月には英祖自ら廃四郡の復置について諸臣に下問したが、廷臣らは慎重論を唱えたため沙汰止みになった[50]。彼らが「軽議すべきでない」という理由は記録に残っていないが、やはり清朝を刺激することを懸念したのであろうと思われる。それにしても、国王自ら廃四郡復置に前向きな姿勢を示したのはこれが初めてである。

この動きに刺激されたのか、正祖二年（乾隆四三年）正月、咸鏡道茂山の幼学南再興が廃四郡復設を上疏している[51]。この上疏で注目される第一点は、『朝鮮王朝実録』や『承政院日記』などの政府文書が幼学という在野知識人の上疏をほぼ全文収録していることである。おそらくこの上疏に対し、朝廷では相当踏み込んだ議論がなされたのであろう。正祖が全く取り合わなかったのなら、簡潔な記載で済まされるはずである。第二点は、南再興が廃四郡では既に無断開墾が進んでいると述べていることである。清国人偸採集団が去った跡に朝鮮人が農業流民として侵入し、同地を開墾していたのである。第三点は、彼らの開墾方式は焼畑農法であったが、同地域は山岳地帯で急斜面が多いため、無計画な焼畑が土壌流出を惹起し、既耕地に被害を及ぼしていることである。この状況を南再興は「ただ思いますに、江辺の邑は山が多く野は少なく、地は狭く人は多く、高山や急坂では木を伐って火を放ち、寸尺の土地も開墾していない所はありませんが、山は禿げて水が土を削り、谷間の川筋は遷移して、田畑をあちこちで押しつぶし、ばらばらにするので、民は生きる術がありません」と表現し、江辺すなわち鴨緑江やその支流付近における環境破壊の凄まじさを訴えている。その上で彼は、廃四郡を復設して奥地の開墾を認め、均衡のとれた農地造成により環境への負荷を軽減すべきだと考えたのである。しかし結局廃四郡の復置は実現しなかった。

その後、正祖一七年（乾隆五八年）正月には、江界都護府使から全羅道観察使に昇任した権𢢜が江界府満浦鎮の玉洞、従浦鎮の黄水徳嶺、上土鎮の麻田嶺の開墾を具申し、正祖は玉洞と麻田嶺について許可した。続いて二月には、江界都護府使申大年の報告を受けた平安道観察使李秉模が両所の開墾に賛成したが、黄水徳嶺については効果が無いとして反対した。更に同年一二月、李秉模は申大年の提言に基づき、江界府慈祚嶺の開墾を上疏した。結局正祖は玉洞・麻田嶺・慈祚嶺について開墾を裁可し、黄水徳嶺は保留した(52)。ここに部分的ではあれ廃四郡内部での民戸の居住と起墾が公式に認められたのである。

この年を端緒として部分開墾は現実を追認する形で許可されるようになる。正祖一九年（乾隆六〇年）一一月には、右議政尹蓍東が、開墾公認の結果、三江三川坊の付近百里で人口が一万人を超えたと報告し、移民統治のため郡を復設すべきであると訴えた(53)。正祖も地方統治機構整備の必要性を認め、翌二〇年（嘉慶元年＝一七九六）には慈城の開墾を正式に許可した(54)。そして上土鎮を昆長坪より旧郡治に移設して慈城坊を隷下に収め、新開地の治安維持を強化している(55)。同年にはまた、鴨緑江下流で洪水が発生し、中洲の黔同島・麻島・任新島の耕地が土砂に埋まったため、慰諭御史李始源が代替地として威化島の開墾を進言し、正祖は廷臣に検討させている(56)。この時は認可されなかったようであるが、純祖一〇年（嘉慶一五年）に義州府尹趙興鎮の提議により威化島の開墾が始まった(57)。一九世紀初には莽牛哨対岸の開発が議論されるほど、朝鮮の清朝に対する恐怖心は低下していた。

廃四郡地域の部分開墾は嘉慶年間（一七九六―一八二〇）を通して進展したようである。純祖一八年（嘉慶二三年）には右議政南公轍が、近年廃四郡の水節洞に流民が流入して開墾を行っていることを報告し、同地には蔘場があるが人蔘資源は既に枯渇しているので、この際開墾を公認すべしと進言した。純祖もこれを許している(58)。

以上のように、第二次莽牛哨設汎問題の解決後、朝鮮では清朝に対する警戒心が次第に弛み、朝鮮流民の廃四郡での開墾を部分的に追認するようになった。この時期には清国流民の侵入は確認されず、両国民の接触もなかったものと見られる。従って廃四郡を開墾しても、そこで生産された食糧が偸採・偸猟者に供給される心配はなかった。ただし政府は新設各鎮を江界府に管轄させ、新たに郡治を置くことは認めなかった。蓋し廃四郡復置は朝鮮が緩衝地帯の撤廃を宣言したものと清朝に受け取られる可能性があったからである。それは清朝の柳条辺退柵を惹起する危険性を孕んでいる。朝鮮にとって、両国民が鴨緑江を隔てて相対峙する状況だけは何としても阻止しなくてはならなかった。

しかし朝鮮の求める安寧は永くは続かなかった。道光後期になると再び鴨緑江流域で清国人の活動が盛んになるのである。しかし既に述べたように、この頃既に人蔘資源はほとんど枯渇していた。流民が新たに目を付けたのは沿江の森林資源であった。

四　封禁政策の解体

憲宗八年（道光二二年＝一八四二）四月、江界都護府使李時在・上土僉節制使権誨・満浦僉節制使元栄は平安道観察使金興根・兵馬節度使金魯甲に対し、①昨年春以来、清国人が上土鎮卞屹洞の対岸の河西洞等四箇所および満浦鎮如雲浦の対岸の六箇所で、幕舎を設け開墾を始めたこと、②清国人の清国領内での開墾は犯越とは異なるが、緩衝地帯を無断開墾するのは清朝の禁令に違反するので、通訳を派遣し、対岸から暁諭して退去せしめんとしたところ、彼らは秋冬の間に退去すると丁寧に回答したこと、③にもかかわらず、現在に至っても撤去の兆しがなく、あまつさえ新たに幕舎四箇所を設けたことなどの事実を報告した。金興根と金魯甲はこれを備辺司に馳啓し、これを聞いた兪星煥は、両国民が煙火相接し、鶏犬相聞こゆる状況が到来すれば、両国の奸民が問題を惹き起こすであろうと懸念し、盛京に移咨して流民の退去を求めるべしと上疏し、憲宗の允許を得た[59]。道光後期に至り、清国人の鴨緑江流域での活動が再度活発化したのである。

咨文を受けた盛京礼部は早速協領烏爾滾珍と佐領穆騰額を現地へ派遣し、指摘された幕舎と私墾地を焼き払った。更に靉河西岸の水曲流川地方で窩棚（掛け小屋）一二箇所・草房（草葺き家屋）五六間・墾田五一段（総計約一二〇〇余畝）を、また帽爾山（帽児山）卡倫（監視所）所属の石湖溝口地方で窩棚六箇所・草房二七間・墾田六段（総計約有一〇〇〇余畝）を、同じく帽爾山卡倫所属の樺皮甸子地方で窩棚一〇箇所・草房一五間・墾田七段（総計約有一一〇〇余畝）を探し出し、全てを焼き払った。朝鮮側官員も対岸からこれらを確認した[60]。

同年六月、朝鮮は図們江対岸の琿春でも民間人が私墾を行っていると訴えた[61]。更に九月には、楡樹林子卡倫および帽爾山卡倫の管轄下でも窩棚二八箇所・草房九〇余間・私墾田地三三〇〇余畝が発見され、清朝官憲はこれらを焼き払い、唐仁・江文彩・姜寛ら三名を逮捕した。これを契機に盛京将軍禧恩は、今後春秋二季に統巡官を鴨緑江流域に派遣し、私墾を定期的に調査すべしと上奏し、裁可された[62]。

道光年間に清国人の開墾が活発化したのは木材を偸伐するためであった。『南満洲経済調査資料』（南満洲鉄道株式会社調査課、一九一〇年頃刊行）第二、鴨緑江流域によると、

> 鴨緑江沿岸地方ニ於ケル採木事業ハ、既ニ今ヨリ少クモ七十年前ニ於テ着手セラレシモノノ如ク、一八四五年ニハ山東人ノ有力者二名カ馬市台（靉河及ヒ鴨緑江ノ合流点）ニ於テ伐木業者五百人ヨリ木材十本ニ付キ二本ヲ徴収セシ事実アリ。其当時ノ材木市場ハ鹿嶋（大孤山沖）、獐嶋（鴨緑江口沖）等ナリシカ、一八五五年頃、偶々大東溝ノ貯木場トシテ適当ナルコト発見セラレ、近々数年前迄、同地ハ殆ト唯一ノ木材市場ナリシモ、日露戦後其地位ハ安東県ニ移ルニ至レリ（八六頁）。

とあり、一八四五年（道光二五年）までに山東人の有力者が靉河口の馬市台（中江）に貯木場を開設し、偸伐業者五〇〇人より木材一〇本につき二本の利用料を徴収していたが、一八五五年（咸豊五年）頃より貯木場は次第に鴨

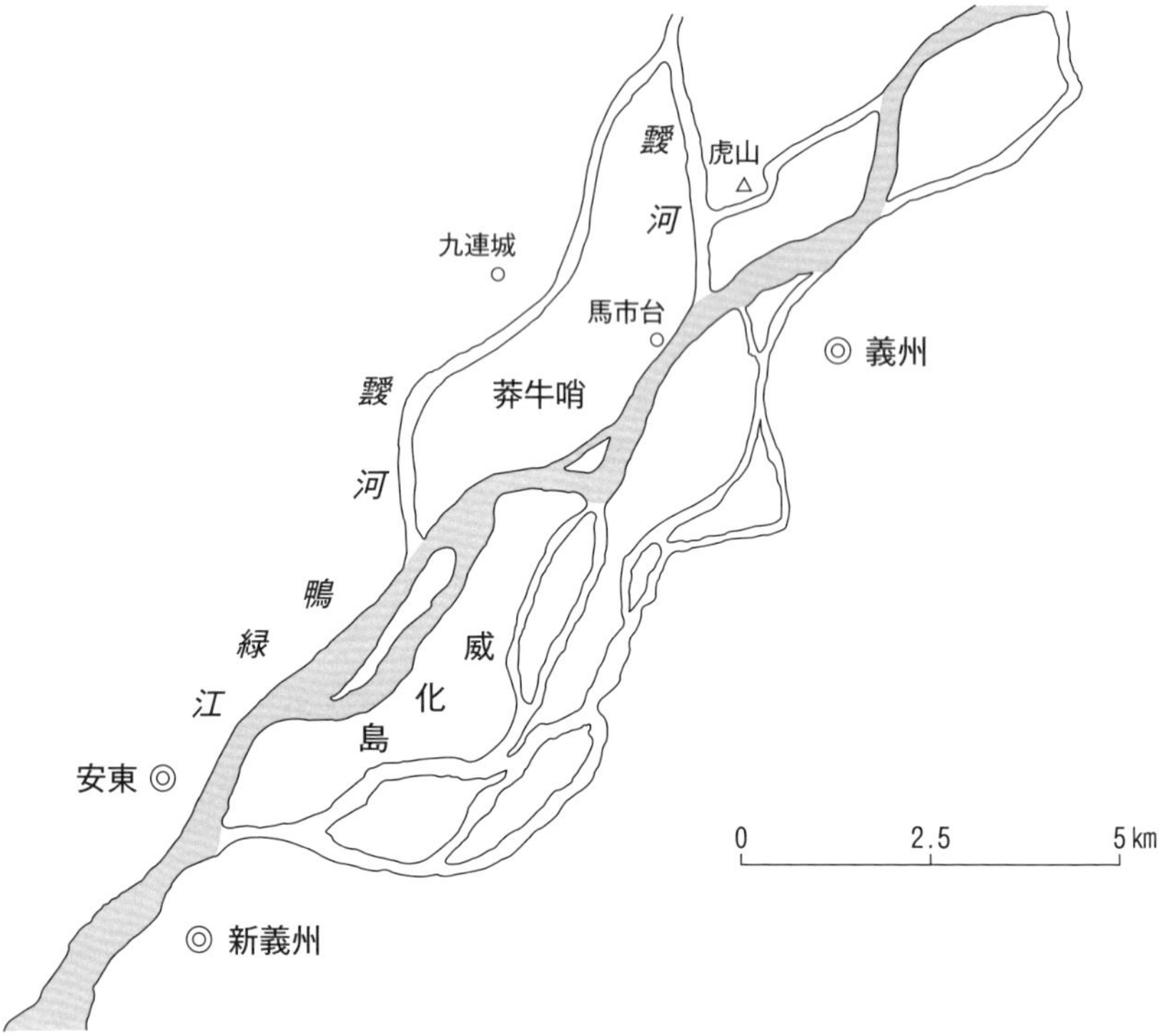

図3　莽牛哨付近地図

註：朝鮮総督府五万分の一地形図「義州」1924年,「枇峴」1919年,「西湖洞」1924年,「新義州及安東」1924年を元に作成。

緑江河口の海港である大東溝に移るようになった（図3）。

鴨緑江河口に貯木場ができたということは、上流で木材の伐採が本格化したことを意味する。恐らく貯木場が開設される数年前頃から偸伐が開始されていたであろうから、道光二二年に相継いで発見された私墾地は、偸伐業者と何らかの関係があるものと見て相違ない。蓋し森林伐採には人蔘採取よりはるかに多くの労働力を要するし、理論上は四季を通して事業が継続できる。ただそのためには伐採場への恒常的な食糧供給が必要となる。だが馬尚船での食糧輸送には限界がある。従って私墾の蔓延は森林偸伐に附随して同地域に食糧需要が発生したからであると考えられる。また伐採跡地を開墾すれば、数年後にはそこから更に奥地へ食糧が供給されるであろう。偸伐と私墾は二人三脚で鴨緑江右岸の森林資源を浸食していったのである。

道光二二年の掃蕩作戦と春秋二季の巡視により、私墾者は一時的に息を潜めたようである。しかし道光二六年（憲宗一二年）五月、江界都護府使李経在・上土僉節制使李希濂は江界府左・中・右三寨および上土鎮所管の閭閻（閭延）四把等地の対岸四〇余箇所にて再び大規模な私墾を発見した。知らせを受けた平安道観察使洪在哲・兵馬節度使趙存中が「或いは作舎結幕し、或いは伐木墾田し、江域より距つること、遠きも才《わずか》に二三里、近きは約ね一里許《ばか》りなり。多般開諭すると雖も、以て撤還する無きを恐る」と漢城に馳啓しているように、彼らは偸伐と私墾を行う清国人で、朝鮮側の説諭に応じる気配はなかった[63]。

朝鮮からの通報を受けた清朝は、事態を察知できなかった盛京将軍禧恩に降格処分を下し、新任将軍奕湘と花沙納に越境私墾の再調査を命じた[64]。指令を受けた委員らは各地で私墾地を発見し、結果的に男犯三〇〇余名を捕獲し、窩棚・草房二〇〇余座を焼き払い、田地五〇〇〇余畝を破壊し、木材一万二〇〇〇余本を押収した[65]。奕湘は奉天で越辺を行った山東や直隷の流民を原籍に送還して当該州県官に監視させ、再犯や三犯が出た場合には出身地の地方官を失察（管理不行き届き）処分にするよう上奏して、裁可された[66]。また朝鮮に対しては、辺外沿江一帯は山々が連なり、草木が生い茂り、委員を派遣して捜査しているものの、遺漏なきを期し難いとして、両国の合同調査を申し出た[67]。朝鮮政府もこれを受諾し、翌二七年より中朝両国官憲による統巡会哨が始まった。欽差侍郎柏葰が盛京山場を査勘して詳擬した善後章程六条によると、毎年春秋二季に統巡官が鞚河流域を巡視し、三年に一度の春季統巡は盛京副都統が行うこととされた[68]。

統巡会哨が春秋二季と定められたのは、荒地と私墾地との弁別には農繁期が最も容易であると考えられたからであろう。しかし偸伐業者は冬の路面凍結期と夏の水位上昇期に木材を運び出していた。また、嘉慶一四年には四季山場巡査制度が設定されていた。そこで道光二八年、盛京将軍奕興らは統巡を春秋二季から四季に増やすべしと奏請し、裁可された[69]。清朝も偸伐風潮を看過できなくなったのである。

中朝両国による四季統巡会哨は道光二九年（一八四九）より開始されたが、咸豊元年（一八五一）太平天国の大反乱が勃発すると、清朝は中朝国境に注意を払う余裕を失った。朝鮮も清朝に配慮したためか、咸豊から同治初にかけては私墾問題を提起しておらず、史料が残されていない。しかしこの間、山東人を中心とする偸伐集団の勢力は決して衰えたわけではなかった。同治九年（一八七〇）、朝鮮碧潼郡の人夫一三名が鴨緑江を越え、清国領で草を刈ったため、対岸の清国人私墾者三七〇余名が越境して報復するという事件が発生した。朝鮮政府が永らく恐れていた両国民間の紛争が起きてしまったのであるが、朝鮮官憲に逮捕された清国人楊幗太の供述によると、彼は山東省寧海州の出身で、咸豊一〇年（一八六〇）単身関東に渡り、東辺外すなわち柳条辺外の緩衝地帯で樵夫をしていたが、後に渾江口珍珠泡地方で私墾を行うようになったとある。[70]この事件から、①咸豊以降も偸伐者の活動は盛んであった、②清国人移住者の出身地は荒武の言う通り山東省半島部が中心であった、③森林伐採と農地開墾とは密接な関係を持っていた、すなわち木材を伐り出した跡地を農地にしている可能性が高い、以上三点の事柄が窺い知れる。彼らにとって草は重要な肥料源であり、朝鮮人の越境採取に対しては実力行使も辞さなかったようである。

同治年間（一八六二―一八七四）に入ると、清国側の私墾はますます盛んになる。清朝政府もまた既成事実を受け入れ、私墾者を取り締まるよりも戸籍に編入して耕地に課税する方が得策だと判断した。同治六年（一八六七）、額勒和布らが「游民が封禁地域で私墾した田地に課税すべし」と上奏したのを受け、政府は恭親王・大学士・六部・九卿にその是非を審議させた。彼らは①既墾地が確認されたものだけでも数百万晌（一晌＝約六畝）以上あり、これらは徹底的に調査し課税する、②未墾地については封禁を継続する、との結論に達した。そこで同年五月、政府は都興阿・延煦・額勒和布・奕榕・恩錫を現地へ派遣して私墾地を精査させると同時に、礼部に命じ、朝鮮国王に事情を伝えて、双方の私墾流民が互いに国境侵犯を行わないよう注意を促した。[71]これに対し国王高宗は、鴨緑江流域上下数千里は空曠の緩衝地帯であったが、清国人がしばしば墾田造屋し、現在では国境から三―五里付近に迫っていると危機感を示し、封禁政策の堅持を要請した。[72]

しかし清朝は緩衝地帯内側の封禁緩解に向けて実態調査を開始した。同治八年（一八六九）、都興阿は「鳳凰門から旺清門までの間だけでも、既墾地は九万六千余晌、成人男女は一〇万余人に達しており、靉陽門から鳳凰門までの間は現在調査中であるが、……同地方は地狭く人稠く、他に移住させる土地も無いので、延煦と朝鮮側委員との協議に照らし、国境沿いの三〇里から五〇里を残して展辺を実施すべし」と上奏した(73)。朝鮮国王も鴨緑江沿岸は原則として三〇—五〇里を、但し平闊の地はそれ以上を無人地帯とすべしと要請し、部分的な展辺を追認した(74)。制限付きであれ、清朝は退柵を実施し、朝鮮もこれを認めたのである。

緩衝地帯が縮小されると、清国人と朝鮮人との接触はいよいよ頻繁になることが予測される。そこで朝鮮では、森林偸伐者が侵入しやすい廃四郡の治安を固めざるを得なくなった。部分退柵が確定した同治八年（高宗六年）、議政府は廃四郡復設の検討に入り、同治九年、清朝に対して、上土鎮に慈城郡を、旧厚州鎮に厚昌郡を、それぞれ設置すると通告した(75)。同治一〇年には、小銃で武装した清国人偸伐集団四—五百名が厚昌郡管下に侵入し、朝鮮側守備兵の銃撃により退去しており(76)、郡治復設は鴨緑江流域開発の進捗に伴い頻繁に発生する国境侵犯に対処するための必要不可欠な措置であった。

光緒元年（一八七五）、清朝は大東溝の既墾地を土地台帳に登記し、流民を戸籍に編入することを検討し始めた。朝鮮もさすがに鴨緑江河口での開墾容認と県衙門設置には反対したが、緩衝地帯のなし崩し的な開発に歯止めを掛けることは中朝両国とも不可能であった。光緒二年、大東溝は安東県に昇格し、次いで新義州の対岸の沙河鎮（現丹東市）に県治が移設された(77)。

部分退柵の実施後も統巡会哨は継続されたが、次第に形式的なものになり、日清戦争の勃発により中止された。同治八年から九年にかけて朝鮮では「己庚大災」と呼ばれる自然災害が発生したが、朝鮮政府は既に被災民を賑恤する能力を喪失しており、一〇万人以上の罹災者が鴨緑江を越えて奉天省に溢れ出た(78)。同じ頃、図們江流域の咸鏡道北関六鎮では、吉林省琿春やロシア領沿海州へ避難民が越境した。かくして国初以来、朝鮮の協力の下で維持されてきた封禁政策は、清朝自身の手でなし崩し的に解体された。その後、鴨緑江流域では朝鮮からの流民の侵入はそれなりに抑止できたが、鴨緑江最上流と図們江流域では大量の朝鮮人流民が清国領土である「間島」地方に定住し、今日の長白朝鮮族自治県と延辺朝鮮族自治州の土台を造ったのである。

おわりに

清朝は鴨緑江を朝鮮との東部国境に定め、国境に沿って設置された柳条辺の外側への入植を禁止する封禁政策を実施した。中朝間に緩衝地帯が生まれたことは朝鮮にとっても好都合であった。なぜなら、朝鮮は辺民による国境を越えた人蔘偸採が惹起する国際紛争を恐れていたからである。その危惧は三道溝事件で現実のものとなった。

朝鮮政府が廃四郡の復設を自粛し、自国民の沿岸開発を厳しく規制したのに対し、清朝の封禁政策は康熙末に山東人の馬尚船が出現したことで脆くも崩れ去った。清朝も莽牛哨に汎を設けて馬尚船を排除しようと企図したが、かえって朝鮮政府の退柵疑惑を招き、実現が見送られた。ところが馬尚船偸採集団が人蔘を乱獲したため、最初の鴨緑江開発ブームは四半世紀で終息した。その後朝鮮では「乾嘉の平和」に乗じて廃四郡での人蔘採取（第三章参照）や耕地開発が漸次進行したが、政府は郡の復設には慎重姿勢を取り続けた。

鴨緑江流域における二度目の開発ブームは、道光年間後期、山東人森林偸伐集団によってもたらされた。中朝両国は四季統巡会哨を実施して開発を禁止しようとしたが、今次の偸伐集団は伐採跡地を農地として開墾したため、流民の私墾を根絶やしにすることは不可能であった。一九世紀後期に入り両国の国力が低下すると、山東人や朝鮮人は国初以来維持され続けた緩衝地帯に次々と押し寄せ、やがて両国政府も私墾を追認するようになった。以上が本章の結論である。

清朝と朝鮮は日清戦争後まで宗主国と藩属国との関係を維持し続けており、清朝は時と場合に応じて硬軟両方の態度を使い分けていたが、強圧から懐柔への一貫した政策転換を行った形跡はない。緩衝地帯の維持は中朝両国の共通目標であった。乾隆中期以降があたかも「懐柔政策」の時代のように見えるのは、人蔘資源が枯渇し、両国民の間で衝突が起こらなくなっただけである。鴨緑江流域の天然資源を荒らしたのは清朝政府でも朝鮮政府でもなく、山東半島出身の人蔘偸採集団であった。彼らは清朝が三道溝事件のトラウマを引きずった朝鮮との外交交渉で譲歩を余儀なくされている間隙を縫って、馬尚船で鴨緑江に侵入したのである。彼らを撃退したのは乱獲による人蔘資源の枯渇であった。一方、一九世紀の木材偸伐集団に対して両国は足並みを揃えてこれを取り締まり、一定の成果を挙げたが、同治六年に清朝が開墾容認に傾いたため、封禁政策は土崩瓦解したのである。

本章では人蔘と木材という天然資源の採取という観点から、同治年間までの東北開発の進行状況について論じた。一言で謂えば、それは人蔘から木材への転換であった。光緒以降、鴨緑江流域の森林伐採はますます活況を呈するようになり、伐採跡地では後発の山東移民が朝鮮人越境者を雇傭して焼畑（火田）を造成し、雑穀を栽培して樵夫に食糧を供給するようになるのである。次章では鴨緑江流域の火田に着目し、中国側と朝鮮側の開墾状況について比較検討しよう。

註

（1）周藤吉之『清代満洲土地政策の研究』河出書房、一九四四年、石橋崇雄『大清帝国』講談社、二〇〇〇年。
（2）荒武達朗『近代満洲の開発と移民』汲古書院、二〇〇八年、七三頁。
（3）柵門後市の実態については、寺内威太郎「柵門後市管見――初期の実態を中心に――」『駿台史学』八五号、一九九二年、同「柵門後市と湾商」『清朝と東アジア』山川出版社、一九九二年が詳しい。寺内はまた、柵門後市とは別に中江で行われた年二回の辺境貿易を考察した論考として、「義州中江開市について」『駿台史学』六六号、一九八六年を発表している。中江開市は柵門後市とは異なり、使節の往来とは別に行われていた。
（4）「移民」は現代語で「流民」は史料用語であり、清代より両者が弁別されていたわけではない。本章では現地で戸籍に編入された者を移民、国家が把握していない流れ者を流民と呼ぶ。従って辺柵外や鴨緑江沿いでの私墾者は数年間定住していても流民と見なす。また国家が被災民救恤のため例外的に出関を認めた者も流民である。
（5）田川孝三「近代北鮮農村社会と流民問題」『近代朝鮮史研究』朝鮮総督府、一九四四年。
（6）姜錫和『朝鮮後期咸鏡道와 北方領土意識』経世苑、二〇〇〇年。なお、廃四郡治の正確な位置については戦前より諸説ある。

李仁栄「鮮初廃四郡地理考」『青丘学叢』二九・三〇号、一九三七・三九年。
（7）張杰「清代鴨緑江流域的封禁与開発」『中国辺疆史地研究』一九九四年四期。
（8）李花子『清朝与朝鮮関係史研究――以越境交渉為中心』延辺大学出版社、二〇〇六年。繁体字版は香港亜洲出版社、二〇〇六年。本書での引用は繁体字版による。
（9）辻大和「一七世紀初頭朝鮮における薬用人蔘政策の定立とその意義」『朝鮮学報』二一〇輯、二〇〇九年。
（10）『同文彙考』原編巻五一、犯越三、我国人、礼部知会犯越人等厳査候審咨（康熙二四年九月二九日）、勅使知会輿図官役被傷縁由咨（康熙二四年一〇月二五日）など。李花子、三八―四八頁。また李洪烈「三道溝事件과 그 善後策」『白山学報』五号、一九六八年は、事件の経緯とその後の蔘禁政策について詳細に論じている。
（11）『朝鮮顕宗実録』巻二二、顕宗一四年一二月乙丑。
（12）『朝鮮粛宗実録』巻一、粛宗即位年一〇月戊戌。
（13）同右、巻九、粛宗六年五月甲寅。
（14）同右、巻一四上、粛宗九年四月乙亥。
（15）同右、巻一六、粛宗一一年一一月己巳・辛未。
（16）同右、巻一七、粛宗一二年三月丁卯。
（17）『大清聖祖実録』巻一二八、康熙二五年一二月丙辰。
（18）張杰、四六頁。同書は本邦での所在が確認できないため未見。恐らく県志が開墾実施年を誤認しているのであろう。
（19）『朝鮮粛宗実録』巻二一、粛宗一五年八月辛未。
（20）同右、巻三〇、粛宗二二年正月癸酉。
（21）同右、巻三一、粛宗二三年六月辛亥。
（22）同右、巻四五、粛宗三三年二月癸丑。
（23）同右、巻三〇、粛宗二二年三月己未。
（24）『備辺司謄録』第六七冊、粛宗四〇年六月七日。
（25）『朝鮮粛宗実録』巻三五上、粛宗二七年四月丙戌。
（26）『備辺司謄録』第五八冊、粛宗三三年六月二二日。
（27）同右、第五八冊、粛宗三三年一〇月一五日。
（28）李花子、一〇〇―一〇二頁。
（29）『同文彙考』原編巻六一、犯越一三、上国人、請禁過江行獵咨（康熙六〇年八月二〇日）。

(30)『朝鮮景宗実録』巻一五、景宗四年六月癸酉。朝鮮では胡は事実上女真族を指す言葉であるが、朝鮮王朝は明の滅亡後、満洲族であるや否やを問わず、清国人を胡人と呼んで蔑んでいた。従ってここで言う獵胡とは山東や山西の偸猟集団であったものと思われる。

(31)『同文彙考』原編巻六一、犯越一三、上国人、原奏（雍正五年五月二〇日）、回咨（六月一六日）、原奏（一一月一六日）。李花子、一〇二頁。

(32)前註（31）原奏（一一月一六日）に付された雍正帝の諭旨。

(33)李花子、五二―五三頁、前註（3）寺内「柵門後市管見」三二―三三頁。また張存武『清韓宗藩貿易：一六三七～一八九四』中央研究院近代史研究所、一九七八年、九八―九九頁。なお当事件については第十二章で再論する。

(34)『朝鮮英祖実録』巻二三、英祖五年八月己巳。

(35)同右、巻二九、英祖七年六月辛亥。

(36)『同文彙考』原編巻四八、疆界、礼部知会詢問設汛便否上諭咨（雍正九年五月七日）。

(37)『備辺司謄録』第八九冊、英祖七年六月二一日
上曰。欲為屯田之意耶。趙曰。此蓋近来鳳凰城将。縁其地方防禁之疎虞。多有得罪者。故有此議。而但其地土沃。若令駐劄。則畢竟無異於設屯矣。若然則可慮之事。似非一端矣。

(38)この件は前註（24）『備辺司謄録』第六七冊、粛宗四〇年六月七日の条に見える。

(39)『朝鮮英祖実録』巻三五、英祖九年七月壬辰・辛丑、同右、巻三六、英祖九年一一月丁亥。

(40)同右、巻五八、英祖一九年五月戊申。

(41)『同文彙考』原編巻六二、犯越一四、上国人、請禁越境採獵咨（乾隆九年一〇月二六日）。

(42)同右、原奏（乾隆一〇年三月五日）。

(43)同右、越境採獵請加申禁咨（乾隆一一年四月七日）、盛京礼部知会派兵捜緝咨（乾隆一一年五月六日）。

(44)『朝鮮英祖実録』巻五三、英祖一七年正月壬辰、同右、巻五八、英祖一九年七月己丑。また同右、巻六三、英祖二二年四月己丑の条によると、元景夏は第二次莽牛哨設汛問題の最中にも李裕身の廃四郡地図を捧呈して廃四郡復設を請願しているが、却下されている。

(45)乾隆三年には柳条辺東段の鹻廠辺門外に位置する于本頭・黄溝で偸採事件が発覚し、盛京将軍額爾図は偸採集団の小屋を焼き払い、米や船を接収・破毀した。彼らが馬尚船集団であったか否か疑わしいが、額爾図は両地が水路で朝鮮国境と繋がっているため、犯越問題が生起することを懸念している。遼寧省檔案館編訳『盛京蔘務檔案史料』遼海出版社、二〇〇三年、一四二―一四四頁、「奉天将軍衙門為知会奏准于本頭・黄溝等放票刨蔘設卡事咨掌盛京内務関防佐領等」（乾隆三年一二月二〇日）。

(46) この経緯については、李花子、一〇八―一一二頁を参照。
(47)『備辺司謄録』第一〇五冊、英祖一五年六月一七日
司啓辞。近見関西状啓。馬尚之流入水上者。比前倍多。蔘則又復迫近。江辺各鎮。小心把守之意。
(48) 清朝の蔘場管理については、鈴木中正「清代の満洲人蔘について」愛知大学『文学論叢』一三・一四号、一九五七年を参照。
(49)『同文彙考』原編巻四八、疆界、請禁訓戎対境造舎墾田咨（乾隆一三年七月九日）。
(50)『承政院日記』第一三六八冊、英祖五一年一〇月二五日。
(51)『朝鮮正祖実録』巻五、正祖二年正月甲戌、『承政院日記』第一四一一冊、正祖二年正月一三日。
(52)『朝鮮正祖実録』巻三七、正祖一七年正月丁酉・二月辛巳、同右、巻三八、正祖一七年一二月甲戌。
(53) 同右、巻四三、正祖一九年一一月乙丑。
(54) 同右、巻五一、正祖二三年六月辛丑の条に見える平安道観察使韓用亀の上疏によると、慈城は丙辰（一七九六）に開墾が許可され、三川は甲寅（一七九四）に許可されたとある。設置時期から察するに、三川とは玉洞・麻田嶺・慈祚嶺の三箇所であろう。
(55)『備辺司謄録』第一八四冊、正祖二〇年九月一六日。
(56) 同右、第一八四冊、正祖二〇年九月一八日。
(57)『龍湾誌』巻上、島嶼、威化島。『鴨緑江及大同江沿岸ニ於ケル賭地慣行』朝鮮総督府殖産局農務課、一九三一年。
(58)『承政院日記』第二〇九二冊、純祖一八年二月一〇日。
(59) 同右、第二四〇一冊、憲宗八年四月一三日。『同文彙考』原編続、疆界一、請禁上土対境造舎墾田咨（道光二二年四月二一日）。
(60) 同右、盛京礼部研鞫墾構犯人咨（道光二二年一〇月一八日）。
(61)『大清宣宗実録』巻三七五、道光二二年六月壬辰。
(62) 同右、巻三八一、道光二二年九月乙丑。
(63)『同文彙考』原編続、疆界一、請禁江界越辺造舎墾田咨（道光二六年五月二八日）。
(64)『大清宣宗実録』巻四三二、道光二六年七月辛卯、同右、巻四三四、道光二六年九月庚戌。
(65)『同文彙考』原編続、疆界一、盛京礼部知会奉上諭咨（道光二六年一一月六日）。
(66)『大清宣宗実録』巻四三六、道光二六年一一月戊戌。
(67)『同文彙考』原編続、疆界一、盛京礼部回咨（道光二六年六月二二日）。
(68)『大清宣宗実録』巻四四二、道光二七年五月癸卯。統巡会哨については、李花子書の他、秋月望「鴨緑江北岸の統巡会哨について」九州大学『東洋史論集』一一号、一九八三年を参照。
(69)『同文彙考』原編続、疆界一、届期会哨咨（道光二八年六月二八日）、盛京礼部知会江界越辺二季統巡仍旧例四季稽察咨（道光

二八年一〇月二八日）。
(70) 同右、原編続、犯越三、報碧潼犯越人作拏咨（同治九年二月一七日）、礼部知会碧潼犯越懲辦奉上諭咨（同治九年三月四日）。
(71)『大清穆宗実録』巻二〇三、同治六年五月壬申。
(72)『同文彙考』原編続、疆界二、鬷江辺政無従懸揣咨（同治六年八月一日）。
(73)『大清穆宗実録』巻二六四、同治八年八月癸卯。
(74) 同右、巻二七〇、同治八年一一月壬申。
(75)『同文彙考』原編続、疆界二、報慈城厚昌復設咨（同治九年八月一八日）。
(76) 同右、報沿江匪民越界侵擾咨（同治一一年正月□日）。なお李花子、一三二―一三三頁によれば、清国人偸伐集団は自ら「馬鹿浦之会」と称していた。
(77) 同右、盛京礼部知会大東溝流民編籍設官奉上諭咨（光緒元年一一月四日）、請沙河子築城設衙之地另立禁条以杜後弊咨（光緒二年九月二八日）、民国『安東県志』巻一、疆域、古蹟、柳条辺。
(78) 李花子、一二六―一二七頁。

第二章　近代鴨緑江流域の開墾

はじめに

かつて日本帝国が「満洲」と呼び、今でも大韓民国では「満洲」と呼ばれている中国東三省は採集を主たる生業とする女真族（後の満洲族）の故地であり、一八世紀まで大部分が森林に覆われた未開発地であった。渤海沿岸部では明代より部分的に開墾が始まったが、明清交替に際し兵禍と満洲族の入関によって荒廃し、清初の遼東招民開墾例により再び開発が進められた。康熙六年（一六六七）に遼東招民開墾例は廃止され、更に乾隆五年（一七四〇）、清朝政府は封禁を実施して積極的な開墾抑止政策を採用したが、山東半島から押し寄せる移民の勢いを止めることはできなかった。[1] とは言え、奉天省遼河流域が本格的な大豆産地となるのは一九世紀前半頃からであり、開発の手が松花江流域に伸びるのは一九世紀末以降のことである。[2] このような歴史を経たため、東三省は移民史や開発史の視点から、「南満」と「北満」とに大別されることが多かった。

ただし、地理的景観から見ると、東三省はモンゴル族の居住地で草原に覆われた西部、遼河および松花江流域の大平原で農耕に適した中部と北部、女真族の故地で長白山から遼東半島に連なる南東部に区分することもできる。開発の歴史を通観するには南北の区分けが重要であるが、開発の形態を観察するには東西の区分けの方がより適切である。換言すると、中部および北部の農業地帯の歴史的考察には南から北への開発前線の北上という観点が必要不可欠であるが、西部草原地帯や南東部山岳地帯においては、緯度の違いはさほど重要ではない。蓋し牧畜や採集には南北の気候差がほとんど影響しないからである。

本章が考察の対象とする鴨緑江流域は東三省の南東部山岳地帯に相当し、南岸の朝鮮国平安北道・咸鏡南道をも包摂する。西部や中部・北部と比較すると南東部の面積は狭小で、図們江（朝鮮名豆満江）流域を含めても、「南満」の片隅に位置するに過ぎない。にもかかわらず、東三省開発史の上で重要性の低い南東部山岳地帯を考察対象に選んだ理由は、第一に、当該地域は人蔘や貂皮という高貴な採集物、更には木材という中国本土では比較的稀少な物資を供給し得る地域であり、中部・北部の大豆・雑穀作地域と比較すると経済的役割は副次的であるものの、等閑視できない天然資源供給力を秘めているからである。第二に、前章で考察した通り、鴨緑江を距てて中国と朝鮮は国境を接しているが、同地の天然資源保護や耕地開発に対して両国が共同歩調を取らなかったため、人蔘資源の略奪的採集など様々な矛盾が蓄積され、結果的に鴨緑江を挟んで南北両国は異なる開発経過をたどったからである。

この点に着目し、本章では一八世紀中葉から二〇世紀前期にかけての鴨緑江流域の農業開発を、右岸と左岸との相違という視点から再検討し、両岸が相異なる開発過程をたどった要因を究明することを目的とする。ただ、鴨緑江流域は両国とも国境沿いの辺疆地帯であり、乱獲により人蔘資源が枯渇した一八世紀中葉以降は、開墾に関する一次史料が極端に少ない。そこで本章では二〇世紀初に日本が刊行した調査資料を主要素材とし、一九世紀までの漢文資料で補いながら、当該地域の開墾史を描き出す。

ところで鴨緑江流域は平地に恵まれず、大部分が山地であるため、これまで同地の開発史は人蔘や貂皮など付加価値の高い特産品の採集と木材の伐採にほぼ限定されてきた。私は前章で、山東人馬尚船集団による人蔘偸採ブームが康熙六〇年（一七二一）から乾隆一一年（一七四六）までの四半世紀間に起きたこと、その後人蔘資源の枯渇により「乾嘉の平和」とでも呼ぶべき平穏期が訪れたこと、しかし道光年間（一八二一―一八五〇）後期より木材の偸伐活動が盛んとなり、咸豊年間（一八五一―一八六一）には大東溝が木材集積地として発展したことなどを検証した。一九世紀末にはロシアと日本が当地の木材資源に注目し、ロシアの森林会社と日中合辦の採木公司との間で激しい競争が行われたが、日露戦争の結果ロシア勢力が撤退し、日本が事実上の森林開発権を確保した。ところが塚瀬進によると、日中合辦の鴨緑江採木公司は在来の伐採業者の偸伐を防止できず、ほとんど利益を上げることができなかった(3)。

近代的な営林事業においては、計画的な伐採と育成が必要不可欠である。しかし偸伐が横行したことで、結果的に同地では略奪的な森林伐採が継続し、その跡地は用材として不適な白樺が繁茂したり、焼畑や常熟畑と化したりした。この地の森林を破壊したのは日露帝国主義ではなく、他ならぬ中国人自身だったのである。

しかし彼らが森林を偸伐した背景には彼らなりの事情があった。既に東三省中部では先発移民による農業開発が進行し、後発の渡来者は北部や南東部に新たな活動基盤を求めざるを得なかったからである。彼らの出自は農民であり、森林を伐採して木材を販売するにとどまらず、伐採跡地を開墾して耕地とするのは自然の成り行きであった。

ただ、鴨緑江両岸における開墾の方式は一律ではない。結論を先取りすると、中国側の開墾は伐採跡地の二次利用であったのに対し、朝鮮側の開墾は森林伐採とは結びつかない山地貧民の原始的焼畑という性格が強い。その結果、中国側では焼畑から粗放な定住農業へと発展したのに対し、朝鮮側では日当たりの良い傾斜地などに無秩序に火を放って継ぎはぎ状に焼畑が造成され、その大部分は熟田に転化しなかった。両岸は所属国家を異にするため、何故このような差異が生じたのかについて直接語る史料はないが、二〇世紀初頭に朝鮮を手中に収め、ここを足がかりとして東三省への雄飛を企図していた日本は、比較的冷静な視点で両岸の農業や林業を観察していた。私が日本帝国主義の手による史料を敢えて用いるのは、その相対的精確さの所以である。

なお、朝鮮王朝は末期に国号を大韓帝国と改め、史料にも韓国・韓人という表現が増えるが、本章では朝鮮・朝鮮人に統一した。一方東三省側は、満漢両民族が混住しており、また永らく満洲族の王公や官員が東三省を統治していたため、前章ではやむなく清国・清国人と表記したが、本章で検討する時代は清末民国期であり、主役も山東半島出身の漢族移民に替わったため、中国・中国人に統一した。

一　朝鮮側の土地利用

朝鮮は東岸に太白山脈が連なり、北部に蓋馬山脈などの高地が広がる、山の多い国である。平野部は概ね水田が拓かれていたが、山間部では二〇世紀に至っても平安南北道・咸鏡南北道・江原道・黄海道などを中心に焼畑が盛んに行われていた。朝鮮では焼畑のことを火田と呼ぶが、植民地時代の火田に関する代表的な調査報告書である『火田の現状』（朝鮮総督府、一九二六年）によると、「最初は山峡の窮民が無主空山と称する山地を起墾したのに濫觴するのであるが、後には平地の遊民までが火田の耕作を為すに至り、遂には無主空山にあらざる封山、禁山の如き政府禁養の森林をも侵耕するに至つたのである」（一頁）とあるように、平地で農耕に従事できなくなった貧民が官府の許可なく山林を焼いて造成したものが多かった。

火田が史料上に姿を現すのは孝宗四年（一六五〇）であり、その後英祖年間には火田を土地台帳に載せ、公税を課している(4)。しかし『火田の現状』三頁によると、孝宗四年の備辺司の報告は火田のために山林が荒廃したことを憂い、その禁止を請うたものであり、英祖二一年（一七四五）には山腹以上での起耕と山腰以下での新たな火田造成を禁止している如く、王朝にとっても火田による森林荒廃は頭の痛い問題であったらしい。しかし度重なる禁令にもかかわらず、時代が下るにつれて火田はますます拡大していった。

改めて言うまでもなく、焼畑農業は定住農業と較べて生産力が低い。それゆえ、大部分の貧民は平野部に留まり、小作人や日雇いとなって餬口をしのぐのであるが、苛斂誅求が厳しかったり天災や戦乱が起きたりすると、彼らは最低水準の生活を維持することさえ困難となり、容易に流民と化す。『火田の現状』にも、「高山地帯に於ける火田民の入山の動機は、平地又は山麓に於ける生活の困難に依り、比較的容易に火田耕作を為し得る地方に移動して来たのが多数で、要するに窮民が大部分を占めて居るが、中には少数の例外として、犯罪人などが官憲の眼の届かない高山に潜入して火田耕作を行つて居る如きこともあるらしく、また日清、日露の両戦役の際、戦禍の及ばんことを怖れて山中に逃げ入り、其の儘永住して火田民になつた者もある」（三六―三七頁）とあるように、貧民ばかりでなく、犯罪者や避難民までもが山間部に入って火田民となったようである。同書はまた、「火田の存する所は、概して高峯峻坂にして交通の便悪しく、農作物の収穫少く、地味瘠薄なるを常として居るが、尚ほ且つ年々多くの火田耕作者が、次第に深山高地に分け入るのは、平地及び山麓の生活に比し、耕地と燃料を容易に得らるゝ山上生活の方が、貧民に取りては遙かに幸福であるが為めにして、是れ歴代厳重なる禁令の存したるに拘らず、火田耕作の益々猖獗を極めた所以である」（二頁）とも述べており、平野部における農民の貧困化が火田の蔓延を助長したらしい。

官府や地主による苛斂誅求や度重なる天災・兵禍は同時代の中国や日本にも存在する普遍的現象である。しかし中国や日本の流民は都市に流入して無頼（ごろつき）や乞食になる場合が多く、餓死の危険が伴う山地に逃避することは稀である。もちろん継続的な焼畑農業もほとんど見られない。では朝鮮において、特に大規模な兵禍のなかった一七世紀後半から一八世紀にかけて、火田が広まったのはなぜであろうか。第四章で詳述するが、朝鮮王朝は北辺の充実を図るため「禁山刷還之法」を設け、咸鏡道と平安道の人民に対して定着を強制し、内地（朝鮮半島中南部）への脱逃移住を厳しく禁止していた。また官奴婢についても、内地では身分を贖い良民となることができたが、咸鏡・平安両道では特殊な例を除いて代口贖身することを許さなかった。賤民が漢城に逃亡した場合、普通は留めて京役に就かせていたが、両道の者は全て送還していた[5]。要するに朝鮮王朝は両界すなわち咸鏡・平安両道の人口減少を防ぐため、同地の良民や賤民に対し厳しい移動制限を強いていたのであり、彼らは比較的肥沃な半島中南部に移住する自由さえ剝奪されていた。火田民は江原道や黄海道にも存在しており、その全てが刷還法の制約によりやむなく入山したとは言えないが、咸鏡・平安両道に限って言えば、政府による無理な北辺充実政策により、流民になる途さえ閉ざされた者が、山中で火田民となった場合が多いものと推定される。

ところで、植民地時代に日本人が行った調査を読むと、そこにはある種の奇妙な共通性が見られる。すなわち火田民は生活水準が極めて低いが、勤労意欲もまた極めて低いということである。たとえば『火田の現状』は火田民の生活状態を総括して、「由来火田民の居住せる地域は交通至難なる山間の谿谷に位ひせる関係上、日常生活を孤独的に持すること多し。随つて世の文化に甚だしく遠ざかり、食糧の如きは単純なる火田作物の外に、附近山野の樹実（クヌキの子実等）、草根を以てするの状態なれば、其の程度は推して知るべく、又財力に付ても頗る貧弱にして実に憫然たるものあり。然れ共彼等火田民は以上の程度に甘し、辛らくも一箇年の生活費を得れば以て足れりとし、他に何物も必要とせず、只徒らに遊び、貯蓄心又は子弟の教育、衛生等に付ては極めて無頓着にして寧ろ其の観念無きものと謂ふも決して過言ならざるべし」（一二〇頁）と述べている。これを日本人の朝鮮人に対する蔑視の表れと片付けるのはたやすい。しかしこれらの調査資料は、明らかに一般の朝鮮人と比較した火田民の特徴を怠惰で向上心がないと述べているのである。

被支配民族に対する偏見を差し引いても、近代の火田民は平地での生活の落後者であり、拡大再生産への意欲を喪失していたと言わざるを得ない。そもそも咸鏡・平安両道の人民は国策により移動の自由を制限されていた。そのような地域の中で社会的・経済的に虐げられ、行き場を失った良民や賤民がやむなく火田民となり、平地民と隔絶した隠遁生活を営んでいたものと思われる。それゆえ彼らの農法は退嬰的かつ無秩序であり、焼畑を計画的に開墾して熟田と成し、編戸の民になる意思を持ち合わせてはいなかった。

鴨緑江流域について見ると、下流の義州郡付近では火田はほとんど見られないが、中流の廃四郡一帯から咸鏡南道の三水郡・甲山郡では割合が高く、更にその奥地に位置する咸鏡南道長津郡や平安北道熙川郡では極めて多かった。『火田の現状』によると、「長津郡の如きは郡内の畓田面積に対し火田面積の割合は百四十パーセン強に達し、熙川郡の七十九パーセン、慈城郡七十四パーセン、碧潼郡の六十一パーセン、江界郡の三十三パーセン、三水及び楚山郡の三十二パーセン等は最も著しきものである」（二五頁）とあり、植民地時代に至っても中流地域は火田が猖獗を極めていた。

『火田の現状』には、朝鮮総督府が一九一七年に技師小泉昇平を江界郡・慈城郡・厚昌郡・長津郡に派遣してその調査を行わせたことが記されている。それによると、廃四郡地域の火田は火徳（プテキ）・火田・山田という三種類に区別されていた。まず火徳は、「人煙稀少なる山岳地方に於ける原生状の森林に対して行はるるものにして、主として国有林の侵犯なるを以て地方官憲に於ても之れを禁じつつありと雖も、其の監視の行き届かざる僻陬の地に在りては今日尚ほ続行しつつあり」「火田となすべき土地は開墾の前年秋季又は夏季に於て伐木をなす。樹木小にして且つ疎立なるときは火入の関係上全部の伐採をなすことあれども多くは否らず。只中庸の樹木のみ伐採し之れを林内に叢生する小木荊棘の上に倒伏して燃焼に便し、直径一尺五六寸以上の大木は其の儘存立し、火入後若し焼枯せざるものあるときは根元の樹皮を剝離して、所謂巻枯しを行ふに過ぎず。伐採方法の如きは元より乱雑にして恰も暴風に依り潰倒せる森林を見るが如し」（四五―四六頁）とある如く、原生林に近い森林を焼き払って造成するもので、立木の資源としての利用は全く顧みられていない。蓋し彼らには木材を消費地に運び出す資力がないし、国有林を違法に伐採して販売すれば処罰されるからである。

火徳は造成後一年目の火田を指す呼称であり、二年目以降は単に火田（狭義の火田）と呼ばれる。数年間耕作し、地力が落ちると休耕される。暫くして雑草木が再生するようになると再度火入れを行い火田とするが、これは火徳とは呼ばれない。

最後に山田は、「山地に近き部落附近に存在する火田にして永年輪耕せる結果、土地の状況普通の畑地と大差なきに至れるも、傾斜地に在るが故に地味一般に瘠悪なるを以て、時時若干年間の休耕をなし地力の恢復を俟て耕作する」（四八頁）ものであり、熟田と火田の中間的性質の耕地である。

このように、廃四郡一帯の火田は森林伐採後の跡地利用として営まれたものではなく、国有林を違法に燃やして拓かれたものであった。従って計画的な土地利用は全く顧慮されず、単に森林資源を浪費するだけでなく、土壌流出を惹起して熟田にも悪影響を及ぼすことが多かった。それゆえ王朝時代より火田の弊害は常に論じられており、たとえば英祖七年（一七三一）、平安道観察使宋真明の上啓に「江辺の邑における流民の弊は、皆火田が日々増加したためであり、火田が日々増加するのは、守令がその私用を利としているからである。泰山峻嶺も日々削り取られ、故に鴨緑江一帯は次第に浅瀬が増えつつある」と見えるように、江辺一帯では地方官の庇護の下で違法な火田造成が進み、土壌が鴨緑江に流出していた。[6]また正祖二年（一七七八）、咸鏡道茂山の幼学南再興が廃四郡の復設を上疏した際、文中にて「ただ思いますに、江辺の邑は山が多く野は少なく、地は狭く人は多く、高山や急坂では木を伐って火を放ち、寸尺の土地も開墾していない所はありませんが、山は禿げて水が土を削り、谷間の川筋は遷移して、田畑をあちこちで押しつぶし、ばらばらにするので、民は生きる術がありません」と述べているように、[7]同地方では行政機関を置かず、森林管理が不徹底であったため、一八世紀後期には火田の濫造が起こり、土壌流出の結果、既耕地をも破壊するに至っていた。

既に述べた通り、廃四郡の焼畑は火徳→火田→山田と進化するが、火田は数年利用した後は休耕させる。『火田の現状』によると、朝鮮半島では「早きは七年目、晩きは十二三年目に、再び火田耕作が繰り返さるゝを普通とする。喬木を伐採して火田を行ふときは、休耕後長き年月を経るにあらざれば再び喬木を形成せず、二回目の火入よりは矮林状のものとなり、更に屢々火田を繰り返すに於ては漸次林相悪変し、其の地力も次第に減退して遂ひに樹木を生じ難きに至り、草生地に変ずるか或は地被を剥脱して、遂ひには山骨を露出するに至るのである」（四三―四四頁）とある通り、持続的な焼畑農業は極めて困難で、土地を修復不能なまで荒廃させることが多かった。従って山田に進化するものは少数で、大部分の火田はやがて曠地となる運命にあった。

以上のように、朝鮮半島北部に蔓延した火田は農業技術水準の低さに起因するものではなく、古くは王朝政府の無理な北辺充実政策、新しくは日清・日露戦争の兵禍によるものであった。火田民は農地開墾のため積極的に入山した開拓者＝起業家ではなく、平野部では最低限の生活も維持できなくなった避難民とその末裔であった。従って彼らは地域社会へ復帰する意欲を喪失しており、森林を略奪的に耕作して当座の食糧を確保すること以外念頭にはなかった。

ところが一九世紀後期に至り、疲弊しきった朝鮮北辺社会に若干の転機がもたらされた。それまで朝鮮人の越境を厳しく取り締まってきた清朝の威令が低下し、中朝国境沿いの封禁が徐々に緩められたのである。新天地に殺到したのは主として山東半島出身の中国人であったが、彼らは農業労働力の供給地として対岸の朝鮮に目を付けた。

ここに火田民となる以外に生き延びる手立てを有しなかった平安北道・咸鏡南道の窮民は、新たな生活の機会を与えられることとなったのである。

二　中国側の土地利用

中国における柳条辺外鴨緑江流域の森林伐採は一九世紀中葉頃より盛んになった。当初は零細な偸伐業者が沿岸部を虫喰い状に開発する程度にとどまっていたが、『鴨緑江森林及林業』（鴨緑江採木公司、一九一五年）に、「光緒ノ初年ニ至リテハ、単ニ沿岸少量ノ採伐ニ止マラズ、真ニ組織的ノ労働団体ヲ以テ各支流ニ於ケル良木ヲ択伐スルニ至レルモノ、如シ」（三六頁）と見えるように、光緒初頭より伐採業者が樵夫を組織して本格的な開発を開始した。しかし満洲族興起の聖地であり、かつては人蔘や貂皮などの天然資源に恵まれていた東三省南東部山岳地帯が偸伐者によって荒らされることは清朝にとって容認し難いことであった。また朝鮮王朝にとっても鴨緑江を境に両国民が鶏犬相聞こゆる状態になることは国際紛争を惹起しかねない潜在的脅威となった。そこで道光二七年（憲宗一三年＝一八四七）より中朝両国による春秋統巡会哨が開始された。調査の対象となったのは頭道溝を中心とした鴨緑江中流域であるが、渾江流域も含まれていた(8)。しかし統巡会哨によっても森林偸伐者の勢いは衰えず、彼らは伐採跡地を開墾して食糧を生産することにより、ここを兵站基地として更に奥地へと浸透していった。

偸伐民も開墾民も出自は山東半島であったが、森林伐採と農業は兼営できないので、土地を占取した先駆者は後発者を招いて農業を営ませていたらしい。しかし曠地を開墾して集約農業を実施するためには、山東半島からの出稼ぎ者や移住者だけでは到底賄いきれない、莫大な労働力が必要となる。かかる労働力需要に応じたのが鴨緑江左岸の朝鮮人であった。蓋し東三省南東部は清朝の封禁政策のため人口が稀少であったのに対し、平安北道や咸鏡南道は朝鮮政府の北辺充実政策のため相対的に人口が過剰であった。従って鴨緑江右岸の開墾が進むにつれ朝鮮から中国へ人口が移動するのは自然の成り行きであった。朝鮮人の中国領への越境は厳しく禁止されており、清朝官憲に発見されれば朝鮮に送還され、朝鮮政府は犯越者を犯越地で梟首していたが、一九世紀後半には両国とも取り締まりが弛緩していた。『火田の現状』によると「国境地方の住民中には対岸の支那地に渡りて火田耕作を為す者もあるさうである」（三六頁）とあるが、彼らは中国人地主の下で焼畑を行っていた者であろう。もちろんこれは開墾当初の耕作形態であり、地主は経営効率の高い熟田化を志向していた。

ところで、日本の農商務省山林局が一九〇五年に刊行した『鴨緑江流域森林作業調査復命書』（以下、『復命書』と略記する）には、鴨緑江両岸の林業だけでなく農民生活の実態も描かれている。この地にはまとまった平野が乏しく、また調査の重点が林業に置かれているため、調査対象は平地民ではなく火田民や開墾民を中心にしたものとなっている。

まず朝鮮の農民について見ると、「韓人ノ生活ハ江流山間ニ矮屋ヲ構ヘ、農事ヲ専業トナシ、婦女ハ日々ノ炊事・裁縫・洗濯・機織ニ忙ハシキモ、男子ハ農業ノ外、山野ニ燃料ヲ採集スルニ止マリ、平常閑日多ク、冬期ノ如キハ終日徒食遊楽ノ状態ナリ」（一一頁）とある。山間に小屋掛けしているところから、火田または山田（半熟田）を耕作する農民を観察したらしい。成人男子の就労状況は同時代の日本人の目から見ると勤勉とは言い難いものであった。

次に中国の農民について見ると、「之ニ反シ清人ハ多ク山東省萊州府、登州府ヨリ移住シ、遠ク治外ノ辺境ニ来リ、独立自衛以テ今日ニ至リタル者ナレハ、其気概ハ五百年来政府ノ圧迫ニ慣レ、敢テ醜官汚吏ノ誅求ニ甘ンシ、人心衰亡シテ又発展ノ余風ナキ東部ノ民族トハ元ヨリ同視スヘカラス。杖ニ倚ルノ老者、事理ヲ解セサル小童ニ至ルマテ一業ヲ有シ、粗衣粗食勤メテ倦ムコトヲ知ラス。一意収利ニ余念ナク、山野ノ遺利悉ク剰スナキハ清人ノ特色ナル者ノ如シ」（一四頁）とあり、朝鮮人とは対照的に中国人は勤勉であると礼賛されている。同『復命書』は概括調査に過ぎず、農業経営を詳細に分析したものではないため、主観や偏見に基づいた記述をしている可能性が高い。引用文にも誇張した表現や決めつけが散見される。しかし調査官は一目して、右岸の耕地が左岸と比較して整っており、作物に入念な手入れがなされていることを見抜いたのではなかろうか。

流通部門では両国民の積極性により際立った差異が見られたようである。『復命書』には「収穫物ノ貿易売買ハ、対岸ニ居住シ、又ハ舟楫ヲ以テ江流ヲ上下スル清人ノ手ニ由リテ行ハレ、韓人ハ家ニ在テ貨物ヲ整ヘ、其来ルヲ待ツ。故ニ郡衙所在地ノ如キモ、大賈巨商ノ存在スルコトナク、商店ハ只タ対岸ノ清人ヨリ請ケ来リタル木綿、巻煙草、綿糸、燐寸、焼酎類ノ日用品ヲ小売スルニ過キス」（一二三頁）とあり、鴨緑江流域で農産物と雑貨との交易に携わるのは中国人のみであった。同地の主要物産である木材についても同様である。『復命書』には「鴨緑江流域ニ於テ韓国人ノ所有ニ属スル筏ハ清国人ノ筏数ノ僅ニ五十分ノ一位ニ過キスシテ、各年百筏乃至二百筏ヲ普通トシ、最モ多キ年モ三百筏ヲ超エスト云フ。而シテ固ヨリ木材市場ヲ有セス、之カ売買ヲナスニハ矢張下流ニ於ケル安東県（沙河子）又ハ大東溝ナル清国ノ木材市場ヲ藉リテ之ヲ行フモノナリ」（一一九頁）とあり、朝鮮人による木材搬出量は全体の二%程度で、出荷拠点である安東県と大東溝は中国に属していた。

先駆者に招かれた朝鮮人は、当初は季節労働者として毎年鴨緑江を往来していたが、やがて右岸に居を構え、小作人として中国に定住する者も増えていった。清末の東三省総督徐世昌は、「韓国の田賦は我が国より二倍も重く、官府の徭役も煩苛である。更に韓国辺境は土地が痩せ、山は日当たり悪く耕地も少ない。そこで韓民の越境して耕地を拓く者が春夏に鴨緑江を渡り、一族を引き連れて開墾し、収穫後食糧を抱えて南岸に帰ることは、久しき習慣と成っていた。その後収穫量が増大し、農作業が煩雑になってきたため、家屋を構えて我が国民と雑居するようになったが、既に長年に及んでおり、ほとんど我が国民と同じ風体である。我が国の土着の農民は、彼らが農業に勤めることを利とし、彼らを雇って耕作させるが、あらかじめ賃金を定めて雇傭したり、或いは開墾資金を提供して収穫した穀物を分け合ったりする。同治初年、山東の貧民で鴨緑江上流にて採蔘・狩猟・伐採に従事していた者が、その土地の肥沃なることを知り、次第に開墾を始めた。あちこちに集団を作り、窩棚（掛け小屋）に仮住まいしていたが、利を得れば帰郷するつもりであり、決して定住する意志はなく、皆そろって韓民を雇って代墾させ、これにより利を得た。これは帽児山上流に限ったことではない」と語っており(9)、処女地における地味の豊かさに目を付けた山東移民が朝鮮人を労働力として鴨緑江流域を開墾したことが知られる。朝鮮人の働かせ方には雇傭労働型と刈分け小作型との二種類があった。朝鮮人は当初は本国から出稼ぎに来ていたが、やがて定住する者も出現した。

同じ頃、日本人視察者も似たような状況を報告している。大崎峰登『鴨緑江―満韓国境事情』（兵林館、一九一〇年）によると、「韓人ハ何レモ新闢後三年ヲ経テ、其収穫ノ半ヲ清人ト相分ツヲ例トセリ。帽児山以東清地ニ移住セル韓人ハ、地理上咸鏡北道《ママ》ノ吉城、明川、鏡城、茂山、三水、甲山等ノ地方ヨリ来リタルモノニシテ、専ラ農作ヲ業トシ、旁ラ伐木、漁猟ニ従ヒ、山ニ蜜蜂ヲ放チ、川ニ川貝《ママ》母ヲ漁リ、漸ク其日ヲ糊スルニ過ギズ。之ニ反シテ清人ハ伐木狩猟ヲ主トシ、農作ハ寧ロ其副業ニ過ギザルガ如シ。先ヅ流ニ沿フテ荊蕀ヲ艾キ、搬出ノ途ヲ開キ、猛獣ノ害ヲ防ギ、丸木小屋ヲ構ヘ、附近ノ林ニ火ヲ放チテ焼払ヒ、其跡ニ粟、稗、黎［黍］、麻等ヲ作ル。之ヲ火田ト云フ」（七三頁）とあり、彼が見た朝鮮人は開墾三年後より中国人地主に対し収穫量の半数を小作料として納付していた。朝鮮人小作の出自は農民であったのに対し、中国人地主は伐木と狩猟を主たる生業とし、農業は副次的なものであった。なお開墾は火田形式から出発したらしい。

徐世昌も大崎峰登も、鴨緑江右岸の開墾を主導したのは木材伐採や貂皮採取を目的として進出した中国人であり、開墾および農業に携わったのは朝鮮人であったという認識を共有している。おそらく中国人は森林の伐採跡地を占取して朝鮮人に開墾させ、ここを兵站として奥地に伐採や狩猟の手を拡げていったのであろう。

中国人と朝鮮人との間に地主―小作・傭作関係が発生したのは、基本的にここが中国領であり、朝鮮人に開発権がなかったからである。帽児山以東の鴨緑江上流域においては、中国人の進出に先んじて朝鮮人が越境開墾を行っていた場合もあったが、前掲大崎書に「其後清国ノ木把漸次上流地方ニ入山スルニ及ビ、韓人ガ檀［擅］ニ農作ヲナセルヲ機トシ、其韓地ニ非ラサルノ故ヲ以テ、韓人ヨリ収穫ノ半分ヲ清国人ニ分与スルノ契約交渉ヲナシ、遂ニ今日ニ到ル迄、其習慣ヲ継続シ来レリ。元来清国人夫レ自身モ、土地ニ対シテ所有権ナク、亦地方官ニアリテモ、是レヲ了知スルコトナキガ如シ。木把等冬季伐採ノタメ入山シテ、遂ニ一家ヲ建テ、毎年其地方ニ住居シ、自然其地方ノ耕地ヲ己レノ所有ト称スルニ到リシ者ニシテ、其実際ハ概シテ韓国人ノ自由開墾ニ依ル土地多シ。而シテ韓人ノ開墾セシ土地ハ、其年ヨリ半分ノ収穫ヲ清国人ニ与フルニ非スシテ、開墾後三年ニ至リ実施スルヲ例トス」（一七七頁）とあるように、領土主権を盾にして中国人樵夫が土地所有権を奪い、彼らから小作料を収奪したらしい。小作料は収穫の半分とあるが、生産力の低い辺境では相当重い負担だと言えよう。

　このような不利な条件にもかかわらず、朝鮮から中国への出稼ぎや移民の勢いは止まなかった。清末大量の朝鮮人が咸鏡北道から図們江（豆満江）を渡って吉林省へ越境し、ここに「間島」地方を形成したことは有名であるが、鴨緑江流域でも朝鮮人の流入は激しかった。但し山東からも移民が押し寄せたため、朝鮮人の比率は「間島」ほど卓越したものとはならなかった。

　朝鮮人が右岸に越境した理由は、両岸人口の不均等であった。二〇世紀のデータであるが、『鴨緑江江岸地方経済状況調査概要報告』（朝鮮銀行調査部、一九二〇年）によると、「政治経済上ノ根基タルヘキ人口ノ鴨緑江江岸地方ニ於ケル分布状況ヲ見ルニ、朝鮮側ニ属スルモノ七十余万人、支那側ニ属スルモノ三十余万人、合計百余万人ニシテ内、内地人五千五百人、朝鮮人七十九万人、支那人二十七万人内外ナリ」（一頁）とあり、左岸と右岸の人口はおよそ七〇万と三〇万で、朝鮮人と中国人の人口は七九万と二七万であった。左岸朝鮮側は咸鏡南道の長津・豊山・三水・甲山四郡および平安北道の厚昌・慈城・江界・渭原・楚山・碧潼・昌城・朔州・義州九郡を、右岸中国側は長白・臨江・輯安・通化・桓仁・寛甸六県を指し、前者はほぼ朝鮮人のみが居住するのに対し、後者は中国人が二七万人、朝鮮人が七万五九〇〇人と混住状態にあった（一一―三頁）。当時の人口統計が不正確であることを割り引いても、中国側より朝鮮側の方が圧倒的に人口が多く、また中国側の二割強が朝鮮人であったことが理解できる。同書はまた「朝鮮側ハ平地乏シク地味概シテ不良ナルモ、支那側ハ之ニ反シ琿［渾］江流域ノ如キ一大沃野ヲ有シ、諸種ノ物産甚豊富ナリ」（六―七頁）とあり、人口の多い朝鮮側の方が土地が痩せ、可耕地が少ないと述べている。このような経済的格差のため、「支那人ノ抛擲セル山背ノ荒蕪地ヲ開墾シ、依ツテ得タル収穫物ノ二割乃至五割ヲ支那地主ニ提供シ、其ノ残穀ヲ以テ辛フシテ露命ヲ繋ク」（八頁）が如き中国人地主による過酷な収奪が待っていても、左岸から右岸への労働力移動は止まなかった。同書は、彼ら「移住鮮人カ此ノ境土ヲ以テ無二ノ楽天地ト思惟スル」理由として、「各種ノ賦課金ナキコト」「火田其ノ他法規及取締ノ厳重ナラサルコト」「農収良好ニシテ生計上ノ圧迫少キコト」「開墾等ニ関シ支那人側ノ便宜ヲ受クルコト」（八―九頁）の四点を挙げている。二〇世紀初頭までは清国・朝鮮両政府が犯越者の強制送還を行っていたので、右岸朝鮮人の絶対数はもっと少なかったであろうが、『江北日記』によると、一八七〇年代には越境朝鮮人も中国人と合同で「会上」と呼ばれる一種の自治組織を作り、「大会頭」の指揮下に銃武装した部隊を編成して、積極的に朝鮮官憲と対抗していた[10]。

それでは、伐採業者を主体とする山東人地主は越境朝鮮人を駆使して、どのような農業を営んでいたのであろうか。当初は伐採跡地に火を入れて焼畑を造成し、雑穀や大豆を栽培させていたものと思われる。しかし利に敏い彼らが故郷山東から付加価値の高い商品生産を導入するのは時間の問題であった。山東移民が奉天省に持ち込んだ特産品として名高いのは柞蚕である。『清韓両国森林視察復命書』（農商務省山林局、一九〇三年）によると、安東の「輸出貨物ハ豆類其他ノ穀物ヲ主トシ、柞蠶絹油ノ名産アリ」（一二六頁）とあり、農産物では大豆と並んで柞蠶絹が当地の主力移出品であった[11]。しかし柞蚕は野蚕とも呼ばれるように、クヌギやコナラを利用した蚕の野外飼育であり、焼畑に持ち込み得る商品生産ではない。鴨緑江中上流の伐採跡地に拓かれた新規開墾地では葉煙草の栽培が広まった。

前掲大崎『鴨緑江』によると、「煙草。韓人ハ殆ド結婚後ニ非ラザレバ喫煙スルコト稀ナリ。従テ需用少ナシ。故ニ清国人ニ販売スルノ量モ又少ナカラズ。清国人ハ之ニ反シ七八歳ノ小児ノ頃ヨリ男女ヲ問ハズ喫煙ヲ初［始］メ、其消費量甚ダ多シ。煙草ノ栽培ハ本邦ト大ニ其赴［趣］キヲ異ニシ、彼等ハ一般ニ耕地ニ肥料ヲ用ヒズシテ［シテ］栽培セル煙草ヲ上等品トシ、肥料ヲ加ヘタル土地ニ産スルモノハ稍々劣等品ト称ス。而シテ両種共ニ殆ンド満洲到ル処ニ賞美セラレ、消費ノ量蓋シ尠少ニ非ズ」（一八二頁）とあり、中国人は喫煙の習慣が定着しているため葉煙草の需要が高く、鴨緑江流域では無施肥による葉煙草栽培を行っていた。また、時期はやや遡るが、外務省編『南満洲ニ於ケル商業』（金港堂書籍、一九〇七年）にも、「煙草ノ産地ハ船廠即チ吉林及東山一帯トス。奉天ニ輸入スル煙草ハ吉林産少ク、東山一帯ヨリ来ルモノ多シ。東山一帯トハ海龍県、通化県、懐仁県、興京庁地方ナリトス。尤モ懐仁県産ノ大部分ハ安東県及其他黄海沿岸ノ各地ニ輸出セラル。……又此地（奉天――引用者）ニ集マルモノハ多ク此地及附近ノ各地ニ於テ消費セラレ、再ビ営口其他直隷方面ニ輸出セラル、ハ、輸入総額ノ約一割ニ過ギズト云フ。又本年東山一帯及吉林ノ煙草輸出高ハ計六万余俵ニシテ、内二万余俵ハ当地ニ来リシモ、其余ハ皆蓋平、営口、直隷等ノ地方ニ向ケ産地ヨリ直接輸送セシナリ」（二五一頁）とあり、「東山」すなわち南東部山岳地帯は吉林と並んで東三省の著名な葉煙草産地であり、大部分は現地で消費されるものの、移出に回されるものもあった。

一般に葉煙草の栽培は在来種でも多量の肥料を必要とする。従って無施肥で葉煙草を栽培し、それが施肥のものより珍重されたというのは一見奇妙な現象のようであるが、『通商彙纂』明治四〇年五六号「吉林葉煙草集散及煙草消費状況」によると、「吉林葉煙草ハ支那人間ニ於テハ香気最佳良ナルモノトシテ珍重セラレ、他ノ地方ニ於テハ此香気ヲ愛シテ普通煙草ニ吉林煙草ヲ混交シテ喫ストイフ。其風味ハ肥料ヲ要セザル新墾地ノ作ナルガ為メ、強クシテ辛味アリ。稍我東北地方産ニ類ス」とあり、吉林は新開地であるため、かえって辛味の強い独特の風味の煙草が生産できたようである。東山の葉煙草も吉林と同様であったと考えられる。

とは言え、無施肥での葉煙草栽培は急激に地力を収奪するので、持続的な生産は不可能であったと思われる。しかし空閑地の広がる鴨緑江流域や吉林では、そのような土地資源浪費型生産でも当分は経営が行き詰まらなかったのであろう。

民国以降も、無施肥による葉煙草栽培は衰えを見せなかった。横瀬花兄七『満洲の煙草』（南満洲鉄道株式会社地方部勧業課、一九一八年頃）によると、「世人満洲といへば多くは冱寒不毛の地の如く想像するが、事実は然らず。夏期の温度は可成高く、北に進むに従つて所謂大陸性の気候の特徴を明かにする故に、煙草の如きも南満及北満各地に之が栽培を見るのであるが、其主産地は三つの中心地点を有する。即一は奉天省東部の山地帯、二は吉林省南部山地帯、第三は吉林省北方牡丹江沿岸寧古塔地方である。第四［は］五常県拉林河上流地方である」（一一二頁）とあり、東三省葉煙草栽培は東山・吉林から牡丹江・五常に北上している。栽培方法については「煙草作付地は普通新開墾地であるから、地味割合に膏腴である為、此際は殆んど施肥することがない。開墾初年、二年及三年間連作することがあるが、四年目に他の作物を作付するに当つて初めて施肥するを常とする。熟地にあつては三年に一回の施肥をなすこと、他地方と異ることがない。三年連作法をとる場合は煙草作に牛馬糞及土糞を興［与］へてあと二年間は無肥料栽培をするを原則として居る」（一七―一八頁）とあるように、新開地では無施肥で三年程栽培することが可能であり、既墾地となった後も三年に一度施肥すれば足りたようである。

東北葉を用いた刻み煙草は価格が低廉で、移出向きでなかったことは既に述べた。横瀬花兄七も前掲書で、「かくの如く満洲煙の大宗たる吉林煙の安価であることは、勿論品質の不良にもよるが、一つは生産費の低廉なのに起因するものと見るべき理由があるからである」（三五頁）と記している。ただ、独特の辛味は清朝宮廷でも好まれたらしい。『満蒙全書』第四巻（南満洲鉄道株式会社社長室調査課、一九二二年）によると、「満洲に於ける煙草は各地至る処に栽培するか、其の主なる産地としては奉天省の東北部及吉林省一帯てある。而して奉天省から産出するものを『東山煙』と呼ひ、吉林省方面からのものを『南山煙』と謂ふ。満洲菸か支那全土に知られたのは清朝時代に於て貢品として北京朝廷に献納したのて有名になつてからてある」（四四〇頁）とあり、清末には献上品とされたこともあった。同書はまた、「満洲煙草は何等改良を加へない在来の儘てあるか、調製に注意し乾燥を完全にしたならは、紙巻煙草に使用するよりも却て優等な葉巻原料とする事か出来る」（四五三―四五四頁）と述べており、品種や生産方法を改良すれば移出向け高付加価値商品を生産することも可能であるとの見解を示している。

このような風土に目をつけた日本帝国は、同地で紙巻煙草の原料となるアメリカ種葉煙草の導入を試みた。『満洲煙草事業小史』（満洲煙草統制組合、一九四三年）によると、「捲煙草原料たる黄色種葉煙草栽培の歴史は浅い。すなわち満鉄が大正七年（一九一八年）鳳凰城及得利寺の試作場並に公主嶺試験場に栽培したのが其の嚆矢であつて、その後僅々二十数年を経たに過ぎない。而も満洲に於ては黄色種葉煙草の栽培が適しないと謂ふのが殆ど常識になつてゐて、康徳四年第一次産業開発五ヶ年計画の一に採り上げられる迄は全く自給作物として顧られず、僅かに安東省鳳凰城其他二、三の地方に於ける特殊産物として栽培が為されてゐるに過ぎなかつた」（七頁）とあり、鳳凰城などで試験栽培を行っている。ただ、その普及は失敗に帰したらしい。東三省を事実上の植民地とした「満洲国」時代にも、満洲葉煙草会社が低廉な女子労働力を駆使して紙巻用葉煙草の栽培を試みたが[12]、軌道に乗る前に敗戦を迎えてしまった。

総じて、南東部山岳地帯の商品生産は小規模で、二〇世紀初頭の主要産品は鴨緑江下流の低平地では穀物と柞蚕繭、中上流山間部では木材・葉煙草・麻であった[13]。安東の市場構造は芝罘・上海方面へ豆貨三品・柞蚕糸繭・木材を移出して棉布・麦粉を移入するという単純なもので[14]、葉煙草の移出はほとんど見られない。しかし開墾初期段階では、鴨緑江流域内で消費される庶民的商品としての葉煙草生産は無視できない役割を担っていた。同じ焼畑農業でも、朝鮮の火田民と中国の山東移民とでは、開墾に対する姿勢が正反対であったのである。

おわりに

清朝の封禁政策と朝鮮の北辺充実政策により、一九世紀の鴨緑江両岸では人口圧が大きく乖離する現象が生じていた。左岸は過剰人口に苦しんでいたが、朝鮮政府は咸鏡南道や平安北道の住民が南遷することを禁止していた。逆に右岸では、人蔘資源の大部分が枯渇した後、山東出身の森林偸伐者が侵入し、伐採跡地を開墾して耕地を造成しつつあった。左岸の過剰人口は天災や兵禍に遭うと山奥の国有林に侵入し火田民となったが、一八七〇年代頃から鴨緑江を渡り、右岸の開墾地で小作人や農業労働者になり始めた。左岸の火田民が営農意欲を喪失し、その日暮らしの生活に甘んじていたのに対し、右岸の中国人地主は越境朝鮮人と協同で大豆や雑穀の生産に取り組み、更にはより付加価値の高い在来葉煙草の生産を始める者も出現した。ただし同地方の葉煙草栽培は地力収奪型であり、持続的発展は見込めなかった。以上が本章の結論である。

光緒年間（一八七五—一九〇八）に至り、清朝が事実上封禁を解くと、朝鮮の辺民は滔々と鴨緑江や図們江を越えて中国に入植した。一九世紀末にはこれら「間島」地方も潜在的な朝鮮の領土であるという主張が日本や朝鮮から出されるが、それは明らかに誤りである。ただ、清朝が図們江流域で朝鮮人の越境を黙認した理由は、清朝官憲の杜撰な国境警備や山東移民の未到達だけでは説明することができないだろう。鴨緑江流域とは異なり、図們江流域では帝政ロシアの南進活動が盛んであり、清朝としては越境朝鮮人の力を借りてでも、速やかに北辺充実政策を実施する必要に迫られていたものと見られる。鴨緑江流域の開墾とロシア人の防遏において中国越境朝鮮人は多大な貢献を果たしたと言えよう。

註

(1) 清代の東三省社会経済史は近代のそれと較べ圧倒的に研究蓄積が乏しい。近年におけるまとまった成果としては、荒武達朗『近代満洲の開発と移民』汲古書院、二〇〇八年がある。

(2) 拙書『環渤海交易圏の形成と変容』東方書店、二〇〇九年。

(3) 塚瀬進「日中合弁鴨緑江採木公司の分析——中国東北地域における日本資本による林業支配の特質——」『アジア経済』三一巻一〇号、一九九〇年。

(4) 「熙川郡の火田状況」朝鮮総督府『調査月報』一巻二号、一九三〇年、七七頁。

(5) 田川孝三「近代北鮮農村社会と流民問題」『近代朝鮮史研究』朝鮮総督府、一九四四年、四一四—四一五頁。

(6) 『備辺司謄録』第九〇冊、英祖七年一〇月二六日。

(7) 『承政院日記』第一四一一冊、正祖二年正月一三日。第一章註(51)参照。

(8) 秋月望「鴨緑江北岸の統巡会哨について」九州大学『東洋史論集』一一号、一九八三年、一二六頁。もちろん渾江を巡視するのは清朝官員に限られていた。

(9) 『東三省政略』巻一、辺務、長臨篇、紀越墾

自韓国田賦。重倍於我。彼国官府。供役煩苛。兼以韓辺荒瘠。山陰地少。韓民之越境墾地者。春夏渡江。聚族以墾。収成之後。裹糧南帰。久成風習。嗣因刈穫豊富。運転煩労。乃謀築室。与我雑処。歴年已久。幾同国人。我国土著農民。利其勤於農事。漸催〔偓〕以耕穫。量予傭值。或資以墾荒。酌分糧石。同治初年。山東貧民有越鴨緑上游。従事薓牲木植者。知其土地肥沃。漸予墾闢。三五成夥。搭住窩棚。但期得利以帰。并無久居之志。相率招傭韓民代墾。因以為利。不僅帽児山以上為然也。

(10) 前註(8)秋月、一二九頁。また陶勉「清代鴨緑江右岸荒地開墾経過」『中国辺疆史地研究』一九九九年一期、六一頁。

(11) 安東の野蚕繭や柞蚕生糸は芝罘方面に盛んに移出されるようになり、木材と共に安東の主要移出品となる。その歴史については『満洲に於ける柞蚕製糸業』南満洲鉄道株式会社庶務部調査課、一九二三年を参照。

(12) 『間島省煙草作地帯の農業経営事情』満洲葉煙草株式会社、一九四二年、『南満地方に於ける煙草作農業経営事情』満洲葉煙草株式会社、一九四三年。

(13) 『南満洲経済調査資料』第二(南満洲鉄道株式会社調査課、一九一〇年)一一頁に、「即チ北部ハ山地多ク、木材、煙草、麻等ノ特産品ヲ有スルモ、穀物ノ産額少ク、南部ハ比較的平地ニ富ミ、従テ穀物ノ産額多ク、尚特産品トシテ山繭ヲ有ス」とある。

(14) 同右、七七—七九頁。

第三章　平安道江界府における蔘政

はじめに

朝鮮後期、人蔘は対清使行貿易および対日倭館貿易の主要な輸出商品であり、政府はその収取と流通を厳しく管理していた。収取については、一八世紀末頃より人蔘の栽培が広まり始めるが、それまでは主に山奥に自生する天然人蔘を採取していたので、政府は採取者と採取地を限定し、現物の貢納や代替物の徴収により人蔘を確保していた。流通については、商人が産地に出向いて人蔘を買い付け、民間市場で売買することも認められてはいたが、政府は収買商人や使行貿易に随伴する私貿易商人を厳しく統制し、特に密貿易には厳罰を以て臨んでいた。

人蔘史の研究は戦前よりかなりの水準に達していた。その最高峰と呼べるものが今村鞆『人蔘史』（朝鮮総督府専売局、一九三四―四〇年）である。今村は朝鮮のほか中国や日本を対象として関連史料を渉猟し、人蔘の生産や流通にとどまらず薬学史や文化史などに及ぶ浩瀚な知識を披瀝した。ただし史実や文献は詳細に網羅しているものの、その解釈は概して表面的であり、大部の著作でありながら百科事典的性格を脱していなかった。

戦後は今村の成果を土台としながら、それぞれの分野で研究が展開したが、蔘政について見ると、栽培や流通（商業・貿易）の側面では多くの成果が出たものの、採取の側面では進展が見られなかった。その理由は、採取地が平安道・咸鏡道・江原道の山間僻地に限定されていること、徴収方法が貢納や商人を通した買い付けによっていることから、蔘政はとどのつまり虐民政策に他ならないという今村鞆の結論を乗り越えることができなかったからだと推測される。

確かに、人蔘は対外貿易のための必需物資であり、政府が蔘場所在地域の住民に無理を強いてもその確保を優先したことは疑いない事実である。ただ考慮すべきは、朝鮮後期における最大の人蔘採取地が平安道江界府であったという点である。当地は平安道の中でも鴨緑江辺の最奥地に位置し、更にその先は廃四郡と呼ばれたかつての女真族居住地が存在した。繁殖力の弱い人蔘は資源の枯渇を招きやすく、朝鮮後期にはこのような最奥地にしか天然人蔘は残存していなかった。

一方、鴨緑江北岸の奉天省や吉林省では、山東省出身の偸採集団が一八世紀初頭から馬尚船に乗って中国側蔘場に潜入し、大規模な乱獲を行ったため、一八世紀中葉には天然人蔘がほぼ蕩尽するに至った。この時期の朝鮮政府は、清国人偸採集団と朝鮮人との接触を防ぐため、江辺防備を強化するとともに廃四郡の開墾を自粛していた。蔘政は辺境での貢蔘収取から見れば紛れもない虐民政策である。しかし今村以来の研究には、江界府や廃四郡などの国境地帯においては、朝鮮政府は対清関係に配慮しながら蔘政を展開せざるを得なかったという視点が欠落している。

宣祖期の蔘政を流通の側面から観察した辻大和によると、朝鮮政府は人蔘の商品化に伴い朝貢用人蔘の確保が困難になってきたため、宣祖三七年（一六〇四）より蔘商を官許化し、採取地へ買い付けに赴く蔘商は戸曹や開城府に届け出て、許可証を受領することが義務付けられた。しかし江界府について見ると、蔘商は代金前渡し方式で人蔘を収買し、現地の住民を疲弊させたので、粛宗三三年（一七〇七）には産地保護のため蔘商の江界府への出入りが統制された(1)。

宣祖期の蔘商に対する政府統制が民間に出回る人蔘の制限と採掘地の保護を目的としたものであったという辻の見解は間違っていないであろう。しかし粛宗期の蔘政について言えば、蔘商の統制を産地の保護という観点だけで説明することには無理がある。蓋し明清交替により朝鮮は新たに満洲族王朝を宗主国として仰がねばならなくなり、また粛宗一一年（一六八五）には三道溝事件が勃発して対清関係が緊張していたため、政府としては許可証を受領しない商人の人蔘買い付けを野放しにすることで江辺住民の採蔘活動が勢いづき、それが廃四郡や清国領への進出を招来して、延いては国境侵犯事件を惹起することへの懸念が強かったからである。政府は人蔘の確保や蔘場の保護にも当然留意していたが、何よりも対清関係の安定に細心の注意を払っていた。端的に言うと、宣祖期と粛宗期とでは朝鮮を取り巻く国際関係が大きく変化していたのである。

私は第一章にて鴨緑江流域における中朝両国の国境管理政策と清国領での人蔘偸採活動について論じた。要約すると、清朝が自国民の偸採を効果的に抑止できず、人蔘資源が枯渇すると、当地における経済活動はしばらく止んだが、今度は木材の偸伐活動が盛んになり、更に伐採跡地には耕地が造成され、偸伐の前進基地と化したのであった。しかし朝鮮側蔘場については、馬尚船偸採集団の活動が止み、対清関係が安定した一八世紀後半より廃四郡地域の開墾が進行したことに言及しただけで、当地の蔘政については考察しなかった。そこで本章では、朝鮮後期の江界府および廃四郡における蔘政の変遷を、外交関係と資源問題の両面から検討する。

一　対清関係の緊張と蔘禁強化

朝鮮では既に一六世紀より人蔘の商品化が進んでいた。辻大和によると、宣祖三七年の蔘商統制は、朝貢用人蔘を確保するため、政府が商品市場に流れる人蔘を制限したものであったとされる。当時明では本土の天然人蔘が枯渇し、それを専ら遼東と朝鮮からの輸入に頼っていた。女真族（満洲族）が勃興した経済的要因の一つは明との人蔘貿易がもたらす利益であった。それゆえ彼らは人蔘の戦略的価値を熟知しており、後金の建国後も領内の蔘場保護に注意を払っていた。

一方明は後金との関係悪化により朝鮮産人蔘への依存を強めた。その負担は蔘場所在地域に転嫁され、越境偸採など無理な採取活動を誘発する原因ともなった。クーデターによって光海君を追放した仁祖反正直後の仁祖元年（一六二三）四月、特進官李曙は「関西（平安道）の民は塗炭の苦しみに喘ぎ、過半数が逃散してしまい、残った者も安心して生活できなかったが、今宣諭の挙に逢い、皆欣喜雀躍しており、逃散した者も戻ってきたようである。しかし蔘貢の弊は極めて堪え難いものであり、もし負担を軽減しないなら、江辺の軍民は生存することができない」と上啓し、翌五月には、先の状況を繰り返し述べた後に、「深い山や切り立った谷など、人蔘の産地は多くはないので、人民は胡地に越入し、その多くは戻れない。辺将も隠して報告せず、辺境の土兵はこれにより十中八九がいなくなった。人蔘は常貢であり、全て減らすことは困難だが、別途に臨機応変の措置を講ずれば、民は一分の恵を受けられるであろう」と上啓した。しかし仁祖は「人蔘は上国への献上品であり、減免することはできない」と述べ、これを却下している。[2] 三月の政権奪取直後、仁穆大妃より反正の宣諭が下され、全国に布告された。その内容は反正の正当性を訴えたもので、貢納の軽減については触れてはいないが、その後の廷議で貢蔘負担などを軽減することが議論され、[3] これが江辺にも伝えられたものと見られる。しかし仁祖は実効性のある政策を実施しなかった。

注意すべきは、辺民が人蔘を確保するため胡地すなわち後金領に潜入していること、辺境を衛戍する土兵の確保が困難になっていることである。光海君より王位を奪った仁祖は、外交方針を前政権の対明・対後金均衡路線から親明反後金路線へと転換したが、その結果、明への朝貢用人蔘がますます必要不可欠なものとなったため、宣諭に伴い議論された貢納軽減案は江辺の人民にとって画餅に終わってしまった。その一方で、重い貢蔘負担が惹起する辺民の越境偸採活動や現地召集兵である土兵の崩壊に対し、適切な措置が講ぜられることはなかったのである。仁祖五年（一六二七）、後金の第一次朝鮮侵攻（丁卯胡乱）は人蔘偸採に対する膺懲ではなく、反正に対する問責を口実としたホンタイジの親明勢力排除戦略の一環として実施されたが、仁祖も明の軍事支援に頼るばかりで国境防備を疎かにしていたことは否めない。そしてこの戦いに勝利した後金は、以後朝鮮に対して辺民による越境偸採の禁止を繰り返し要求するようになった。そこで仁祖一三年（一六三五）、朝鮮は「江辺採蔘事目」を制定し、四月から九月までの採蔘季節における五日おきの住民点呼の義務化や江辺把守軍の強化など、本格的な取り締まりに乗り出した。[4]

丁卯胡乱以降も仁祖政権は明が後金を駆逐してくれることを密かに願っていたが、仁祖一四年（一六三六）、清の第二次朝鮮侵攻（丙子胡乱）に敗北したことで、朝鮮は明への朝貢を止めさせられ、結果的に人蔘献上の負担からは解放された。その代わりに、朝鮮は新たに犯越禁止の励行という義務を背負わされることとなった。

ところが「江辺採蔘事目」は犯越偸採を予防するだけでなく、朝鮮領内での人蔘採取を実質的に禁止する作用を果たした。蓋し採取者は食糧や燃料を携行し、深山幽谷に分け入って数箇月間人蔘を探し回るのであり、五日おきに役所の点呼に来させることは、採蔘に出掛けるなと言うことと同じであったからである。従って後には為政者までもがこれを蔘禁と見なすようになる。

採取活動を厳しく束縛されながら貢蔘負担だけは残された江辺では、構造的に越境偸採がより一層助長された。仁祖二一年（一六四三）には、備辺司が「戸曹や各衙門が京外の蔘商の訴えにより公文（許可証）を支給し、資金を江界府に送付させているが、暴利を貪る商賈らは国策に便乗して私腹を肥やそうとし、自ら雑貨や綿布を輸送して江辺各邑に備蓄し、人蔘との交換を強制している。愚かな民衆はそれを買って利益を貪り、遂には我を忘れて越境採蔘禁止の法を犯すに至っている。加えて守令や辺将はそれが収税に有利であるとして、厳しく取り締まろうとしない。そして本道の観察使や節度使もまた人蔘交易を行っている」と報告しているように、(5)偸採実行犯は綿布や雑貨の欠乏に苦しむ江辺の人民であるが、蔘商もまた偸採人蔘であることを知りながらそれを買い付けていたのである。また江辺の文武官僚も貢蔘確保の立場から越境偸採を黙認し、平安道観察使・兵馬節度使に至っては人蔘の買い付けに一枚加わることさえあった。

犯越禁止と貢蔘調達の板挟みに遭った江辺人民は逃散する以外に生きる術はなかった。顕宗五年（一六六四）、平安道清北暗行御史閔維重の秘密調査によると、「江辺の民は蔘禁以後、生活手段が全くなくなり、戸口は漸減し、田結も漸縮している」とあり、(6)現地では徴税の基礎となる戸口数や田結数が減少するに至っていた。中でもとりわけ人民を苦しめたのは五日おきの点呼であった。顕宗一〇年（一六六九）、平安道観察使に任ぜられた閔維重は、「もし犯越の路を杜絶しようとするなら、その要は人民に農業を勧めて生活を保障し、罪を犯せば法に従い厳しく取り締まることにある。農時を奪わないことは、王政が真っ先に心がける所である。しかし江辺各邑では四月から九月まで毎月六回役所で点呼を受けねばならず、また吏員を差遣して抜き打ちの点呼が行われることもある。人民は農繁期にあっても道路を奔走し、暇な日はほとんどない。農業を行おうと欲しても、実に時間の余裕がないのである。このため耕田があっても播種することができず、播種したとしても除草することができない。秋の取り入れに至っても、田畑は荒れ放題で収穫は僅かしかなく、飢えても食べることができず、寒くても着ることができない。そこで越境偸採が必ず死罪となることを知っていても、飢えと寒さが極限に達し、衣食の計が全く立たないので、勢い法を犯さざるを得ないのである。その心情はいたましいものである。私が考えるところ、今後毎五日一点呼の規則を改め、毎月三回だけ点呼することにすれば、官衙へ往来する労苦が除かれ、耕作に専念することができるであろう」と上啓し、現実を無視した五日おきの点呼を一〇日おきに緩めるよう願い出た(7)。しかし朝廷は、犯越が更に増えることを恐れ、彼の提案を葬り去った。

ただ閔維重の農業保護政策は必ずしも当時の江辺の経済状況に適合したものではなかった。清国で馬尚船偸採集団が食糧を搭載して鴨緑江を遡上し、北岸で人蔘を盗掘していたのと同様、南岸の平安道江辺地域もまた自活可能な農業生産力の基盤がなく、内地より食糧や衣料を移入し、人蔘販売でその代価を賄っていたものと思われる。江辺人民が越境偸採に走るのは、点呼制度による農業の圧迫によるものではなく、単に江界府の人蔘資源が枯渇しつつあったからであると考えるのが自然であろう。宣祖三七年以来の蔘商統制政策が採掘地の資源保護を目的としたものであったとしても、その成果は不充分であった。

江界府の人蔘供給能力が限界に達していることを察知した政府は、女真族の退去後空曠地と化した廃四郡に目をつけた。第一章で述べた通り、粛宗六年（一六八〇）に平安道観察使柳尚運・兵馬節度使李世華が廃四郡の復設を上啓したが、粛宗九年には兵曹判書南九万が復設を唱え、領議政金寿恒・左議政閔鼎重らの賛成派、大司諫柳尚運・右議政金錫冑の反対派に分かれて活発な議論が展開された。ところが粛宗一一年に三道溝事件が勃発すると、廃四郡開発がもたらす利益よりも越境偸採の危険の方がはるかに重くなってしまい、南九万による必死の反論にもかかわらず、粛宗一二年には粛宗即位年に設置された厚州鎮が裁革され、廃四郡の無人化が確定した。また同年正月には「南北蔘商沿辺犯越禁断事目」が頒布され、犯越の引き金となる南北蔘商の江辺での人蔘取引などが厳禁された(8)。

仁祖一三年の「江辺採蔘事目」よりも一層包括的な蔘禁政策の採用により、人蔘移出に依存した江辺経済は破綻の淵に追い込まれた。粛宗一三年には都承旨李世白が、「江辺の各邑は蔘禁が行われてから商賈の往来が永らく途絶え、民間の大小日用の物資も供給不能になり、このため生業を失う者が増加し、勢い逃散を免れ難い状況になっている」と上啓しており(9)、人蔘の対価として移入される日用雑貨が来なくなると、江辺の住民は流亡せざるを得なくなった。粛宗二〇年（一六九四）には左議政睦来善が、西北両道の辺民を五日おきに点呼することは犯越防止上やむを得ないが、春夏の農繁期に遠方の面（集落）の居民を点呼すれば、往来に奔走して農業を行う余裕がないので、遠方の面については守令が不時に出向いて抽出調査せよという妥協案を提起しているが(10)、閔維重と同様の農業保護政策では江辺の経済危機は解決できなかった。そこで粛宗二六年（一七〇〇）には呉命峻が、咸鏡道北関六鎮では蔘禁が行われてから、連年の飢饉により生計が非常に困難となったので、咸鏡道では必ず採蔘を許すべきであり、さすれば民は生計の資を得ることができると訴え、官吏を派遣し、咸鏡道の人蔘採取を許して咸興に人蔘を集荷させ、同地で蔘商と交易させるなら、蔘商が辺境に深入りすることも防げるであろうと上啓し、領議政徐文重により廷議に懸けられた。ただ呉命峻は、「平安道には廃四郡という肥沃な土地があり、人民に開墾を許せば生活が可能だと言われている。しかし採蔘は本道で許したとしても、廃四郡では軽々しく許すべきではない。当地が数百年間放置されたのはそれ相応の理由があるからだ。今すぐ開墾することも困難であり、後患を醸成する恐れもあるからには、今は施行すべきではない」とも述べており、江辺での蔘禁解除を唱えながらも、廃四郡の開墾には反対している(11)。

こうして各種の反対に遭いつつも「南北蔘商沿辺犯越禁断事目」は廃止されなかった。ただし三道溝事件から二〇年以上が経過し、その後目立った犯越事件が起こらなくなったことで、蔘禁は次第に弛緩していった模様である。粛宗三三年（一七〇七）正月二五日、戸曹判書尹世紀は、現在人蔘価格が騰貴し、京外の需要や東莱倭館へ送る礼単蔘需要が逼迫している状況を述べた後、吏曹判書趙泰采の「江界は人蔘の産地であり、橡拾いを許可してからは、居民は苗蔘の採取が可能になり、私売して生計の資助としている。しかし官家もまた蔘税を徴収している」という発言を引用して、「そこで今もし本府居民の諸般の身貢・役布および貸し付けた還穀の返済に際し、人蔘で代納させるなら、戸曹の経費や京外の需要は自ずから余裕が生まれ、民もその恩恵に浴し、蔘商が利益を独占することもないであろう」と提案した。粛宗が諸大臣から意見を徴したところ、右議政李頤命は「江界一邑にはもともと人蔘採取を許された場所はない。しかし廃四郡と境を接していることから、人民が橡拾いと称して苗蔘を採取し、私売して生計の資助としているのである。本府では税蔘を徴収しているが、朝廷では知られていない。もし人蔘で還穀や身貢を代納することを認めれば、蔘路は次第に開かれ、必ず大きな弊害を生むであろう。間もなく燕行禁蔘節目が検討されようとしている。そこで代納の是非について、かつて平安道観察使や江界都護府使を勤めた者に議論させ、節目と一緒に検討させてはどうか」と応答した[12]。尹世紀や李頤命の発言から、この頃既に江界府民が廃四郡でクヌギの枝拾いを名目とした人蔘採取を行うことが容認されており、江界都護府使も貢蔘とは別に地方税として税蔘を徴収していたことが知られる[13]。尹世紀は採蔘を公認し奴婢の身貢や良民の軍布・還穀の代わりに納付させれば、官民ともに潤うと言うのであるが、李頤命はそれが蔘禁の弛緩を誘発するとして代納に反対したのである。

同年二月二〇日の廷議においても、李頤命は「先に燕行使による人蔘持ち出し禁止の命が下され、節目は未だ完成していないが、厳禁されることは確実である。しかし倭館に送る礼単蔘や内医院に納められる官蔘も少なくないので、近年都では人蔘が出回らず、価格は三倍に高騰しており、公私の需要は極めて逼迫している」と認めながら、江界府の人蔘供給量は微々たるものであり、採蔘を公認しても問題は解決しないので、平安道で備蓄されている戸曹の綿布や棉花を発売して人蔘を買い取るべしと主張した。一方、礼曹判書徐文裕は「もし蔘商が直路を通って平安道に往き来するなら、捕らえて処断することも可能であろうが、彼らは普通あらかじめ代価を送っておき、随時鴨緑江辺にて密かに買い付けを行うので、禁止しようとしたところで、どうして捕まえることができようか」と述べて、蔘禁の実効性に疑問を挟み、身貢や還穀の人蔘での代納には反対しながら、平安道が必要とする燕行使の旅費や勅使の接待費については人蔘で徴収してはどうかという折衷案を提起した。刑曹判書金宇杭も江界の蔘禁が事実上崩壊している現状を踏まえ、徐文裕の変通案に賛同した[14]。

同年六月には「北京使行蔘商禁断節目」が頒布され、燕行使随行員の人蔘持ち出しが正式に禁止された[15]。ところがその後も江界府における蔘禁論争は続けられた。同年八月一九日、採蔘公認論者である戸曹判書尹世紀は、「江界府および廃四郡では拾橡軍採蔘の規定があり、また苗蔘採用の事例があり、その数は少なくない」と述べ、江界府での採蔘と私商の売買を許可し、算員を送って蔘税を徴収すべしと主張した。領議政崔錫鼎もこれを支持したが、蔘禁節目を頒布した直後に法改正を行うのは不当であるとして、当面は厳禁政策を続けよと述べた。行兵曹判書李寅燁らも蔘禁の解禁に賛同した。ただ礼曹参判閔鎮遠は、蔘禁は犯越予防が目的であり、解禁により犯越が増加するのではないかとの懸念を示した。しかし崔錫鼎は、乙丑年の三道溝事件後、金寿恒や南九万が「南北蔘商沿辺犯越禁断事目」を制定した時も、江界府で採蔘が一切厳禁されたことはなかったと反論し、集団での採蔘を除き、家の裏山や畑での人蔘の採取や栽培は禁止の対象となっていないと論じた[16]。

ここで注目されるのは、江界府と廃四郡では拾橡軍が編成され、採蔘を行っていることである。先に尹世紀や李頤命は住民が拾橡に借名して採蔘を行い、江界府では税蔘を徴収していると語っていたが、今回尹世紀は拾橡軍なる組織の存在を明らかにした。住民だけでなく軍もまた人蔘採取に直接関与していたのである。拾橡軍とは把守軍のことであろう。把守軍は清国人偸採者の侵入を予防するため設置された正規の国境監視部隊であるが、衛戍だけでなく採蔘も任務に含まれていた。これとは別に江界府も独自の人蔘採取部隊である採蔘軍を編成していた[17]。そして苗蔘が採取されていることから、これら苗蔘は家の裏山や畑に植えられ、栽培されていたものと見られる。そもそも蔘禁は犯越防止が目的であるから、内外で人蔘の需要がある以上、地方官や軍の管理下で人蔘を採取したり苗蔘を育成したりすることは蔘禁の主旨に反せず、官民ともに利益を蒙る一挙両得の策だったのである。翌粛宗三四年、左議政李濡は、昨年戸曹は初めて江界で人蔘の買い上げを実施したが、江界に侵入して人蔘を買おうとした私商を適宜拘束したので、北京への密輸出の路は断たれたと報告しており[18]、禁断節目は励行された模様である。

ところが、江辺住民の採蔘に課税したり把守軍に採蔘のノルマを課したりすることで、廃四郡の人蔘資源は急速に枯渇していった。粛宗三九年（一七一三）閏五月、特進官尹趾仁は「西路の重地では住民の多くは採蔘を生業としており、官家も蔘税を財源としている。ゆえに論者は皆、もし蔘禁を行えば民業は絶え官も財源がなくなると考えている。私が関西で処罰を待っていた時、事情を詳察したところ、採蔘はかえって民間に耐え難い弊害となっていた。なぜならかつては越採の弊害が多かったのであるが、今では清国の採蔘者が江辺にひしめき、我が国の民が越採しようとしても誠に難しい。犯越を一切なくすことはもとより困難であるが、情勢は以前とは異なっている。これは幸いとすべきであるが、年々廃四郡で採蔘が行われるので、蔘種は次第に貴重なものとなった。一犯所の軍卒は定式では五名が入去することになっているが、犯将および軍卒一名が見張りに残り、他の者は散出して採蔘し、官税を納めたり犯将らに分けたりしている。それゆえ採蔘の類は、多くは利益を得られない。かつ近蔘と呼ばれるものは近くの山で採れるものであるが、毎年蔘節が来ると、江界府の民戸は男女の別なく皆徴発され、山に入って採蔘し納税させられる。その内一本の人蔘も採れない者が多いのだが、官家は区別することが難しいので、全員に納税を求める。ゆえにその弊害は妻子を売ったり、土地を離れ流亡したりするに至っている。江界一邑の戸口は逐年減少し、誠に寒心に堪えない。廃四郡の人蔘が善く採取できなくなったことは、利を失い心配なことではあるが、彼らの生業であるからには、（採取を）禁止することはできない。近蔘については官家が命じなくとも採取されるのであるから、彼らが自ら採取したものに対して適宜蔘税を徴収すべきであり、官家が帳簿を作成し人民を徴発する規則は廃止すべきである」と述べ[19]、馬尚船偸採集団の活動が始まったことで越境偸採の心配はほとんどなくなったが、軍が監視所に駐屯する将兵を動員し、官庁が住民を徴発して、それぞれ人蔘採取を行わせるので、蔘場が荒廃し、戸籍上の人口が減少したと報告している。「江辺採蔘事目」から「南北蔘商沿辺犯越禁断事目」に至る蔘禁は犯越防止を目的としたものであったが、皮肉にも清国人馬尚船偸採集団の活動が始まったことによってその目的は達成された。しかし朝鮮側蔘場の保護については有効な措置が講ぜられないどころか、中央政府や市場で高まる人蔘需要に応えるべく、軍や官庁が主体となって積極的に人蔘の乱獲を行っていたのである。粛宗はこれを聞き入れ、同年七月に、自ら採蔘を願う者に限って帳簿に載せて納税させ、それ以外の強制採蔘は止めるよう命じている[20]。

第一章で述べたように、馬尚船偸採集団の鴨緑江遡航は景宗元年（一七二一）を境に急激に増大し、英祖七年（一七三一）の第一次莽牛哨設汎問題および英祖二二年（一七四六）の第二次莽牛哨設汎問題を引き起こしたが、朝鮮政府の抵抗により二度とも実現には至らず、また第二次設汎計画挫折の後、馬尚船の遡上はほとんど見られなくなった。この四半世紀間、朝鮮政府は自国民の越境偸採ではなく自国民と清国人偸採集団との接触に警戒しなくてはならなくなった。そのような状況の下、英祖三年（一七二七）には平安道兵馬節度使金洙が、江界廃四郡から甲山にかけて設置された把守軍に対して江界都護府使が税蔘の徴収を続けており、採蔘の時節には幕舎が空になっているので、今後把守軍は税蔘を納付せず辺防に専念すべきであると具申した[21]。粛宗により住民の動員は禁止されたが、把守軍を使った税蔘の確保は継続していたらしい。英祖七年には戸曹判書金東弼が、対馬藩主への別礼単蔘需要の発生と昨年の人蔘採取量の減少で蔘価が高騰したので、やむを得ず開城の蔘商を江界府に遣わし、木綿を売って人蔘を収買させたと報告している[22]。英祖一四年（一七三八）には新たに「禁蔘節目」を頒布し、江界府での蔘商の活動を認めるとともに、密売を取り締まるため、江界都護府使が許可証を検査し、台帳に登録して買い付け数量と価格を記録させた。一方、江界所産の人蔘の十中八九は日本人に売られているとして、東萊での密貿易を取り締まる規定も盛り込まれた[23]。

以上のように、朝鮮後期の江界府における蔘禁政策は犯越予防という防衛上の目的で実施され、その在り方も清国側の情勢に応じて変化した。資源保護に対する意識は希薄で、むしろ軍や官庁が率先して人蔘を乱獲していた。それでは朝鮮政府はなぜ軍や江界都護府使の乱獲を厳しく取り締まらなかったのであろうか。その手掛かりは金東弼の発言に出て来る礼単蔘や「禁蔘節目」の中の東萊貿易に関する条項にある。当時朝鮮の人蔘を大量消費していたのは中国ではなく日本であった。すなわち使行貿易の拡大により対価となる銀が不足したため、朝鮮は自国産の人蔘を日本に送って銀を入手しなくてはならなかったのである。ところが徳川幕府は通貨不足への警戒から一七世紀末より次第に朝鮮への丁銀輸出を制限するようになり、宝暦四年（英祖三〇年＝一七五四）までに銀輸出は停止された[24]。朝鮮は銀不足に苦しみ、人蔘輸出を更に強化しようとした。しかし銀調達という目先の目的に囚われた乱獲は、やがて江界府に深刻な弊害をもたらすことになる。

二　人蔘資源の枯渇と蔘政改革

第二次莽牛哨設汛問題が発生する前年の英祖二一年（一七四五）三月、左議政宋寅明は前年すなわち英祖二〇年に江界府が人蔘取引価格を朝廷が決めた公定価格より二倍近い高値に設定したため、漢城での市場価格が高騰したとして、江界都護府使李彦燮の罷免を要求し、裁可された[25]。李彦燮は民間からの買い付け価格は据え置き、蔘商への売り渡し価格のみ引き上げたため、不当な営利行為として糾弾されたのであるが、私腹を肥やしたとは史料に記されておらず、単に高価格での取引を強制したことが非難されたのである。それでは李彦燮はなぜこのような指示を出したのであろうか。

同年八月には、倭館へ送る礼単蔘が不足したため、近年戸曹が江界府に対し元定の貿蔘（買い上げ人蔘）二〇斤に加え新たに二〇斤の貿蔘を負担させていたことが発覚し、戸曹判書鄭錫五が譴責され、貿蔘が二〇斤に戻されるという事件が起きている[26]。

江界都護府使李彦燮はこれまでの二倍に当たる四〇斤の貿蔘を戸曹に納付するノルマを課されていた。しかし人蔘の採取量は逆に不足気味であり、貢蔘を増徴することは不可能であった。そこで彼は価格を統制することにより蔘商を通して市場に出回る人蔘量を抑制しようとしたものと思われる。李彦燮は罷免されたが、政府も戸曹が江界府に課した貿蔘を二〇斤に戻さざるを得なくなった。

戸曹が江界府に負担増を強いた背景には礼単蔘の不足があった。礼単蔘とは東萊倭館での使節接待用人蔘のことであるが、対馬藩主交代時における贈答用人蔘や通信使に持たせる信蔘もこれに含まれる。要するに日本向け人蔘の意である。翌英祖二二年七月には、戸曹判書鄭錫五が、近年人蔘資源の枯渇により漢城の備蓄も底をついたが、今回の通信使（徳川家重の将軍襲封を祝賀する第一〇回通信使）に持たせる礼単蔘は百余斤に上り、江界産人蔘では到底賄いきれないとの現状を開陳し、対案として江界府が負担する礼単蔘一〇〇斤を咸鏡道に卜定（賦課）し、江界府には貢紬（絹織物）や細木（肌理の細かい綿布）で代納させ、これを人蔘買い付け資金に充てよと提案した。[27] 人蔘負担を咸鏡道に付け替えたのは、同地には未開発の蔘場が残されているという希望的観測があったからであろう。しかし江界府では綿布や絹織物が生産できないので、これらは対清貿易の拠点である義州の湾商より調達せざるを得ず、結局江界の特産物である人蔘を対価として支払わねばならない。従って鄭錫五の提案では江界蔘政の改革は到底不可能である。

果たして翌英祖二三年四月一四日、行戸曹判書金始炯は廷議にて、未だ確保されていない礼単蔘は一五〇斤に達しているが、我が国の産蔘地は江界府のみであり、今回は平安道の銀・木綿・銭を江界府に送って人蔘を買い付けるべきであると請願し、許可された。[28] 咸鏡道への卜定は沙汰止みとなり、応急措置として平安道に蓄えられていた資金を用いて江界府より礼単蔘を買い付ける案が採択されたのである。ところが四月二〇日、右議政閔応洙が、現在苗把（人蔘の苗が出る三月の蔘節）の時に当たり辺禁を厳重にしなくてはならないが、今年は礼単蔘を江界府で買い付けることになったので、盛京将軍が昨年来企図している（莽牛哨設汛計画の）問題が再燃しないか懸念されると上啓した。[29] それでも背に腹は代えられず、同年八月、戸曹判書金若魯は、既に礼単蔘は江界都護府使に命じて買い付けることが決定されたと述べている。[30]

しかし一〇月七日、戸曹判書金若魯は、通信使の出立が迫っているにもかかわらず、江界府での礼単蔘買い付けが遅れていると報告した。[31] 一一月九日、通信使一行が英祖に謁見した際、正使洪啓禧は「江界都護府使は一一月末までに八〇斤の礼単蔘を上送すると言っていたのに、未だ連絡がないのは気懸かりである」と訴えており、また英祖も書状官曹命采の「今回江界府が納付する人蔘は幸い品質がやや優れていると言っても、今の上品はかつての上品とは較べ物にならない」と答えているように、礼単蔘については数量不足だけでなく品質低下も懸念材料となっていた[32]。朝鮮随一の人蔘産地である江界府も一八世紀半ばには人蔘資源が枯渇し、質量ともに不時の調達に対応できない状態に陥っていたのである。

ところが政府は江界府での人蔘不足の原因を潜商による倭館での密売にあると見なし、英祖二八年（一七五二）に「江蔘変通節目」を公布して、人蔘交易の統制を強化した[33]。とは言え、これまで東萊倭館での人蔘貿易に際して十分の一税を現物徴収して礼単蔘に充てていたものが例貿蔘として江界府での買い上げに改められた点を除き、めぼしい具体策は特に記されておらず、資源問題の観点から蔘場を保護しようという意図は見られなかった。それどころか、同節目は苗把・丹把・黄把の三節における通常の人蔘採取が終わった後、領将が軍卒らを使って採蔘することを認めており、政府は把守軍による略奪的採取に関して相変わらず無頓着であった。

ところで、本来政府が朝貢や貿易、あるいは宮中の内医院にて使用する人蔘は人民から徴収する貢蔘によって確保されるべきものであった。しかし一八世紀になると貿蔘と呼ばれる買い付け人蔘で需要を賄う場合が多くなってきた。そこで必然的にその代価をいずれの官庁がいかなる費目から幾ら捻出するかという問題が浮上した。英祖三五年に起きた一連の議論は貿蔘の方法に関するものであった。

英祖三五年（一七五九）正月二八日、右議政申晩は「江界府の蔘政は深刻な弊害となっている。人蔘一斤に対して戸曹が定める代価は銭二〇〇余両に過ぎないが、貿納に必要な費用は五〇〇余両に達することもあり、民は納付に苦しんでいる。毎年税収米を発売して蔘価を確保しているが、常に余剰が出るので、今年からは蔘価を引き上げるべし」という平安道観察使閔百祥の報告を伝え、蔘価の原資となる税収米に余裕があるからには戸曹の公定価格を上げるべきであると主張した[34]。人蔘の欠乏が価格の高騰を招来し、旧来の公定買い取り価格での貿蔘は半ば白徴に近いものとなってしまっていたのである。三月一八日には、備辺司が「戸曹の加貿蔘二〇斤については、平安道備蓄の税米三二〇〇石を劃給して蔘価とせよ」と上啓し、裁可されている[35]。四月二四日には、行戸曹判書洪鳳漢が

「貢蔘の買い付け価格は近年銭四万両に達しており、一時的に平安道の餉銭三万両・木綿一〇〇同を融通して支払うべし」と上啓し、廷臣らもやむを得ないとの意見を具申している[36]。この頃には貢蔘までもが現物の貢納から買い付けに移行し、もはや貿蔘との区別は名ばかりとなってしまっていた。五月二五日には、戸曹判書洪鳳漢が「戸曹より税米四〇〇〇石を捻出し平安道観察使に提供すべし」と上啓し、裁可された[37]。七月一一日には、平安道観察使李成中の「米四〇〇〇石は単蔘三五斤の対価としては不充分である。以前は単蔘二〇斤に対し米三二〇〇石が劃給され、毎斤米一六〇石が支払われたが、今回単蔘三五斤に対し米四〇〇〇石が劃給されても、毎斤米一一五石にしかならない。買い付けとは名ばかりで実際は白徴に等しい」との状啓に対し、領議政金尚魯が別餉木四八同を以て補塡せよと具申している[38]。一〇月一日には「江界府及十鎮堡蔘戸分等式例各司上納都数蔘価定式節目」が制定され、年例貿蔘価は毎年必ず純銭を支給することなどが定められた[39]。

史料の羅列になったが、共通する点は、第一に、貢蔘であれ貿蔘であれ政府が必要とする人蔘は全て米・綿布・銅銭で買い付けており、価格は上昇傾向にあること、第二に、代価は戸曹所管の税収米や平安道兵馬節度使所管の餉銭・餉木によって捻出されていることである。日本からの銀調達は政府の最重要課題であったが、人蔘資源の枯渇がもたらした価格高騰は国家財政と江界府民に大きな痛みを与えていた。何より幾ら礼単蔘を贈ったところで、日本の銀禁輸方針が覆ることはなかった。

英祖四〇年代になると、江界府の蔘政が深刻な弊害を伴っていることが朝廷でも認識されるようになる。英祖四四年（一七六八）には、左議政金陽沢が「この頃江界の蔘政は人民にとって巨弊となっており、朝廷は民の困窮を憂いて、内医院に進上する人蔘を減らすよう下命された。燕行使に賜与する人蔘も事勢の道理に従って半減すべきである」と上申し、裁可されている[40]。まずは支出の削減が俎上に載せられたのである。

次いで英祖四七年（一七七一）には、訓錬判官尹守仁が「大抵江界府は廃四郡の蔘場があるので常平蔘や例貿蔘を毎年卜定されている。毎戸所納の人蔘は、大戸が十三分で、中小戸も十余分を下らない。ゆえに民は支払い切れず、妻子を売るまでに至っている。幸い朝廷はこの弊を洞察され、毎戸三分の一を減額された。……しかし本府の民がなお苦慮しているのは、一年所採の人蔘を全額取用すれば、上納すべき元数を十分充たすことができるのであるが、点呼を終えて下山する時、本道各邑から人を送って私貿する者がおり、ややもすると十数斤に達する。それゆえ蔘価は高騰し、人蔘一分が銭一両にまで高まるに至っている。そこで平安道に通達して私商の往来を厳しく取り締まらせれば、蔘価もまた騰貴することがないであろう。また思うに、江界府は毎年六月から九月まで江辺把守のため軍兵を送っているが、立把する（見張りに立つ）場所が採蔘地にあるため、兵一名につき貿蔘五分・尾蔘二分が賦課されている。更に戸役蔘や例貿蔘も徴収されているから、立把の貿蔘は二重負担である。それゆえ軍卒はその弊害に堪えられず、充役するや否や逃亡し、所謂軍卒は一人として観るべき者がいない。本邑は関西の枢要に位置し、不慮の事態が起きれば、何によって防禦できるであろうか。……もし正規軍が毎年赴把することを止め、本邑の民人を軍兵とともに輪番で立把させれば、四年に一回の赴把で済むであろう」と上啓した[41]。

尹守仁の認識によると、江界府の蔘弊は①私商による貿蔘の買い付けと、②把守軍に対する採蔘ノルマの賦課に大別される。まず①について。貢蔘を減額しても政府が必要とする人蔘を江界府で確保することは可能であるが、その一部が私商の手に渡るため、（府内の）蔘価が高騰すると尹守仁は言う。しかし私商による人蔘取引を禁止して江界府を自給自足経済に戻すのは実現不可能な発想であり、たとえ江界府の蔘価が下落しても、他地域で人蔘需給が逼迫しては何の意味もないであろう。次に②について。江界府の把守軍に人蔘採取のノルマが課せられていたことは悪弊であり、辺防が疎略になっていることは確かである。しかし民戸を徴発して見張りに立たせるのでは何ら負担軽減にならないであろう。総じて尹守仁の蔘弊に対する認識は正鵠を射ているが、その対策は的外れなものであったと言える。

ところが領議政金致仁は尹守仁の第一提案に賛成し、英祖もこれを裁可した[42]。当時政府は人蔘を買い付けていたため、江界府で蔘価が下落するとその分だけ代価となる税収米や餉木の支出が軽減できるからである。英祖や廷臣らは政府需要の確保に固執していたが、市場に出回る人蔘が不足することには無関心であった。ただ金致仁は第二提案については即断を控え、英祖もこれに従っている。これについては後に平安道観察使具允鈺が、輪番立把は多大な弊害をもたらすとして反対し、把守軍が納付すべき体蔘五斤については半数を江界府より負担し、尾蔘三斤については把役に就かない住民に均等に割り付けるべしという江界都護府使李漢泰からの牒文を状啓し、金致仁も積極的に支持している[43]。把守軍に採蔘ノルマを課すと本来の衛戍業務に専念できないため、尹守仁は住民を徴発し輪番で立把させようとしたが、具允鈺や李漢泰は採蔘ノルマの一部を江界府で肩代わりし、一部を住民に割り付けようとした。負担方法に違いはあるが、両者とも把守軍の人蔘負担それ自体を廃止しようとは考えていない点では共通する。

後に英祖五〇年（一七七四）五月、守門将安慶櫶は、江界府の把守軍は丹把貿蔘・中把貿蔘の調達ノルマを課せられながら、貢納制に係わる戸蔘も負担しており、かかる三重の蔘役のため逃散が後を絶たないとして、合計八斤の人蔘を一戸につき一分ずつ分担させるべしという、先の李漢泰に近い割り付け徴収案を提起し、英祖はこれを備辺司に審議させた[44]。同じ頃、扈衛別将鄭粛良は、軍丁が負担する戸蔘の半数を免除すべしと提案し、これも備辺司に回されている[45]。同年一一月、戸曹判書に遷った具允鈺は、領議政申晦の「礼単蔘預備のため西北両道に人蔘を卜定すべし」という提案に対し、江界府は早霜により例年以上に蔘荒がひどく、貿納を強制すれば民生は破綻すると上啓している[46]。総じて英祖期の朝廷は把守軍の負担も貿蔘問題も根本的な解決策を見出せず、通信使の礼単蔘など不時の大量需要に際しても彌縫的に対処していた。

蔘政の本格的改革が図られたのは次の正祖期である。正祖即位年（一七七六）一一月、平安道観察使徐命膺は、江界府で例貿蔘が長年廉価で抑買されてきたため、かつての二万余戸は今では六千戸に減少していると窮状を訴えた。これに対して正祖は、徐命膺の要請に応じて体蔘・尾蔘の買い付け価格の引き上げと私商の厳禁を許し、貿蔘代価を綿布と純銭で支給する案も備辺司に検討させた[47]。貿蔘代価については正祖二年（一七七八）、平安道観察使洪楽純が、江界府に入送する年例の蔘価木四八同は、前観察使の要請により昨年から純銭のみで支払っているが、木綿は余裕があるのに対し銅銭は不足気味であるため、今年から蔘価木四八同を銅銭と木綿で半数ずつ送付したいと状啓した。正祖は廷臣の意見を徴したが、左議政徐命善は折半案に賛成したものの、右議政鄭弘淳は木綿の価値が低く、平安監営が備蓄する木綿の品質も劣悪であるとして反対し、正祖もこれに従った[48]。これまで半ば白徴に等しかった貿蔘に対し、相応の代価を支払い、江界府民の負担を軽減する必要性がようやく認識され始めたのである。

とは言え、翌正祖三年には知敦寧洪楽純が、京主人金重瑞が十数年の間江界府で人蔘交易に携わっているが、彼は蔘戸から廉価で人蔘を仕入れ、蔘場から下山した後高値で販売するため、人蔘価格が暴騰するに至ったと告発しているように[49]、都買が物流を独占する状況下で市場から人蔘を適正価格で買い付けることは容易ではなかった。また正祖一四年（一七九〇）には、江界府居住の幼学朴泰来より、本府が上納すべき税蔘一四斤一三両・例貿体蔘三五斤・尾蔘二五斤を江界府の残余の戸から徴収することは不可能であり、中山諸邑や咸鏡南道の三水・甲山に（一時的に）分定していたが、現在ではそれすら困難になったので銭納化すべしとの訴えがなされているように[50]、江界府から現物の人蔘を供出することはもはや困難になっていた。同年八月、義州府尹李頤祥の上啓によると、江界府では流民の続出で十数年前には二万余戸が分担納付していた人蔘が今では四千余戸の残民に背負わされるようになったとあり[51]、先の朴泰来の上言を裏付けている。正祖初期の蔘政改革は最終的に江界府の窮状を救うことができなかったのである。李頤祥は貢蔘を中山や北関六鎮へ分定すれば流民の帰還も可能であろうと述べたが、左議政蔡済恭・左参賛金華鎮・行戸曹判書鄭民始らがこれに反対したため、正祖も却下した[52]。

人蔘採取が主要産業である江界府で官が掌握する戸口が二万戸から四千戸へと五分の一にまで減少したことは、取りも直さず天然人蔘がほぼ枯渇したことを意味している。これでは買い付け価格を上乗せしたり、現物貢納を銭納化したところで、地域経済の回復には繋がらないであろう。ところが翌一五年一一月、正祖が厚い信頼を置いていた左議政蔡済恭は、江界の蔘弊は度重なる負担減免により既に解消されたと上啓している[53]。前年までの経緯を考慮すれば、蔡済恭の判断は唐突な印象を与える。何が彼をしてこう言わしめたのであろうか。

同年二月二〇日、蔡済恭は廷議にて「江界府民の流散は専ら蔘産が以前に及ばなくなったためである。人蔘は霊草ではあるが、力を尽くして栽培すれば得ることができる。最近の嶺南（慶尚道）での家蔘から推察すると、そのやり方は検証可能である。江界府は人蔘に適した土地柄で、民家は大抵山を背にしており、家の裏は畑でなく、畑に相当するのは山である。今もし官が民戸に命じて人蔘栽培を生業とさせれば、家の裏に植えた人蔘は必ずや山蔘と同じものになるはずであり、蔘政を補塡できるだけでなく、小民にも利益をもたらすであろう。家蔘の法はどうして嶺南のみの美点としておけようか」と述べ[54]、人蔘栽培の奨励により蔘政は回復すると主張している。恐らくこの認識が蔘弊解消論を導いたのであろう。

既述の通り、江界府では粛宗期より人蔘栽培が行われていた。しかし栽培が軌道に乗るのは一八世紀末頃からである。栽培人蔘は天然人蔘より薬効が劣るとも言われているが、量産が可能になったことで需給は安定しつつあった。そして栽培人蔘を加工して製造される紅蔘は対清輸出商品として急成長し、やがて中国から若干量の銀をもたらすに至る。またこの頃には日本でも人蔘の栽培が可能になり、朝鮮から輸入する必要性は低下していた。徳川幕府もまた一八世紀中葉より銀の禁輸を続けていた。従って正祖期の蔘政改革はそれ自体十分な成果を上げるには至らなかったものの、供給面で栽培人蔘が出回りだしたこと、需要面で日本への輸出が減少したことなど、主として外的要因により奇しくも成功したのである。ただし江界府が栽培人蔘の主要産地となることはなく、開城や嶺南などの新たな産地が擡頭した。

もちろん蔡済恭がこう判断したからといって、江界府の蔘弊が直ちに解決したわけではない。正祖一五年（一七九一）には江界府の体蔘や尾蔘を減額し[55]、正祖一七年には尾蔘の買い上げ価格を更に引き上げるなど[56]、追加の軽減措置は引き続き実施されている。また、正祖二二年（一七九八）までには把守軍に対する採蔘ノルマが廃止され、辺防に専念させる措置が採られたが、彼らは人蔘採取で生計を維持してきたため、これはかえって軍卒を困窮させる結果を招いた[57]。更に正祖一七年正月には前江界都護府使権𩖁が満浦鎮の玉洞、従浦鎮の黄水徳嶺、上土鎮の麻田嶺の開墾を具申し、正祖は最終的に玉洞・麻田嶺・慈祚嶺について許可した。正祖二〇年には旧慈城郡の開墾が許可され、上土鎮を旧慈城郡治に移して一帯を統治させている（第一章第三節参照）。これより廃四郡の開墾が開始され、上土鎮移設の五年後に当たる純祖元年（一八〇一）より徴税が実施されるが、蔘税も割り当てられた[58]。

こうして江界府の蔘弊はその後も暫く続いたが、蔡済恭の見通しに狂いはなかった。純祖一〇年（一八一〇）には左議政金載瓚が、江界府の人蔘は絶滅し価格は低いと述べており[59]、翌純祖一一年には備辺司が、幸い近年代替品が得られたため蔘弊は一息ついた旨報告している[60]。この代替品とは栽培人蔘に他ならない。栽培人蔘が出回り始めたため、天然人蔘が絶滅しても人蔘価格は低廉だったのである。

おわりに

朝鮮後期、江界府の蔘政は対清関係に大きく左右された。丁卯・丙子胡乱の後、朝鮮政府は清国に再侵攻の口実を与えないため、蔘禁を強化して朝鮮人の越境偸採活動を厳しく取り締まった。特に三道溝事件の直後は江辺での人蔘売買自体が厳禁された。ところが鴨緑江北岸では一八世紀前期に清国人の馬尚船人蔘偸採集団の活動が盛んになり、約四半世紀間の乱獲によって清国側の人蔘資源は蕩尽した。馬尚船の遡上が終息したことで朝鮮政府の蔘禁は次第に弛められた。

一方朝鮮側の蔘場も江界都護府使や把守軍による乱獲で資源が急速に枯渇していった。しかし政府は人蔘資源の保護に無頓着で、礼単蔘の確保を最優先した。そのため一八世紀後半には江界府の供給力不足と政府の備蓄減少により蔘弊が表面化した。そこで正祖は貢蔘の軽減や貿蔘の価格上乗せ、把守軍の採蔘禁止など、一連の蔘政改革を実施した。だが改革の成果を待つまでもなく、この頃より蔘弊は自然消滅に向かい始めた。栽培人蔘が本格的に出回りだしたこと、礼単蔘需要が減少したことがその原因であった。一八一〇年頃を最後に蔘政問題は廷議にほとんど上らなくなる。蔘政に代わって登場したのは廃四郡の開墾問題であった。鴨緑江中上流の北岸と南岸で天然人蔘がほぼ枯渇したため、朝鮮は廃四郡を開墾し内地化する条件が整ったのである。

人蔘資源の枯渇は他の産業に乏しい江界府の地域経済に大きな打撃を与えた。しかし人蔘がなくなったことにより犯越の危険性が低下し、農業開発を促進する契機となったことも確かである。ただ山間地である江界府の開墾は緩慢であり、人蔘が採れなくなったからといって蔘税が直ちに免除されたわけでもない。蔘税の残存と朝鮮政府の無理な辺民充実政策により、行き場を失った流民の多くはやがて火田民となったり、あるいは清国領に逃亡して小作人となったりしたのである。次章では朝鮮前期・後期を通した辺民充実政策の推移について考察しよう。

註

（1）辻大和「一七世紀初頭朝鮮における薬用人蔘政策の定立とその意義」『朝鮮学報』二一〇輯、二〇〇九年。
（2）『朝鮮仁祖実録』巻一、仁祖元年四月己巳、同右、巻二、仁祖元年五月己未。
（3）仁穆大妃が下した宣諭には貢納軽減に関する記述はない。しかし『朝鮮仁祖実録』巻一、仁祖元年三月癸丑の条によると、仁祖が喫緊の急務として安民を挙げ、戸曹判書李曙が「貢物の蠲減は乃ち是れ安民の本なり」と答えている。また『人蔘史』第三巻、一六四頁にも、仁祖元年に江界府の貢蔘が一時革罷されたと見えるが、典拠不明。
（4）李花子『清朝与朝鮮関係史研究――以越境交渉為中心』香港亜洲出版社、二〇〇六年、一一頁。李によると、朝鮮に対する後金の不満は自国資源の偸採に加え、開市貿易が当初期待されたほど伸びなかったことにもあった。
（5）『朝鮮仁祖実録』巻四四、仁祖二一年九月壬子
備局啓曰。水上辺民。越境采蔘。自陥於刑辟。而生事於国家。殊極痛心。窃聞。戸曹及各衙門。因京外蔘商之訴。成給公文。而付送其価。商賈牟利之徒。憑公営私。身輸貨布。積置江辺列邑。責令換貿。蚩蚩之民。貪其貨利。終至於忘身犯法。加以守令・辺将。利其収税。不加厳禁。而本道監・兵使。亦有貿蔘販売之事云。
（6）『朝鮮顕宗改修実録』巻一二、顕宗五年一二月庚午。
（7）『朝鮮顕宗実録』巻一七、顕宗一〇年一〇月庚辰
平安監司閔維重馳啓陳。……如欲杜絶犯越之路。則其要在於勧民力農。以厚其生。当罪准法。以厳其防而已。不奪農時。王政之所先。而江辺各邑。自四月至九月。毎月六度聚点官門。又有差使員不時別点之挙。民人正当農節。奔走道路。殆無虚日。雖欲為農。実無其暇。以此有耕田。而不得播種者。有播種。而不得除草者。及其秋成之後。田疇荒蕪。鮮有収穫。飢不得食。寒不得衣。則雖知其越採之必死。而凍餒之極。計無所出。其勢不得不犯法。其情亦可戚矣。臣愚以為。自今以後。改其五日一点之規。只令毎朔三度点看。以除往来騒擾之弊。得以専力於耕作。
（8）『備辺司謄録』第四〇冊、粛宗一二年正月六日。三道溝事件を契機として蔘禁政策が強化されたことについては、李洪烈「三道

溝事件과 그 善後策」『白山学報』五号、一九六八年を参照。また最近の成果では、문광균「一八世紀 江界地域 貢蔘制의 運用과 変化」『朝鮮時代史学報』五七号、二〇一一年が蔘禁政策強化以降の貢蔘・貿蔘制度について詳細な検討を行っている。

（9）『備辺司謄録』第四一冊、粛宗一三年五月一一日。

（10）同右、第四八冊、粛宗二〇年正月一六日。

（11）同右、第五一冊、粛宗二六年二月一七日。

（12）同右、第五八冊、粛宗三三年正月二七日。

（13）『万機要覧』財用編四、江界税蔘の項によると、粛宗丁亥（三三年）に税蔘三〇斤を定め、これを常平蔘と名づけたとある。

（14）『備辺司謄録』第五八冊、粛宗三三年三月二日。

（15）同右、第五八冊、粛宗三三年六月二四日。使行貿易における人蔘輸出の変遷については、張存武『清韓宗藩貿易：一六三七～一八九四』中央研究院近代史研究所、一九七八年、七〇—七六頁を参照。

（16）『備辺司謄録』第五八冊、粛宗三三年八月二二日。

（17）『万機要覧』財用編四、江界蔘把。なお前註（8）문、一八二—一八三頁によると、把守軍の中に三把と中把があり、当初は両者とも国境監視を任務としていたが、粛宗一三年頃までに前者が国境監視を、後者が人蔘採取を専管するようになったとされる。

（18）『備辺司謄録』第五九冊、粛宗三四年閏三月二九日。

（19）同右、第六五冊、粛宗三九年閏五月一三日。

（20）同右、第六六冊、粛宗三九年七月一九日。

（21）同右、第八一冊、英祖三年二月四日。

（22）同右、第八九冊、英祖七年四月三〇日。

（23）同右、第一〇四冊、英祖一四年七月一二日。

（24）田代和生『近世日朝通交貿易史の研究』創文社、一九八一年、三二七—三三一頁。

（25）『備辺司謄録』第一一三冊、英祖二一年三月三日。

（26）同右、第一一四冊、英祖二一年八月二六日。

（27）同右、第一一六冊、英祖二二年七月一〇日。

（28）同右、第一一七冊、英祖二三年四月一六日。

（29）同右、第一一七冊、英祖二三年四月二一日。

（30）同右、第一一八冊、英祖二三年八月一九日。

（31）同右、第一一八冊、英祖二三年一〇月九日。

(32)同右、第一一八冊、英祖二三年一一月九日。
(33)同右、第一二四冊、英祖二八年六月一〇日。
(34)同右、第一三六冊、英祖三五年正月二九日。
(35)同右、第一三六冊、英祖三五年三月一八日。
(36)同右、第一三六冊、英祖三五年四月二六日。
(37)同右、第一三六冊、英祖三五年五月二七日。
(38)同右、第一三七冊、英祖三五年七月一二日。
(39)『人蔘史』第三巻、一七〇―一七一頁、前註(8)문、一九二―一九三頁。ただし当時の朝鮮は慢性的な銭荒に苦しんでおり、全額銅銭支給が実現されたのか、疑問である。
(40)『備辺司謄録』第一五二冊、英祖四四年一一月二五日。
(41)同右、第一五五冊、英祖四七年五月一五日。
(42)同右、第一五五冊、英祖四七年六月一日。
(43)同右、第一五五冊、英祖四七年一二月一日。
(44)同右、第一五六冊、英祖五〇年五月二六日。
(45)同右、第一五六冊、英祖五〇年六月二日。
(46)同右、第一五六冊、英祖五〇年一一月二五日。
(47)『朝鮮正祖実録』巻二、正祖即位年一一月戊寅。
(48)『備辺司謄録』第一五九冊、正祖二年七月二二日。
(49)同右、第一六〇冊、正祖三年正月一一日。
(50)同右、第一七六冊、正祖一四年二月一三日。
(51)同右、第一七七冊、正祖一四年八月一三日。
(52)同右、第一七七冊、正祖一四年八月二一日。
(53)同右、第一七九冊、正祖一五年一一月一〇日。
(54)同右、第一七八冊、正祖一五年二月二〇日。
(55)同右、第一七八冊、正祖一五年二月一八日。
(56)同右、第一八一冊、正祖一七年二月二〇日。
(57)同右、第一八八冊、正祖二二年一〇月二八日・二九日。

(58) 同右、第一九二冊、純祖元年七月二七日。
(59) 同右、第二〇〇冊、純祖一〇年三月一五日。
(60) 同右、第二〇一冊、純祖一一年五月六日。

第四章　北辺充実政策の展開

はじめに

朝鮮王朝は建国以来、明との国境を鴨緑江と豆満江とを結ぶ線上に措定していた。ただし当時の国境は領土（実効支配地）を線引きするものではなく版図（地図上に示された観念上の国土）を画定するものに過ぎず、明確な国境条約も結ばれていなかった。蓋し国境一帯は女真族の居住地であり、彼らが清を建国して中国本土に遷移するまで、鴨緑江中流の廃四郡一帯や豆満江下流の北関（後の咸鏡北道。なお咸鏡道は初期には咸吉道と称された）は朝鮮政府の実効支配が及ばない化外の地であったからである[1]。従って朝鮮前期の北辺政策は版図内外の女真族に対する防禦と馴致が中心であった。

女真族が満洲族と改称し、故地を離れて大清帝国を建てると、国境地帯の民族問題は自然消滅したが、新たに清国との外交問題が頭痛の種となった。一六三六年の丙子胡乱以降、朝鮮はこれまで野人と見下してきた女真族の国家を宗主国として崇めねばならなくなったからである。幸い満洲族はその故地を封禁し、開発や移住を許さなかったので、これまで朝鮮の版図内に居住していた女真族と朝鮮民族との摩擦は解消し、朝鮮政府の実効支配は国境線まで及ぶようになったが[2]、新たに宗主国であると同時に潜在的敵国となった清国との外交関係に苦慮しなくてはならなくなった。従って朝鮮後期の北辺問題は国境防衛と対清外交に主軸が置かれた。

このように朝鮮の北辺問題は、中国における明清王朝交替を契機として、その本質が国境付近の少数民族問題から対中国外交・防衛問題へと大きく転換した。しかしいずれにせよ兵力を国境沿いの平安道と咸鏡道に重点的に配置し、併せて兵餉を確保するため両道の開墾を推進すること、すなわち北辺の充実が戦略上の要諦であることに変わりはなかった。そこで朝鮮政府は下三道（忠清・全羅・慶尚各道）の人民を両界（平安・咸鏡両道）に移住させるとともに、両界からの逃亡者を連れ戻す政策を実施した。本章では人民の強制移住を徙民《しみん》政策、逃亡者の捜索・送還を刷還政策と呼ぶ。なお刷還とは、女真族支配地や中国・日本・琉球など外国からの俘虜や漂流民の送還、本籍地を離脱した良民や所有者の元から逃亡した奴婢の追捕などを意味する史料用語であるが、本章が検討の対象とするのは後者である。このうち公私奴婢の刷還は一般に推刷と呼ばれるが[3]、本書では考察の対象から除外する。徙民政策は王朝初期、特に世宗期に咸鏡北道で積極的に実施されたものの、生活苦と望郷の念により逃亡者が続出し、結局大した成果を上げることはできなかった。その後は既に居住している者の脱漏を取り締まる刷還政策に重点が移されたが、それさえも王朝後期に入ると次第に形骸化していった。

　ところで、日本の朝鮮史研究では徙民や刷還の問題を正面から取り扱った論考は少ない。徙民政策については、世宗期の咸鏡北道を対象とした深谷敏鉄の古典的研究が存在するに過ぎない[4]。刷還政策については、対象が俘虜や奴婢に限定され、北辺に限って見ても、田川孝三が咸鏡北道からロシア・中国へ脱出する流民問題の一要因として簡単に考察している程度である[5]。一方、韓国では徙民や刷還は比較的盛んに研究されてきたが[6]、史料の制約もあり、両政策を横断する研究は乏しい。そもそも良民や賤民を農耕に従事させ、剰余労働部分を賦税や身貢として徴収するのは朝鮮の農業政策の根幹であり、農民の移動は良賤を問わず全土で制限されていたのであるから、対象を両界に絞るという問題意識が先行研究に欠如しているのは蓋し当然であると言える。しかし刷還というありふれた政策も、ひとたび視点を国境問題に移して見ると、そこには重農政策とは別の側面が浮かび上がってくるものと思われる。すなわち単なる農業の保護・振興ではなく、国境地帯の防備強化を目的として、戦略的に北辺開発を推進するため、徙民と刷還の両政策が用いられたという見方である。そこで本章では両界における徙民と刷還を取り上げ、北辺充実政策の実態と朝鮮後期における変化を開発の担い手の側面から考察する。

一　両界における徙民と刷還

高麗を滅ぼし朝鮮王朝を樹立した太祖李成桂は明の冊封を受け、両国の版図を画定するとともに、鴨緑江下流域において遼東在住朝鮮人の収用と国内滞在漢族の送還を行った。従ってこの地域では例外的に国初より国境が領土を規定するようになった。しかしそれ以外では国境は単に明と朝鮮との版図を画定するに過ぎず、両国にまたがって盤踞する女真族にとっては何の意味も持たなかった。

国境内側における王朝支配の強化、すなわち版図の領土化を積極的に推進したのは第四代国王世宗である。彼は鴨緑江中流に閭延・慈城・茂昌・虞芮《ぐぜい》四郡を、豆満江下流に慶源・会寧・慶興・鍾城・穏城・富寧六鎮をそれぞれ設置し、南部諸邑より郷吏や良民を移住させ、兵力の強化を図った。北関について見ると、世宗一六年（一四三四）には田地が少ない貧農を徙民の対象としていたが、翌年からは富戸を対象に加えるようになり、更に下三道からも富民を抄出（選抜）して移徙入居（強制移住）させた模様である。[7]また中国方面の玄関口である義州でも、他道の富戸を移徙入居せしめ、使節接待の役務を負担させた。その結果、平安道では一時的に「平安道の民、稀少と曰うと雖も、然るに今平壌自り北は江界に至り、西は義州に至るまで、城堡相望まれ、鶏犬相聞こゆ」るが如く、[8]鴨緑江辺に支配権が展開するに至った。

ただし四郡六鎮の設置は女真族居住地の朝鮮側版図を国境線の外側から囲い込んだに過ぎず、移徙入居した者は苛酷な自然環境と過重な軍役負担に加えて、女真族の侵掠を避けるため、農繁期以外の七―八箇月間、郷村を離れて堡と呼ばれる城塞に居住させられ、不自由な生活を強いられた。[9]そこで鴨緑江辺では入堡の辛苦に堪えかね、親戚を頼って遼東へ逃亡する者が跡を絶たなかった。[10]北関六鎮はその後も維持されたが、鴨緑江四郡は逃亡者の補充が追い付かず、世祖初期に至って全て裁撤された。

世宗の没後、女真族居住地付近への積極的な徙民政策は行われなくなり、既に移り住んでいる者の逃亡を防ぐ刷還政策だけが継続された。しかし主として下三道に逃亡した者を捜索して連れ戻すことは容易ではない。よしんば居所を探り当てたとしても、既に何代にもわたって居住し続けている場合、一概に刷還することは民情に悖る。また北辺の子女が南方に嫁いだ場合、夫婦の縁を断って刷還することは難しい。そこで成宗一五年（一四八四）六月、朝廷は婚姻により他道に移居した者は刷還を免除し、累代居住している逃亡戸については、祖父母の代までの場合は刷還し、曾祖父母の代以前から定住している場合は刷還しないという決定を下した。また刷還する場合でも、北辺にて売却してきた田宅や奴婢は申告すれば返還してやり、再定住のための経済基盤を整えた。同年一一月には、これまでの議論を踏まえて兵曹より「流移人刷還節目」が策定され、成宗の承認を得た。[11]

ここで注目されるのは、彼らが北辺で田宅や奴婢を売り払って逃亡し、移住先でも数代にわたり族的結合を維持していることである。彼らは貧農や賤民ではなく、それなりの資産を有する富戸であったと推定される。政府も刷還対象者に資産を還付して再定住を促しており、逃亡に対する懲罰措置は行っていない。従って北辺の生活が相当困難であったことは事実であるが、政府も一定の優遇措置を講じて、北辺の充実に真剣に取り組んでいたものと見られる。

しかしこのような温情的処遇にもかかわらず、逃亡の勢いはとどまらなかった。逃亡先の地方官もまた刷還に消極的であった。成宗一七年（一四八六）には、李克培が「永安・平安・江原三道の民、祖父自り以下の流移者は、已に刷還せしめたり。而るに今は只身自《みずか》ら流移せる者を刷するのみ。此の如くんば則ち本に還る者少なし矣」と上啓したのに対し、成宗も「守令は朝廷の本意を知らず、推刷の際、病民を慮恐し、故に只己身《みずか》ら流移せる者をば推刷するを許すのみ」と答えているように、祖父母以下の累代定住者の刷還さえ実施されておらず、単身の逃亡者のみ刷還している有様であった。[12]蓋し賦税徴収に責任を負う内地地方官にとって富戸は手放したくない「含み資産」であるから、「資産価値」の乏しい単身者のみ刷還して王命を彌縫していたのであろう。

翌成宗一八年一二月には、楊州牧使安琛が、平安・咸鏡・黄海・江原四道の逃亡者のうち、人口稠密な下三道に定住した者は刷還すべきであるが、土地が瘠薄で賦役が繁重な京畿道に定住した者については刷還を免除すべしと提議し、これに賛成する尹弼商・洪応と反対する沈澮・尹壕との間で論争が行われた[13]。議論は翌年にも継続し、京畿道定住者の刷還免除案の是非に加えて、新たに下三道の郷吏や良民を抄出して北関へ移徙入居させる案も浮上したが、廷臣らの反対によって実現が見送られた[14]。成宗二一年（一四九〇）にようやく平安・黄海両道への徙民が実施されたものの、江原道への徙民は引き続き議論されることになった[15]。このように成宗は北辺充実政策に熱心に取り組んだものの、世宗期のような大規模な徙民や厳しい刷還は廷臣の反対に遭って実現できず、結果的に北辺からの人口流出はとどまらなかった。

燕山君期には、更なる人口減少に歯止めを掛けるため、従来許可されていた移住者の子女が内地へ嫁ぐことまで禁止された。燕山君八年（一五〇二）には、兵曹判書李克墩らが「入居人の女子、悉く内地へ婚《とつ》ぐを禁ぜしむ。罪を犯して五鎮に入居せるが如きは、則ち専ら実辺と為すれば、其の禁の宜しき矣。自余の勒令入居は、則ち離郷の冤既に浅からず。而も加うるに内地へ婚ぐを禁ずるを以てせば、則ち其の悶深し矣。況んや勒令入居人の子弟、侍衛軍士・生員・進士の如きは、京に居る者頗る多し。豈に其の妻妾を舍《す》て而して来る可けん乎」と上啓し、禁令を緩めるよう訴えたが、韓致亨・成俊が「南民の其の入居を憚ること、死と異なる無し。若し女子の他道・他邑への婚嫁を許さば、則ち此に因りて流移し、実辺の意に乖《もと》る有らん」と反対し、李克均も「五鎮の軍民、其の防禦に苦しみ、其の子女をば並びに南道へ婚嫁せしむ。此を以て五鎮の軍数日び減ぜり」と同調したため、禁令は撤回されなかった[16]。優遇措置が効果を現さないため、政府は移徙入居者を流刑者と同様に扱うようになったのであるが、それでも彼らの多くは子女を内地に嫁がせたり、子弟を漢城で任官・就学させたりすることが可能な富戸であったことがこれらの議論より読み取れる。そして翌九年には、兵曹より、今後内地の男女と辺郡の男女が通婚する際には、夫が内地人であれ辺郡人であれ、夫婦ともに辺郡に居住させることが提議され[17]、これが通例となったようである。

続く中宗期においても両界からの人口流出は止まず、中宗一〇年（一五一五）二月、右議政鄭光弼が南方から咸鏡道への徙民と逃亡者の刷還を上啓したが、同年一〇月、彼は「則ち其の流移せる所の者は、本より是れ恒産無きの人也。今尽く刷還せしむと雖も、何ぞ能く辺を実たさん乎。臣北道の富実なる者を見るに、皆是れ勅令入居の人也。臣意以為《おも》えらく、勅令入居、今年幾戸を入送し、明年幾戸を入送せば、則ち以て辺を実たす可きに庶からん矣と」と述べ、富戸を継続的に強制移住させることを提案した(18)。逃亡者が果たして無産の貧農であったか否かはともかく、鄭光弼は定住能力のある富戸を徙民することで定着率を向上させようと考えたのである。

中宗はこの問題を朝廷で議論させたが、翌年五月に廷臣を引見した席上で、左議政金応箕・吏曹判書安瑭・兵曹判書高荊山・右参賛南袞・刑曹判書李長坤ら重臣はこぞって徙民と刷還の即時実施に消極的態度を表明した。発議者の鄭光弼までもが、両界での凶作を理由に徙民と刷還の見送りを主張している。さすがに中宗は「然るに今災変有れど、入居・推刷、皆大事也。（卿等は）民怨有るを恐れ、故に停罷せんと欲す矣。苟も弊有らば、則ち豈に後日の復た其の弊有るを計り、而して今時の弊を除かざらん乎」と語り、長期的な防衛戦略である北辺充実と目下の民生政策である災害救済とを弁別できず、「民怨」と称される富戸の不満に遭遇して態度を豹変させる廷臣の無定見性に呆れている(19)。これらの議論を通して、世宗以来の北辺充実政策は建前として維持されたが、実際には富戸を抄出して移徙入居させることはおろか、逃亡者の刷還さえ民心の離反を恐れ容易には行い得ないことが露呈されたのである。実際中宗一五年には、平安道観察使が義州の逃亡者の刷還を実施したが、年末になっても一人も原籍に戻せない有様であった(20)。

ところでこの年、刷還が他ならぬ義州で急務となったのは、新城造営の徭役を忌避して逃亡する者が続出したためである。そこで中宗一九年（一五二四）、判中枢府事高荊山は、義州から逃亡した者が七〇〇余戸に上り、刷還も進んでいないため、各道の犯罪者を徙民すべしと提案した(21)。これは築城のための労働力確保という喫緊の要請から出されたものであり、本来の北辺充実政策とは様相を異にするが、中宗三八年（一五四三）正月には司諫院より、凶作の年に徙民を強行すると自殺者や脱走者が増加するため暫くこれを延期し、代わりに犯罪者を徙民すれば一挙両得ではないかという提案がなされている(22)。

だが、現実には犯罪者の徙民が北辺充実の決め手になることはなかった。流刑者を両界で労役に就かせることが問題となったのではない。彼らは資産を持たないため、苛酷な北辺に定住させることが不可能だったからである。築城労働など使い捨て目的で用いるのならばともかく、曠地を開墾し、軍役を提供させるには、やはりある程度の富戸を移住させる以外に手立てはなかったのである。先の司諫院の提案は裁可され、七月には司憲府と入居庁によって翌春より犯罪者を移徙入居させることになったが[23]、その後うやむやになった。なお、入居庁は『燕山君日記』巻五六、燕山君一〇年一一月丁酉の条に初めて登場する部署であり、徙民・刷還業務を執行していたようであるが、中宗三八年を最後に実録から姿を消している。

総じて一六世紀には、北辺への富戸徙民は議論の俎上に上るだけで実施された形跡はほとんど見られず、逆に逃亡者が続出する有様であった。中宗三五年には、前咸鏡道観察使成世昌が「北関六鎮では軍民の流亡日び甚だしく、将に棄鎮と為らんが如き有様であり、平安道江辺の民も衛戍に苦しみ、皆内地に移住しようとするため、残っている者は三分の一に過ぎないと聞いている」と述べているが[24]、明宗二年（一五四七）には、司憲府が「近来守令は但だ撫恤に謹まざるのみに非ず、之をして逃散せしむ。或いは請賂に因り、或いは人情に拘り、官事に憑《よ》るに依りて、縦《ほしいまま》に本土に還る者頗る多く、十に二三無し」と報告しており[25]、両界の地方官が逃亡を手助けしていた。鄭光弼の徙民再開案を阻止させたのが下三道富戸の「民怨」であったのと同様に、地方官を動かし逃亡を幇助させたのも北辺富戸の財力であった。

二　刷還停止と人物招引

両界へ徙民された富戸が相継いで逃亡し、刷還政策が成果を上げないうちに、宣祖二五年（一五九二）豊臣秀吉の朝鮮侵攻が始まった。壬辰倭乱では北関や平壌も戦場となったが、日本側の補給線が伸びきり、明の援軍や義兵が加わったため、やがて戦線は南下した。咸鏡道では混乱に乗じて移徙入居者が全て逃亡したが[26]、倭乱終息後、北辺充実政策は更に骨抜きとなった。宣祖三二年（一五九九）には、司憲府が「西北の人物、搬移するを得ず、国法甚だ厳し。而るに乱自り後、紀綱解弛し、或いは辺将・守令、或いは公に因りて往来せる者、官物及び土着人をば、公然と率来し、狎《な》らして奴婢と為す者、比比之有り。当に此れ両界人物凋残の時、是の弊一たび開かるるや、漸く虚疏を益し、極めて駭憤為り。請うらくは本道の監司をして、一一刷還せしめ、其の中尤も濫率を為す者をば、摘発治罪せよ」と上啓しているように、(27)官奴婢や土着の良民が北辺の文武官や当地を訪問した官員の下に身を寄せ、官吏も彼らを私奴婢として内地に連れ去るに至っている。地方官が官妓を畜養して内地に帯同することは従来より見られたが、倭乱後は各層の居民が士大夫（両班）の私奴婢となって北辺より逃亡し始めたのである。

政府は差送御史を両界に派遣して逃亡者の刷還を促したが、率来（私奴婢として連れ帰ること）された者の刷還は士大夫の抵抗に遭って難行し、その間にも彼らは公然と辺民を率来し続けた。(28)刷還は率来との鼬ごっこを繰り返していたのである。宣祖三六年（一六〇三）には、幼学李某が、現在平安道では飢饉が深刻であるため、暫く刷還を緩め、まずは政府が内地からの食糧輸送に努めるべしと上疏しているように、(29)富戸ばかりか貧農や賤民の多くが士大夫に率来されて逃亡している状態では、もはや刷還一辺倒の北辺充実政策は無意味なものとなっていた。宣祖三九年（一六〇六）には、司諫院が両界人物刷還の法が既に有名無実となっていると上申し、(30)また翌四〇年には、司憲府が率来者を畜養して発還しない官員の摘発を請うて裁可されている。(31)倭乱がもたらした両界の荒廃が率来風潮を惹起し、人口流出による食糧生産の減少が刷還政策を困難ならしめていたのである。

かかる悪循環から抜け出せないうちに、仁祖五年（一六二七）には丁卯胡乱が、仁祖一四年（一六三六）には丙子胡乱が勃発した。戦場となった平安道や黄海道では兵卒や官民が俘虜となり、後金・清に連行されたが、更に多くの一般庶民が南方へ避難し、両界の荒廃に拍車を掛けた。刷還政策は仁祖期から孝宗期を経て顕宗初まで一貫して継続実施されたが、もはや実効性をほとんど保持し得なかった。(32)

刷還政策が効果を発揮しないことを認識した朝廷は、この頃より定住強制を緩め始める。仁祖二年（一六二四）には、平安道が連年の凶作に加えて前年にも飢饉に襲われたため、一時的に刷還を中止し、来年の秋成を待って本籍地に入送させる措置が採られた。(33)顕宗六年（一六六五）には、兵曹参判柳赫然が平安道から咸鏡道三水・甲山方面に流移した者の刷還を一〇年間停止することを請い、裁可されている。[34] とは言え、三水・甲山地方は廃四郡の東側に位置する山岳地帯であり、両界間での人口移動を認めたに過ぎないと見ることもできよう。しかし顕宗八年、刑曹判書李慶億が「西北民の刷還、凶年は則ち例として停止と為せり」と上啓しているように、凶作時の刷還停止は以後の定例となったようである。[35] また顕宗一一年には、成均館副提学金万基らが「西北民の刷還は、乃ち是れ祖宗の成憲なり。今新軍を招募せんが為め、西路の流民を許すに免刷を以てす。江辺の七邑、北路と奚ぞ殊ならんや。而るに成憲を軽変せば、此れ自り辺民の内地へ流入する者、益ます顧忌する所無き也」と警鐘を鳴らしているように、[36] 平安道からの逃亡者を用いて新軍を編成するため、刷還を免除する場合もあった。

更に粛宗期になると、刷還停止が常態化する。粛宗一〇年（一六八四）には、知中枢府事申汝哲が、最近では連年の凶作を理由に秋成後も西北流民の刷還を停止しているが、昨年は収穫がやや豊かであったものの、初冬に気候が悪化したため、移送が延期されたと報告し、結局この年も刷還が停止された。[37] 粛宗一七年には、全国的な凶作のため西北や済州の逃亡者の刷還を一時停止し、[38] 粛宗二一年にも、前年の凶作のため西北民の刷還を来秋まで延期している。[39] 粛宗二七年には、左議政李世白が、西北民の刷還は近来凶歉を理由に久しく廃されていたが、今年は豊作であったため、刷還を挙行すべしと進言している。[40] これらと並行して江辺の流刑者に対する処遇も事実上緩和された。これまで（賤民の）戸籍を漏脱したり耕牛馬を屠殺した者は流刑に処し、逃亡すれば直ちに処刑していたが、近年では赦されることが多いため、粛宗一〇年、参賛徐文重が法改正を上啓した。粛宗は逃亡三回目で処刑すべしと考えたが、右議政金寿恒は辺境流刑を他の死罪相当犯にも拡大して適用している現状を勘案すれば逃亡即処刑でも重罰とはならないとし、領議政南九万も処罰を緩めると犯罪抑止力が低下すると唱えたため、粛宗は金寿恒や南九万に従った。[41] 法改正こそ見送られたものの、粛宗は一度は北辺充実のためには流刑者にも希望を与える必要があると考えたのであろう。そして景宗期以降、刷還問題は朝廷で議論されなくなる。

国家による徙民政策や刷還政策に代わって北辺開発を担ったのは、現地の富豪層であった。[42] 彼らの経営形態を知る記録は残されていないが、恐らく私奴婢を使役した大規模経営であったものと思われる。しばらく『秋官志』巻一〇、掌隷、私賤、売買奴婢、西北人物招引の記述を手掛かりに私奴婢需要の高まりを観察しよう。

まず顕宗一四年（一六七三）、刑曹参判李弘淵が「北人の人物を買去せる者は、朝家既に一律を以て論断せり。而るに西土の人買いせし者は、曾て厳令無し。今自り式を定め、北道の例に依りて厳防すれば宜しきに似たり矣」と上啓したのに対し、顕宗は「西路は北道とは異なる。然らば西路の人物を招引せる者をば、北道の例に依りて律に照らすも、而るに有主の奴婢、両《とも》に相い買売する者をば、豈に一併防塞す可き乎」と答えている。すなわち咸鏡道では人身売買は厳しく処罰されるべきであるが、平安道では人物招引（誘拐）の他に私奴婢の売買があるので、一概に処罰することができないというのである。良民を誘拐し、私奴婢と偽って売ることは全土で禁止されていたが、私奴婢は財産として売買が認められていた。平安道では南部諸道と同様、従来より私奴婢を用いた大規模経営が普及しており、私奴婢の売買が認められていたが、咸鏡道ではそのような経営が存在しなかったためか、人身売買が全面的に禁止されていた。李参判は咸鏡道の法令を平安道にも適用すべしと主張したが、顕宗はそれが実態にそぐわないことを難詰したのである。

続いて粛宗四四年（一七一八）、司憲府持平黄璿達が「北路の氓俗、最も僮僕を重んじ、京外の良民をば、欺騙して率去し、券状を偽成して、自ら買売するに任せり。請うらくは本道をして一一刷還せしめ、売る所の商賈をば、査問重究せよ」と進言している。人買い業者が内地の良民を騙して咸鏡道に連れ出し、売買証文を偽造して僮僕として売り払っていたのである。この頃になると咸鏡道でも私奴婢を駆使した大規模経営が本格的に開花し、私奴婢の需要が高まったのであろう。

英祖期に至っても良民の人身売買は止まず、英祖九年（一七三三）、左捕盗庁が「京城の人物をば、招引して西北に放売したるの罪、論ずるに一律を以てせし事、曾て定奪有り矣」として、招引人物罪を犯した京居の進士宋日瑞の処刑を求め、施行された。翌一〇年には、平安道渭源郡の金潤亨が京居の良女二名を招引し同郡の者に売ったとして処刑された。この事件は後で詳しく検討する。

以上のように、刷還政策が形骸化した背景には、両界で私奴婢を駆使した大規模経営の成長があったものと思われる。すなわち国家がわざわざ逃亡者を刷還しなくても、現地の富豪層が私奴婢を内外より呼び寄せ、北辺を充実させるようになったのである。ただ、私奴婢として売られた者の中には誘拐された良民が混在することもあるので、政府は違法な人身売買のみ取り締まれば事足りた。

ところで北辺の開発が進展するに伴い、新たな問題が発生した。第一に、山間部における火田の蔓延である。第二章で見た通り、火田は一七世紀中頃より史料に登場するが、一八世紀には平安道・咸鏡道・江原道の山奥や江辺一帯で森林の違法伐採や焼畑造成が頻繁に見られるようになる。火田民の多くは賦税や身貢を納付できず、無断で本籍を離脱した良民や公私奴婢であったものと思われる。彼らは通常は農業に従事していたが、自然災害などで収穫が激減した際に流民化したのであろう。

第二の問題は、既に述べた通り、私奴婢需要の増大に伴い良民の誘拐が頻発したことである。英祖一〇年（一七三四）平安道渭原郡の金潤亨が京居（漢城居住）の良女二名を誘拐し、本郡人に販売したことが明るみに出た。この事件に関して朝廷では、招引売買犯を一律論罪すなわち死刑に処すべきか、次律論罪すなわち罪一等を減じて処罰すべきかで議論が分かれた。『備辺司謄録』第九六冊、英祖一〇年七月九日の条によると、同年七月五日、右議政金興慶が金潤亨事件に関連して、平安道観察使朴師洙の「平安道では江辺を除き、清北・清南（清河江以北・以南、すなわち平安北道・南道）を問わず招引を行った者であっても一罪論断していないが、江辺七邑では買い主と売り主をともに一罪論断している。江辺での人身売買は実に憂慮すべき事態であり、処罰が厳しいのは当然であるが、清南・清北でも売買者双方を一罪論断するのは重すぎる」という主旨の上疏を上啓した。これに対し、行吏曹判書金在魯は「嘗《かつ》て咸鏡道を治めていた時、京中の児婢を捉えて北路に売る者が多く、その悲痛に堪えられず、本主に押還せしめた。近年平安道でも招引売買が盛んに行われていると聞くが、咸鏡道と同様に厳しく禁止すべきだ」と主張した。朴師洙が平安道江辺以外における招引人物売買に次律論罪を適用すべしと唱えたのに対し、金在魯は咸鏡道と同じく一律論罪とすべきだと主張したのである。

この後廷臣らは次々に意見を具陳した。行工曹判書金取魯は「平安道では奴婢が貴重で価格も高いため、京中の人で奴婢を関西に売る者が多い。その中には現地に定着する者もいるので、今売買を禁じ全員を刷還するのは正しい政治とは言えない。京中の奸民の中には既に代価を得て奴婢を売りながら、捕盗庁に推刷を請願する者もいる。従って刷還は弊害も伴うだろう」と述べ、平安道でも合法的な私奴婢の販売を容認するよう訴えた。行戸曹判書宋寅明も「咸鏡道への往来には公文の帯同が必要であり、私的往来はできないが、平安道の内地（江辺以外の地）は往来が自由である。従って咸鏡道と同様の禁令は苛酷に過ぎる」と述べ、金取魯に賛同した。これに対して金在魯は「招引厳禁令は刷還とは異なる。京中の無頼には西北への招引人物売買で生計を立てている者が多く、士大夫の家の幼児も犠牲となっている。その手口も、ちょっと好い所に行かないかと言葉巧みに誘い出し、自宅に連れ込んで監禁し、夜半に西北人に引き渡し、密かに運び去るという悪質なものである。被害者は訴える所も逃げる路もなく、永らく親や家を棄てて辺民の婢僕となっている」と反論し、良民を誘拐して売り飛ばすこと自体が人倫に悖る行為であるから、買い手が江辺か清南・清北かを問わず、売り手と買い手の双方を死刑に処すべしと反論した。英祖は金在魯の厳罰論にも朴師洙・金取魯・宋寅明らの穏健論にも与せず、「両界の人間を刷還するのは辺境充実のためであるが、招引は違法であり、誘拐され両界に来た者は連れ戻さないわけにはいかないだろう」と、被害者の救済について述べるにとどまった。

続いて兵曹判書尹游が「近年奸細輩による人身売買が活発化しており、厳罰に処すべきであるが、凶作が生んだ乞食を（私奴婢として）収養した者までを処罰の対象とするのは行き過ぎである」として穏健論を唱えた。行司直張鵬翼は「近年招引の弊害がますます増え、陸路を禁ずれば水路から連れ去る有様である。在京の士大夫で私奴婢を失った者は数知れず、誘拐され連れ去られた良民も多い。犯人は皆売買文書を偽造する」と述べ、議論を京中の招引問題に誘導しようとしたが、漢城府判尹張尚絅は「奴婢を招引して江辺で売買する者は死刑に処すべきだが、平壌・中和など内地では情状酌量すべきである」として、廷臣の関心を平安道の事情に引き戻した。こうして議論の流れは穏健論に傾くが、宋寅明が「辛丑・壬寅（一七二一・二二）の年、下三道は大凶作に襲われたが、西路はやや収穫があったので、南道の乞食が相継いで西路に移動した。西路の人には彼らを救済する義務がなかったが、道路を彷徨《さまよ》う流民を見れば率先して収養したのである。今奸細の輩が彼らを奴婢と偽り、西路の人が招引して来たと言い、収養者の家に出向いて脅迫したり、捕盗庁に告訴して推刷を願い出るので、西路の人は堪え難い思いをしている」と言い、張尚絅も「辛壬両年に流民を救済するため奴婢と為した者は、立旨を呈出して後々の証拠文献としており、招引と混淆する恐れはない」として、凶作により自ら私奴婢となった流民と招引された者とを区別すべしと主張したことで、大勢は決した。最後に英祖は、良民の招引販売は西北でも他道でも全て死刑に処すべきであるが、買い主までも極刑に処するのは酷であり、また江辺と内地との区別も煩瑣であるので、全て罪一等を減じて処罰すべしと下命した。

　このように一八世紀の平安道では富豪層の大規模経営の展開によって私奴婢の需要が高まり、漢城から誘拐された私奴婢や良民および飢饉により他道から流れてきた乞食がその供給源となった。このような現実を踏まえ、政府は人身売買の一律治罪を緩め、違法な招引を除く流民の私奴婢化と売買を公認し、その刷還を停止した。これにより徙民と刷還に依拠した朝鮮前期以来の北辺充実政策は大きな転換期を迎えたのである。

　なお金潤亨は良民を招引し江辺で販売したため死刑に処せらるのは当然であるが、この事件が朝廷で論争を惹起したのは、朴師洙が平安道の江辺以外の地すなわち内地で私奴婢と称される良民を買った者（大規模経営を行う富豪層と思われる）を漢城などから私奴婢や良民を招引して売った者と同様に死刑に処するのは苛酷であると主張して、焦点を拡大させたからであった。金潤亨事件に限れば、彼は良民の招引と江辺での人身売買という二重の重罪を犯しており、朴師洙が金潤亨の処刑に異議を唱えたわけではない。では何故江辺では買い主までも死刑が適用されるかというと、清国への奴婢密売を防遏するためである。実録によると、朴師洙は「西土人の京城人物を招引せし者、勘ずるに一律を以てするの令有ると雖も、然るに転売の事、曾て未だ現露せざるに、而して一切之を断ずるに、胡人と売買するを以て、殊死を以て論ずるは、殊に王政の宜しく有るべき所に非ず。請うらくは今自り江辺七邑の外、罪招《ママ》引に係る者、一律を以て勘処する勿かれ。江辺は則ち売買者其の罪を同じくし、以て潜売の患を防ぐべし」と上啓しており[43]、清国へ奴婢が転売される可能性が高い江辺とその危険性が低い内地とでは、買い主に対す

から、招引した者を清国へ売り飛ばしたと判断された模様である。『秋官志』によると、金潤亨は国境上において梟首されていることから、招引した者を清国へ売り飛ばしたと判断された模様である。

三　富豪層の成長と鬱屈

私奴婢による大規模経営を興した両界の富豪層は、次に身分制度の厚い壁を突き破り、士大夫に成り上がろうとするであろう。朝鮮前期の移徙入居富民の中にも子弟を侍衛軍士や生員・進士として上京させる者はいたが、その多くは内地の縁故を頼ったものと思われる。少なくとも彼ら富戸が両界に根を張り在地士大夫層を形成した痕跡は見当たらない。しかし新興富豪層には内地に頼るべき親戚などなかった。

一七世紀後期に登場した新興富豪層を士大夫の下層部分に組み込もうと試みたのは顕宗期から粛宗初期の重臣南九万であった。『薬泉集』第一三、啓、請平安道遣重臣設科啓（顕宗五年［一六六四］一一月二二日）によると、「国家の西北二路を視ること、本より軽重無し。近来朝家弊政を釐祛する能わず、人心を収拾する者久《ま》たれり矣。属者《ちかごろ》咸鏡道は則ち重臣を遣わし科を設くるの挙有り。仍お民隠を詢訪するの事有り。未だ弊政の果たして尽祛するを得たるやを知らざれど、然るに其の恵の民生に及ぶ者、必ず亦多からん矣。況んや此れ平安道は則ち宣祖播遷の日に在りては、国家中興の基づく所の地為り。且つ日後脱《も》し事変有らば、則ち必ず先ず其の鋒を受けん。尤も咨詢安撫し、以て其の心を慰めざる可からず。請うらくは平安道も咸鏡道の例に依り、重臣を遣わして科を設け、仍お民弊を訪ねんことを」とある。要約すると「咸鏡道では最近重臣を派遣して科挙を実施し、更に民情を訪査しており、これだけで弊政を払拭するには十分ではないにせよ、民生に多大な恩恵を与えることができるだろう。そこで平安道でも科挙を実施し、民弊を調査せよ」ということである。単に重臣を両界に派遣して現地の実状を調査させるだけでなく、科挙を実施して及第者を士大夫の列に加えること、換言すれば両界新興富豪層の被差別感情を宥めることが南九万の本意であった。

この上啓から読み取れることは次の二点である。まず、咸鏡道では顕宗期に科挙の地方試験が実施されていたことである。周知のように、朝鮮時代の両界は済州島と並んで科挙受験が極めて困難な地域であり、出仕の途が事実上閉ざされていた。かかる地方差別をある程度緩和するため、道単位の地方試験が随時行われていたのであろう。次に、南九万は現地の民心訪査と並行して科挙実施を要請していることである。一般民衆の不満を吸収するだけでなく、有力者である富豪層を王朝側に取り込むことが両界を統治するための近道であることを彼は見抜いていたのである。

南九万の提言が実現したかどうか不明である。しかしたとえ科挙の地方試験が実施されたとしても、合格者が官僚として採用されることはほとんどなかった。『薬泉集』第五、疏箚、陳北路事情疏（粛宗八年［一六八二］八月一六日）によると、「思うに咸鏡道は聖祖興王の地であり、人民が剛毅木訥・勇猛果敢であること、他道より卓越しているが、最近では歴代王の文教政策が浸透し、儒学を学び礼服を纏う者も大変多く、南方の僻邑の及ぶ所ではない。ただ土地が辺鄙であり、京官に取り立ててくれる後ろ盾がないため、登用すべき秀逸な人材はいたずらに時を待つばかりで、枯死しても顧みられない。これは誠に惜しいことである。かつ朝廷の任用は、長年にわたり門地を重視し実才を軽視してきた。北関の人が鬱屈して奮い立たないこと、既に一・二世代を越えているので、先人に名だたる顕官がいないのは元より自然の勢いである。このためあるいは名が仕籍に登り、人に知られる者がいたとしても、文官であれば三曹の郎官、武官であれば将官や守門将に過ぎない」とあり、朝鮮後期の門閥政治から排除された咸鏡道士大夫にとっては中程度の官職に就くことさえ困難で、大部分は科挙に合格しても鬱勃たる毎日を過ごしていた。

彼は続けて「曾て顕宗期に本道の道臣閔某が、武官が朝廷に採用されていないため、特別に上啓して、本道より家門が内三庁（禁軍の中の内禁衛・兼司僕・羽林衛）に相応しい者を選抜し武官に推薦したので、道内の武人は大いに希望を持った。その後時たま守門将（参上従六品・参下従九品）を拝受する者が出たが、品階が六品に達すると本道の辺将に遷されてしまい、このためかえって失望するという事態が長らく続いた。その後また武官推薦の規定も廃止された」と述べ、顕宗期には咸鏡道人を武官として推薦登用する制度も試行されたが、ある程度昇進すると辺将に左遷されるので、彼らの希望は打ち砕かれてしまったと訴える。たとえ武官となっても、内地出身者は漢城で門閥集団との姻戚関係を結べるのに対し、咸鏡道出身者はある段階で地元に戻され、漢城で出世の橋頭堡を築くことができなかった。これではいくら当人の品階が上昇しても、家門を繁栄させることは不可能である。人材登用権が名門士大夫に独占されている以上、彼らと姻戚関係を結び、派閥や閨閥に参入することができなければ、子孫の任官は著しく困難になる。道臣閔某の取才入送政策は咸鏡道富豪層の抑鬱感情を深めるだけに終わったのである。

では文官はどうであったか。南九万は「臣が聞いた所によると、かつて北道御史が本道に書籍を下賜されるよう請うたが、当時権力を握っていた重臣は、咸鏡道は辺塞用武の地であり、文教政策を施すことで武備を弛緩させてはならないと言い、書籍を下賜しないよう請うたそうである。ああ、言説の非常識なること、これほどまで甚だしいものがあるだろうか」と歎いており、典籍の下賜という象徴的行為さえもが廷臣の反対に遭ったと述べる。彼らは咸鏡道出身者を士大夫の列に加えるつもりがないことを意思表示したのである。

南九万も士大夫の一員であり、自己の階級的利益と背馳する既得権所有者層の拡大を心から願ってはいなかったであろう。しかし両界で成長を遂げた新興富豪層を支配体制の内部に取り込まないと、彼らがいつの日か朝廷に刃を向けるのではないかという危惧を感じていたようである。疏文は更に、咸鏡北道は豆満江を隔てて清国と対峙しており、現在対清関係は平穏であるものの、清国人の吉林省への移住が継続すれば、やがて鉄嶺（江原道淮陽郡）以北の地は我が国から切り離されるであろうと訴える。この議論は明らかに誇張されているが、咸鏡道の人心掌握を怠ると大きな代償を支払うことになるだろうという彼の焦燥感がにじみ出ている。

最終的に、南九万は政府の両界冷遇政策を改革することはできなかった。『北路紀略』巻四、付録、親騎衛の条によると、粛宗一〇年（一六八四）兵曹判書南九万が、咸鏡道は辺塞の地にあり、人は騎射を習い、馬も良く走るので、咸鏡北道と南道より各々三〇〇名を選んで騎馬隊を編成し国境防衛に資すべしと提案し、実施されたとある。しかし早くも粛宗一五年、咸鏡北道暗行御史李万元は、北道人の間に親騎衛の存在が知られておらず、将官も補充されていないことから、部隊の正式な廃止を進言しており(44)、また粛宗二六年、領議政徐文重は、南九万が創設した親騎衛出身の武人はたとえ在京衙門で長期間勤務したとしても正式武官への登用がほとんどなされなかったため、次第に解体していったと述懐している(45)。これらの史料より、南九万の志は結局水泡に帰したことが窺われる。一方平安道江辺では、顕宗期より義州の武人を守令・僉使・万戸などに登用する人事策が実施されていたが、これは義州だけの例外的措置であり、他邑では一人の武官も採用されていなかった(46)。

一八世紀に至っても差別の実態は全く変わらなかった。英祖三九年（一七六三）、領議政洪鳳漢は「関西（平安道）は三南とは異なり、以前は門閥等級がなく、官途に就く者も必ずしも多くなかったので、軍役が不足することはなかった。しかし最近では、人心が漸く乱れ、道風が大いに変わり、少しでも食糧があれば、すぐに軍役を避けようとし、値段の高さを惜しまず、郷帖を得ようと図る。これが新郷日び増え軍丁日び縮むと呼ばれる現象である」と述べ(47)、金銭を支払って郷案に名を連ね、士大夫の特権である軍役免除を受ける者が増えていると嘆いている。当時の軍役は銭納制であり、富豪層にとってさほどの負担とはなり得なかったと考えられる。従って彼らの目的は税金逃れではなく、士大夫となって科挙受験資格を獲得することであったと見られる。

洪鳳漢がいみじくも指摘した通り、平安道には名門士大夫がおらず、これまで官僚をほとんど輩出してこなかった。そしてそれを辺境防衛のため現地武官の育成を優先させることを目的とした政策的措置の結果であると解釈する者もいた。正祖二年（一七七八）八月二四日、洪忠道観察使李命植は「義州は江辺の門戸に位置し、七邑中最も要害の地であり、専ら武力を尊んでいた。それゆえかつては書斎禁止令があったが、歳月を経て弛緩し、現在ではほとんど各洞里に書斎があり、その弊害は甚大である。郷人が主唱して書斎を建置し、学究を招聘するのだが、自力で接待することが困難なため、常漢閑散の輩で男児を持つ者を遍く募り、彼らと力を合わせて、数巻の書を入手する。その所謂文字なるものは、ただ姓名を記するに過ぎない。幼少より鋤鍬を持たず、成長しても弓を引かず、生涯ただの浪人暮らしで、身を立てることがないのは、甚だ心が痛まれる。武人に至っては、京洛より遠くて出世の途は閉ざされており、かつ地元でも敬意を表されないので、ゆえに皆これを厭い、書斎がかくの如く盛んになったのである」と上啓し[48]、書斎すなわち書院の増大により武官を目指す者が減少していると訴えた。書院とは名ばかりで、実際には自分の名前を書ける程度の教育しか行っていないというのは明らかに李命植の偏見であり、実際には義州の富豪層や商人層が士大夫への階級上昇を企図し、資金を出し合って子弟の教育のため設置したのであろう。武官を目指しても、漢城に有力な縁故者がいなくて出世が見込めないため、希望者が乏しいというのは、南九万が見た咸鏡道の状況と酷似している。

李命植の嘆きはともかく、両界における官界進出熱は一八世紀に至っても強まるばかりであった。正祖も事態を放置するわけにはいかず、詳細な調査を命じたが、九月五日、領議政金尚喆は「江辺は尚武の地ではあるが、朝廷が書斎を禁止したことはない。もしこのような弊害が起きているのであれば、非常に驚くべきことである。これは専ら守土の官が随時矯正すべき問題である」と上啓し[49]、書院禁止令が存在しないことを確認した上で、書院の乱立で弊害が発生しているのであれば、地方官に取り締まらせるべきであると訴えた。当時の書院が士大夫の軍役回避の道具と化していたことは事実であるが、義州に乱立したとされる書院の多くは、何としても士大夫の列に加わりたい富豪層の強い意志によるものであると思われる。

そして正祖期にも南九万のように両界の富豪層に対する差別を取り除こうとする者がいた。正祖一二年（一七八八）、右通礼禹禎圭は改革案を冊子にして疏陳した。彼はその中で「西北人登用の議について。思うに開城以西（平安道・黄海道）と鉄嶺以北（咸鏡道）は、ほとんど四百年間にわたり、人材登用の途を塞いできた。たとえ科挙に合格しても、文科であれば国子（成均館）や藝館（藝文館）にしか配属されず、稀に司憲府掌令（正四品）に任命される程度であり、武科であれば必ず副薦（宣伝官次席候補者）や末薦（宣伝官末席候補者）に留め置かれ、銓衡もなされていないので、彼らは朝廷のあまねき恩沢を知らずにいる。今もし文科・武科を問わず、才能に応じて人選を行い朝廷に出仕させれば、彼らは修養に努めて節操を曲げず、自然と親長死上の心が育まれるだろう」と論じ、両界出身者が科挙で差別され、運良く合格しても名誉職しか与えられない状況を批判し、今後は文科・武科に囚われない弾力的な人事政策を実施すべきであると説いた。また両界の地方官には従来武官ばかりが差遣されてきたが、今後は文官と武官を交替で就任させ、文教も武衛もともに振興させるべしとも主張した。しかし禹の冊子を検討した備辺司は、人材登用策について表向きには異論を唱えなかったが、武缺を文缺に変えるのは官僚制度の根幹を揺るがすことになり、軽々に議論するのは難しいとして、予防線を張った。[50]庶孽（士大夫庶子）の任官を認めるなど、積極的な人材登用政策を推進してきた正祖としては、飼い殺し扱いされている両界出身の人材を適所に充てることに異存はなかったであろう。ところが備辺司を構成する名門士大夫層は、彼らの積極的登用を拒んだ。特に文科合格者については、既に吏曹や三司（司憲府・司諫院・弘文館）の郎官が堂下官を銓衡し、郎官は宰相が任命しており、国王でさえその人選に容喙できなかったため、結局文科・武科を問わず彼らの既得権が脅かされることはなかったのである。

そこで正祖は京官登用案をひとまず引っ込め、顕宗期に設けられた武官推薦制度の拡大から着手した。武藝に秀でた者を現地武官に抜擢する制度は英祖期に江辺と北関に制限され、平安道清南や咸鏡道南関は適用から除外されたため、同地の武人は自暴自棄に陥っていた。そのため正祖は適用範囲を全道に戻すよう命じている。[51]

こうした一連の改革案にもかかわらず、両界の文人や武人が官僚となる途は結局開かれなかった。純祖一一年（一八一一）には平安道で洪景来の乱が起きているが、この乱の主導者は富商や郷吏・将校など在地有力者層であった。[52]富豪層の身分上昇要求が朝廷の名門士大夫によって圧殺されたため、行き場を失ったエネルギーが反乱という形で爆発したものと見られる。[53]人材登用における地方差別は何も両界に限ったことではないが、一七世紀後期に登場した両界の在地富豪層は、一八世紀には郷案に名を連ねて士大夫となり、その一部は出仕して京官になるほどの実力を蓄えるに至ったのである。彼らの門閥化を阻んだのは漢城の既得権所有者層に他ならなかった。

洪景来の乱後も新興士大夫層の登用は遅々として進まなかった。純祖二四年（一八二四）、平安道清北暗行御史金鑅は「関西出身の文科・武科合格者を槐院（承文院）・宣薦（宣伝官首席候補者）に入れることは既に教旨により許されているが、彼らは実職に就けず鬱屈している。今後は平安道の文科・武科の合格者の中で、門閥に属し才識のある者を、まずは外官に就かせて能力を試し、実績が著しい者は郡や県の守令から府の守令へと陞任させ、内遷（京官への異動）からは除外すべし」と進言している[54]。正祖期には副薦か末薦にしか入れなかった武科合格者が宣薦に入れるようになったのは一定の進歩であるし、金御史は平安道士大夫層の人事差別に起因する憤懣に対し精一杯の解決策を立案した。しかしこの案が仮に実現できたとしても、平安道の門閥出身者しか機会が与えられず、更に地方官としての昇進はできても京官には遷れないなど、依然として大きな制約が付けられていた。そしてかかる妥協案さえも備辺司は却下したのである。彼は武科についても、「江辺七邑で武科に合格している者は数百を下らないが、仕官できた者は百人に一人もいない」と述べ、登用が進んでいないことを純祖に訴えている[55]。このように文官・武官を問わず、名門士大夫でなければたとえ科挙に合格しても滅多に実務職に就けないという実態は一八世紀とほとんど変わっていなかった。政府は両界での徙民・刷還政策こそ放棄したが、両界に対する認識は相変わらず兵站基地および兵員供給地にとどまったのである。

おわりに

朝鮮前期の両界は未だ政府の実効支配が及んでいない女真族居住地が存在する、政治的に不安定な地方であった。北辺を充実するため世宗は富戸の徙民入居を強行したが、その後徙民政策は事実上停止され、逃亡者を連れ戻す刷還政策が続けられた。更に時代が下ると刷還対象は緩和され、一定世代にわたり逃亡先に定住した戸は北辺への送還を免除された。壬辰倭乱以降は刷還政策も機能停止に陥った。

朝鮮後期になると、両界では徙民富戸に代わって新興富豪層が擡頭した。彼らは私奴婢を多数収養し、大規模経営を行っていたものと思われる。彼らの私奴婢となった者は下三道方面からの流民および漢城から誘拐された私奴婢や良民であった。

一七世紀中頃より、経済力を蓄えた富豪層は郷案に名を置いて士大夫となり、官界への進出を目指し始めた。朝廷内部でも彼らを在京官僚として取り込み、北辺の民心を繋ぎ止めようとする意見が繰り返し出された。しかし政府の要職を独占し国王さえも牽制し得る力を持っていた名門士大夫は既得権を開放しようとはせず、人事における地方差別は王朝終焉まで続いた。以上が本章の結論である。

朝鮮前期の徙民富戸も朝鮮後期の富豪層も、その経営実態はほとんど不明であり、なぜ前者が定着できず、後者が致富をなし得たのか、その理由はわからない。ただ一つ明らかなことは、前期朝鮮社会が自発的な人口流動のない閉鎖的社会であったのに対し、後期朝鮮社会では相変わらず移動の自由が制限されていたにもかかわらず、合法・非合法の流動が澎湃として発生したことである。飢饉のため乞食に転落した下三道の流民や誘拐された漢城の良賤が私奴婢として富豪層に収養される一方、両界内で没落した者は山間部に入り、火田民となっていく。朝鮮前期のように北辺防衛のため政府が徙民・刷還政策を用いて強制的に朝鮮人入植地を建設しなくとも、農民層分解によって自然発生的に富豪層を頂点とした地域社会が形成されるようになったのではなかろうか。すなわち在地有力者である富豪層は、官界への進出こそ最後まで阻まれたが、郷案に入り士大夫下層部分に統合されたことで、かろうじてその安定性を保持し得たと考えられる。ただ両界とりわけ北辺における地域社会の形成過程については未解明な部分が多い。これについては今後の課題としたい。

註

（1）津田左右吉「鮮初に於ける豆満江方面の経略」「鮮初に於ける鴨緑江上流地方の領土」津田『満鮮歴史地理研究』一、一九一三年（『津田左右吉全集』第一一巻、岩波書店、一九六六年所収）、瀬野馬熊「朝鮮廃四郡考」『東洋学報』一三巻一・三・四号、一九二一―二三年。

（2）ただし第一章で触れたように、女真族の朝鮮側居住地であった廃四郡地域は、彼らの遷移後も、清国への配慮から郡治の設置が見送られた。

（3）平木実「朝鮮における奴婢の推刷について――一七二〇～一七八〇年を中心に――」天理大学『おやさと研究所研究報告』二

号、一九七二年。
（4）深谷敏鉄①「朝鮮世宗朝における東北辺疆への第一次の徙民入居について」『朝鮮学報』九輯、一九五六年、②「朝鮮世宗朝における東北辺疆への第二次の徙民入居について」『朝鮮学報』一四輯、一九五九年、③「朝鮮世宗朝における東北辺疆への第三次の徙民入居について」『朝鮮学報』一九輯、一九六一年、④「朝鮮世宗朝における東北辺疆への第四次の徙民入居について」『朝鮮学報』二一・二二輯、一九六一年。
（5）田川孝三「近代北鮮農村社会と流民問題」『近代朝鮮史研究』朝鮮総督府、一九四四年、四一四―四一五頁。
（6）個別研究では、李樹健「朝鮮　成宗朝의　北方移民政策（上）（下）」『亜細亜学報』七輯・八輯、一九七〇年、金錫禧「世祖朝의　徙民에　関한　考察―下三道　徙民의　時代的　背景을　中心하여―」『釜大史学』二輯、一九七一年、同「世祖朝의　徙民에　関한　考察（二）―下三道民의　北方徙民을　中心으로―」『釜大史学』四輯、一九八〇年、鄭玉淑「世宗朝의　北方徙民政策―咸吉道　移住를　中心으로―」『淑大史論』九輯、一九七六年、이상협「朝鮮前期　北方徙民의　性格과　実相」『成大史林』一二・一三輯、一九九七年、박홍갑「朝鮮中宗朝의　徙民政策　変化와　그　問題点―自然災害와의　関連을　中心으로―」『朝鮮時代史学報』八号、一九九九年などがある。また総論としては、李相協『朝鮮前期　北方徙民研究』景仁文化社、二〇〇一年がある。
（7）深谷①、③、④。
（8）『朝鮮世宗実録』巻四五、世宗一一年八月乙未。
（9）深谷④、二七一―二七三頁。
（10）『朝鮮世宗実録』巻九八、世宗二四年一二月丙辰、同右、巻一二〇、世宗三〇年五月丙戌、同右、巻一二一、世宗三〇年七月戊戌。
（11）『朝鮮成宗実録』巻一六七、成宗一五年六月壬戌、同右、巻一七二、成宗一五年一一月戊戌。
（12）同右、巻一九八、成宗一七年一二月癸巳。永安道は後の咸鏡道に当たる。
（13）同右、巻二一〇、成宗一八年一二月丙戌。
（14）同右、巻二二一、成宗一九年正月戊午、同右、巻二二五、成宗一九年四月戊戌。
（15）同右、巻二三九、成宗二一年四月庚寅。
（16）『燕山君日記』巻四四、燕山君八年六月丁巳。
（17）同右、巻五〇、燕山君九年六月戊午。
（18）『朝鮮中宗実録』巻二一、中宗一〇年二月壬辰、同右、巻二三、中宗一〇年一〇月辛未。
（19）同右、巻二五、中宗一一年五月丁酉。

(20) 同右、巻四一、中宗一五年一二月丙午。
(21) 同右、巻五二、中宗一九年一〇月癸巳。
(22) 同右、巻一〇〇、中宗三八年正月己酉・丁未。
(23) 同右、巻一〇一、中宗三八年七月戊申・己酉。
(24) 同右、巻九三、中宗三五年四月丙寅。
(25) 『朝鮮明宗実録』巻五、明宗二年四月乙巳。
(26) 『朝鮮宣祖実録』巻一二七、宣祖三三年七月丁未。
(27) 同右、巻一一八、宣祖三二年一〇月癸未。狎は押（強いる）の誤りとも取れる。同右、巻一一八、宣祖三二年一〇月甲申の条によると、刷還令の教旨に対し、左副承旨から「狎為奴婢」とはいかなる意味かとの疑問が寄せられている。
(28) 同右、巻一七四、宣祖三七年五月庚午。
(29) 同右、巻一六七、宣祖三六年一〇月戊戌。
(30) 同右、巻二〇六、宣祖三九年一二月戊申。
(31) 同右、巻二〇八、宣祖四〇年二月庚申。
(32) 『朝鮮仁祖実録』巻二一、仁祖七年一二月癸酉、同右、巻二二、仁祖八年二月壬申、同右、巻二六、仁祖一〇年四月辛卯、『朝鮮孝宗実録』巻一一、孝宗四年閏七月庚戌、『備辺司謄録』第一八冊、孝宗七年七月二四日、『朝鮮顕宗実録』巻一、顕宗即位年六月甲午。
(33) 『備辺司謄録』第二冊、仁祖二年正月一二日。
(34) 『朝鮮顕宗実録』巻一一、顕宗六年一〇月丙辰。
(35) 『備辺司謄録』第二六冊、顕宗八年八月七日。
(36) 『朝鮮顕宗改修実録』巻二三、顕宗一一年七月戊午。
(37) 『備辺司謄録』第三八冊、粛宗一〇年二月七日。
(38) 同右、第四五冊、粛宗一七年正月二〇日。
(39) 同右、第四九冊、粛宗二一年八月一九日。
(40) 『朝鮮粛宗実録』巻三五、粛宗二七年二月癸亥。
(41) 『秋官志』巻六、考律、定制、改定徙辺事目。
(42) 私奴婢は富豪層の奴隷ではなく、外居奴婢として主人の田地を耕作し、更に身貢と呼ばれる私的収奪を受けていた。
(43) 『朝鮮英祖実録』巻三八、英祖一〇年六月戊午

平安監司朴師洙啓言。西土人之招引京城人物者。雖有勘以一律之令。然転売之事。曾未現露。而一切断之。以与胡人売買。以殊死論者。殊非王政之所宜有。請自今江辺七邑外。罪係招引者。勿以一律勘処。江辺則売買者同其罪。以防潜売之患。ただし江辺七邑以外で招引の罪を犯した者は死刑にするなという主張は『備辺司謄録』所載の記述と齟齬する。恐らく「招引者」は「買者」の誤記であると思われる。

(44)『朝鮮粛宗実録』巻二二、粛宗一五年一〇月丁卯。
(45)『備辺司謄録』第五一冊、粛宗二六年二月一七日。
(46)同右、第四五冊、粛宗一七年一二月一九日
参賛官権瑎所啓。……又所啓。義州武士。自前朝家。特為収用。其為守令・僉・万戸者。不可勝数。而朔州以上。至江界六邑武士。皆塞上健児。亦豈無好身手能弓馬可用之人。而無一人見録。故其地之人。専不蒙朝廷徳沢。有同異国之人。

また同右、第七五冊、景宗四年六月二三日の条によると、景宗期には親騎衛に倣って平安道でも両清に別武士が設置されていた模様である。
(47)同右、第一四四冊、英祖三九年八月二六日。
(48)同右、第一五九冊、正祖二年八月二六日。一八世紀平安道における武士層の中央政界進出については、呉洙彰『朝鮮後期平安道社会発展研究』一潮閣、二〇〇二年、二〇五―二三二頁を参照。
(49)『備辺司謄録』第一五九冊、正祖二年九月六日。
(50)同右、第一七三冊、正祖一二年八月一八日。
(51)同右、第一七四冊、正祖一三年三月七日。
(52)鶴園裕「平安道農民戦争における参加層――その重層した性格をめぐって――」『朝鮮史叢』二号、一九七九年、吉川友丈「洪景来の乱における反乱主導部の戦略と意識――その組織形成の実態を手がかりに――」『朝鮮学報』一六六輯、一九九八年。
(53)小田省吾『辛未洪景来乱の研究』小田先生頌寿記念会、一九三四年、六―一〇頁。
(54)『備辺司謄録』第二一二冊、純祖二四年正月九日
司啓曰。即見平安道清北暗行御史金鍇別単。則其一。関西人之許通於槐院・宣薦。已有前後飭教。而読書肄射之人。挙皆落拓。到老無成。自今本道文武登科人中。択其有地閥有才識者。先従外任而試之。若有実績之著聞。其自郡県。至陞府牧。仍又勿拘内遷事也。
(55)同右
其一。沿辺七邑武士之時存登科者。不下数百。而得通仕籍。百無一人。

第Ⅱ部

通貨政策の変遷

第五章　銅銭政策と鴨緑江辺経済

はじめに

商品経済の発展を象徴的に示すものは何と言っても貨幣である。東アジアで最初に貨幣を用いたのは中国であった。戦国時代の貨幣は銅製であり、布貨や刀貨など現物に似せた形態であったようだが、秦漢時代頃より円形有孔の「銭」が製造され、これが清末まで使用され続けた。銭はまた日本・朝鮮・ベトナムなど中国の周辺諸国でも鋳造されたり中国より輸入されたりして通行した。

中世日本では宋銭が大量に輸入され、農民が領主に納める地代も貫高制すなわち銭納であったことはよく知られている。ところが宋銭輸入の中継地に当たる朝鮮では銭流通は盛んではなく、一七世紀中葉より銭使用が試行され、一八世紀にようやく確立した。一八世紀に入っても銭が唯一の通貨としての地位を獲得したわけではなく、高額取引などでは銀が使用された他、それまで幅広く使用された綿布や米も交換手段や納税手段としての地位を根強く保ち続けていた。銭がこれらを駆逐するのは一八世紀末のことであった。総じて、銭が基軸通貨としての地位を獲得する点は中国や日本と同じであるが、その歩みは朝鮮においては非常に緩慢であった。

朝鮮における金属貨幣の普及の遅さと現物貨幣の強固な残存は、商品経済が未成熟であったというような単純な説明では理解できない。黒田明伸は中国専制国家と日本封建社会において銭の果たした役割の相違を地代収取形態や支払協同体の在り方から考察しているが、朝鮮については論じていない(1)。一方朝鮮史では、商品経済の展開が金属貨幣の需要を高めたという原則論に立脚しつつ、貨幣経済がもたらす国家財政の悪化と社会秩序の変化を懸念した王朝政府が銭流通に消極的姿勢を採ったことが強調されてきた。韓国人研究者の元裕漢は豊富な史料に基づき、朝鮮後期の銅銭鋳造と流通政策に関する網羅的研究を行っているが、一八世紀に実施された銅銭鋳造停止・使用禁止政策については、伝統社会の解体抑止が目的であったと捉えている。(2)日本人研究者の安達義博も、やはり農民層分解抑止の視点から銅銭流通禁止政策が採られたと論じている。(3)近年では須川英徳が、元裕漢の実証的成果を土台としつつ、一八世紀の銅銭政策について、事実上富民が独占していた通貨運用権を国家に取り戻すという「貨権在上」の視点から捉え直している。(4)銅銭が富戸により退蔵され、国家に還流することがほとんどない性質のものであることは中国も同様であるが、(5)清朝は市場への制銭投下を止めなかったし、朝鮮でも銭荒に対する商人からの絶え間ない怨嗟の声を無視できず、結局は一定の制限下に鋳銭を実施している。通貨主権論だけでは朝鮮王朝の銅銭政策を説明することは困難である。

如上のように、朝鮮後期の銅銭政策を国家と富民・市場との関係から解釈する方法論は、一定の有効性があるとは言え、限界性も見られる。そこで注目すべきは銅銭政策の地域的偏在である。常識的に考えれば、朝鮮国内最大の物流拠点である漢城に銭需要が集中するはずである。逆に大同法が施行されなかった平安道や咸鏡道では、一般庶民が納税手段として銅銭を準備する必要性は低かった。更に国境付近では銭流通そのものが禁止されていた。にもかかわらず、朝鮮後期の銅銭政策に占める平安道の役割は非常に高いのである。この現象はこれまで、対清貿易の結節点である義州・平壌・開城などで貨幣需要が高まった所以であると認識されてきた。しかし対清貿易の決済は銭ではなく銀で行われていた。また中国から輸入される生糸や高級絹織物の多くは漢城から東萊倭館に送られ、対馬経由で日本へ輸出されており、その代価として日本から銀（倭銀）が流入し、これが清への支払いに回されていた。(6)もし対清貿易が銭需要を高めたのであれば、漢城以南でも平安道と同じ措置が取られたはずであるが、実際には南道地方でも鋳銭が行われるものの、その量は平安道より少なかった。

対清貿易とは無関係であるとすれば、一体なぜ平安道で大量の銭が鋳造され、備蓄されたのであろうか。本章は平安道が中国と国境を接する軍事的要衝であるという点からこの問題を論じるものである。

一　一七世紀朝鮮の銅銭政策

朝鮮では国初太宗期に不換紙幣である楮貨が発行され、世宗期には銅銭である朝鮮通宝が鋳造されたものの、いずれも短命に終わり、その後永らく綿布や穀物が貨幣の代替物として使用されてきた。銅銭鋳造は宣祖三六年（一六〇三）に再提起されたが、原料銅の確保が困難であることから見送られた。その後仁祖三年（一六二五）に戸曹判書金藎国の建議により銭使用が許可されたが、仁祖五年の丁卯胡乱により中止された。そして仁祖一一年（一六三三）、戸曹判書金起宗の提言により常平庁で銅銭の鋳造が認められ、翌仁祖一二年一一月より銭使用が開始された。これ以降、鋳銭は中断と再開を繰り返したものの、銭使用は停止されることなく、王朝終焉まで継続した。(7)

ところで、朝鮮には銅山がなかったので、原料銅は日本からの輸入に依存せざるを得なかった。日本は室町時代に明より銭を大量に輸入していたが、朝鮮前期には銭自体が通行していなかったため、明銭の輸入もまたなされていなかった。朝鮮で中国銭の輸入が検討されるのは、仁祖二二年（順治元年＝一六四四）、清朝が帝都を瀋陽から北京に移すことを知った行大司成金堉が、北京より千百万貫規模の銭を輸入して西路すなわち平安道・黄海道・開城などで行使するよう上疏したのが嚆矢である。平安道観察使金世濂も金堉の提案を支持したが、直ちには実現に至らなかった。(8)恐らく朝廷に根強い銭流通反対論者を説き伏せることができなかったからであろう。金堉の粘り強い説得により、第一回目の中国銭輸入は孝宗元年（順治七年＝一六五〇）に実施され、燕行使に命じて北京にて銭一五万文を購入し、平壌・安州に分置して試用せしめ、もし銭が円滑に流通すれば、国内で本格的な鋳造を行うことが決定された。(9)この時輸入された中国銭は万暦銭など清朝が廃銭とした明銭であったものと思われる。翌孝宗二年三月には、西部地方の飢饉に対し、備辺司が義州・安州・平壌に備蓄された餉穀千余石を放出し、対価として市中の銭を受領した。しかし備辺司は銅銭の流通が円滑に行われていないと判断し、銀一六〇〇余両を用いて銭一三〇余万文を購入する第二次輸入案には反対し、孝宗もこれを受諾している。結局孝宗は七年（一六五六）に金堉の銅銭政策を全面否定し、銭使用を停止した[10]。その後粛宗元年（一六七五）、朝鮮政府は清国に対し丙申・丁酉年間（一六五六・五七）の先例に倣い「低銭」の輸入を願い出たが、許可は得られなかった[11]。このような試行錯誤を経て、粛宗四年（一六七八）正月、戸曹・常平庁・賑恤庁・御営庁・司僕寺・訓錬都監にて常平通宝を鋳造するという決定が下され、朝鮮の銭使用はようやく軌道に乗った。中央官衙での鋳造量が不足したため、同年六月には平安道・全羅道の監営や兵営での鋳造も許可されている。

それでは金堉はなぜ漢城ではなく西路にて銅銭の使用を試みたのであろうか。実は常平通宝の鋳造後も、西路における銅銭の役割は他地方とは異なり、強い軍事的性格を帯びていた。例えば粛宗一二年（一六八六）、前寧辺府使李光漢が平安道安州で銅銭を鋳造し、その息利で穀物を買い付け、寧辺府に備蓄せよと提案し、裁可された[12]。粛宗一四年には領議政南九万が、平安道での鋳銭は「寧辺築城・儲峙粮餉之計」すなわち寧辺府における築城や兵糧備蓄のためになされているが、鋳造量が少ないため遍く行使されていないとして、平安道観察使が備辺司を通して一年限りの増鋳を願い出て、裁可されている[13]。寧辺は安州の北東に位置する郡邑であり、国境沿いの軍事拠点とは言えないが、兵站の一つであったらしく、軍事的な財政需要が大きかった。そのため安州で鋳造された銅銭を寧辺にて投下し、兵糧の購入や輸送などに充てていたらしい。このように銅銭は結果的に商品市場を活性化させたものの、当初は西路や北辺への軍事費投入を目的として導入されたのである。

ところが粛宗二三年（一六九七）、銭流通がもたらした貨幣経済の負の側面を強調する議論が高まったため、銅銭の鋳造は停止された。これにより銭価は次第に上昇し、銭荒が起きた。銭荒の被害は漢城の商人や税貢を銭で納める農民に及んだばかりではない。国家による銭の継続的投入により兵餉を確保していた平安道にも深刻な被害をもたらした。粛宗二六年（一七〇〇）、戸曹参判李寅燁は廷議にて、関西では江辺と内地で穀物の多寡が異なるが、その理由は内地の穀物商が官衙の売出物資（綿布など）を買い受け、穀価の安い江辺で穀物と交換し、還穀（租税の一つで、端境期に官穀を強制貸与し、収穫期に利息を付けて返還させる制度）の際に、内地で官穀を借用して

（高値で売り）、江辺で（安値で買った穀物を）返還するので、江辺の官倉は次第に充溢する一方、内地の官倉は次第に減少するに至ったと発言している。これに対し左議政李世白は、僻遠の邑や舟運が通じていない所で穀価が廉いのは自然の理であるが、内地—江辺間における還穀の恣意的な付け替えは禁ずべしと進言している[14]。銭荒は相対的に銭経済が浸透していた平安道内地の諸物価を下落させたが、銭経済に馴染んでいない江辺は内地より更に物価水準が低かった。そこで富戸は穀物の地域間価格差と還穀を組み合わせ、不当な利潤を貪ったのである。その結果、江辺諸邑の官穀備蓄は充実したが、逆に内地諸邑の備蓄は減少した。

辺境における官穀の充実それ自体は政府にとって好都合なことであるが、新陳代謝を行わなくてはならない地方衙門の経費は増加するはずである。また後述するように、官衙が富戸と結託して低価格で穀物を強制買い付けする場合もあった。そのしわ寄せは江辺住民に押し付けられ、税負担の強化に帰結したであろう。粛宗三七年（一七一一）には義州府の居民約一二〇〇戸が狼林洞と呼ばれる内地山間部に逃亡する事件が発生し、朝廷を驚かせている。同じような事件は宜川・鉄山・定州など黄海沿岸の諸邑でも多発していた。領議政徐宗泰は「沿辺の民は、無土無産なれば、例として迯徒（逃亡者）多し。守令暴苛の政に因るに非ず。餓饉騒屑の中、狼林坡が楽土なるの説を聞き、以て此の如きを致せり」と上啓し、飢饉による一時的現象であるとして義州府尹を擁護しているが、辺境の穀賤と還穀がもたらした人災である可能性が高い[15]。朝廷も、辺民は本来居住地からの自由移動が禁止されているが、今回は致し方なしとして、逃亡者の江辺・海辺への刷還をしばらく猶予している。

さて、平安道では粛宗四三年（一七一七）にも大規模な飢饉が発生し、特に義州の被害が大きかったので、朝廷は六箇月に限り平安道での鋳銭を許可した。銭を市場へ投下することで人為的に穀価を引き上げ、富民の備蓄を市場へ吐き出させようとしたのである。この時右参賛李健命は、鋳銭利潤を用い、清北（清河江以北）各邑にて穀物を買い付け、監賑御史に命じて平糴（被災民への穀物の廉価販売）すれば一挙両得であると上啓し、裁可されている[16]。しかし翌年八月、行判中枢府事李濡の上啓によると、平安道兵馬節度使は廷臣の誹謗を恐れて鋳銭を躊躇したとあり、粛宗は経理庁に代行を命じている[17]。

このように平安道の穀物需給において銭の果たした役割は極めて重要であった。特に粛宗二三年における中途半端な銅銭鋳造の停止は、貨幣経済にある程度親しんだ安州周辺の内地に銭貴と物流停滞をもたらし、貨幣経済の遅れた江辺地方にも深刻な穀賤を生じさせた。粛宗二六年に発覚した還穀制度を悪用した不当な利鞘稼ぎは、英祖即位年（一七二四）、江界・義州・渭原・碧潼・昌城・理山・朔州など鴨緑江辺の諸郡邑にて再発し、戸曹判書呉命恒の告発を受けた英祖はその禁止を命じている。注目すべきは、呉命恒の上啓に対して領議政柳尚運が、江辺の穀価はさほど廉価ではないにもかかわらず、中央官庁や平安監営・兵営は市場価格以下で穀物を買い付け、これを沿海や幹線上の諸邑での還穀と相殺することで、富戸の不正蓄財に手を貸しているのだと指摘している点である。柳尚運によると理山・渭原・江界の米価は平壌の五分の一程度であり、この極端な価格差が還穀を梃子とした利鞘稼ぎに利用されたらしい[18]。粛宗期前半における銭の中途半端な投下と、その後の長期的鋳造停止は、いたずらに富戸や権力機構に寄生する官員を肥え太らせただけで、商品流通の円滑な発展に寄与していなかった。そして「江辺の穀物は廉価である」との固定観念に依拠した官府の低価格での穀物強制買い付けの被害を蒙ったのが江辺の民戸であった。そこで即位早々、英祖は通貨政策に対して確固たる姿勢を示す必要に逼られたのである。

二　英祖期の銅銭政策

粛宗期後半における銅銭政策の矛盾は、銭流通が軌道に乗り始めた段階で鋳銭を停止し、政策的な銭荒を招来したことであった。そして銭の絶対的不足が富戸・官衙・高級官僚・王族層の高利貸しや、前節で見た還穀制度に便乗した収奪をより一層苛酷なものとしていた。一例を挙げると、粛宗四四年には右議政李健命が、甲利と呼ばれる高利貸しと折からの米貴との相乗作用で、端境期の食糧確保に苦しむ貧民は年率二倍から五倍に至る利息を背負わされ、官吏もまた賑恤と称して年利五割で米穀を貸し付けていると告発し、京外衙門の利率を一割に、民間の利率を米穀五割、銀・銭・布三割に制限せよと上啓している[19]。飢饉が終息した粛宗四六年に至っても、領議政崔錫鼎の試算によると、端境期の高利貸しは銭建てでも五割、米穀に換算すると三・七五倍の利息を取られていた[20]。貧農層に対する銭建ての高利貸しは米価の季節変動により実質利息を激しく増幅させていたのである。

しかしながら既に大量の銭が富者に独占されている状況下で、多少の銭を追加投入したところで、貨幣統制権を国家に取り戻すこと、すなわち「貨権在上」の実現は不可能である。そこで英祖は即位当初、鋳銭再開ではなく貨幣廃止を模索した。だが農村部にまで浸透した貨幣経済を現物経済に引き戻すことはもはや不可能であり、英祖一一年（一七三五）には朝廷で銅銭政策についての活発な議論が行われた。しかし確たる方針は打ち出せず、結局のところ、英祖二六年（一七五〇）以後は数年おきに鋳銭を実施し、銭需要に彌縫的に対応することとなった[21]。

ところが平安道では、富民の貨幣権濫用よりも、政府の行き過ぎた銭回収が問題となっていた。英祖二年（一七二六）、平安道観察使洪錫輔は、関西諸邑では連年の凶作により穀貴となっており、特に江辺では著しいと報告している[22]。江辺では舟運が通じていない所が多いため、いったん米不足が発生すると内地より穀価が急騰することは経験的に理解できる。問題は、この時の穀貴が貨幣流通量の増大によるインフレで生起したものではなく、むしろ流動性の欠乏により民間に備蓄された穀物が市場に出回らず（従って平時は穀賤だが）、凶作という外的要因により価格が一挙に急騰したことであった。

英祖五年（一七二九）、右議政李台佐は、現在賑恤庁の米穀の大半が戸曹に流用され、残額が数万石に低下しているが、平安監営では既に七〇万両（一両＝一〇〇文）の銭が備蓄されているので、この内一〇万両を賑恤庁に移して米穀を買わせ、不時の備えとしたいと訴えている[23]。これに対し礼曹参判宋寅明は、現在関西の銭貨備蓄量が幾何かは知らぬが、今もしこの一部を賑恤庁に流用すると、万一関西で緩急の需が発生した場合、兵糧が逼迫するであろうと反論し、銭を銀に換えて備蓄を強化し、有事の際にはこの銀で生銅を購入し、銭を鋳造して穀物を買うべしと進言している[24]。一方、北道安集御史李宗城は咸鏡道観察使宋真明の上疏を引いて、咸鏡道では銅が産出できるので、人民は皆鋳銭を願っていると上啓したが、英祖は「銭は我が国と清国との交易禁止品であり、ゆえに西路江辺七邑と北道六鎮では銭の行使を禁じているのである。貢物についても麻布で代納させているが、これも然るべき理由がある。今もしこの地で鋳銭を行えば、輸出禁令があるといえども、銭が容易に流出するようになり、甚だ対処し難い状態となろう」と反論している[25]。英祖の発言から、江辺と六鎮では中国への銅銭流出予防を名目として、銭の回収が実施されたことが窺い知れる。平安監営に備蓄されていた七〇万両もの銅銭も、英祖の銭禁（銭使用禁止政策）により市場から強制的に引き上げられたものであろう。この後も英祖は江辺での銭使用を禁止し続けた。英祖七年（一七三一）には、備辺司文郎庁李宗城が、近年江辺で銅銭が通行し、辺禁政策が弛緩していると上言したのに対し、霊城君朴文秀は、当該監営に命じて銀を以て銭と交換させ、銭の排除を期すべしと答え、英祖も辺民に対し、三箇月以内に手持ちの銭を内地の商賈に売り払わせ、その後なおも銭を用いる者は道臣に命じて重罰に処せよと厳命している[26]。

　如上の通り、即位直後の英祖は銭廃止論者であった。特に江辺では、この時期に活動を強めた清国人馬尚船偸採集団との密貿易を取り締まるという大義名分があり、銭禁がより実施しやすかったものと思われる。彼らは馬尚船に糧食を積み込んで人蔘の偸採に出掛けていたが、途中で穀物などの不足分を朝鮮人から買い付ける可能性も否定できなかった。そして朝鮮政府は偸採集団の取り締まりのため清国が国境地帯の軍備を強化することを何より恐れていた。また英祖初期は清国では雍正年間（一七二三―一七三五）に相当するが、雍正帝が銅銭を大量鋳造したため、中国の銭価は朝鮮の七分の一に低下したとも言われており、安価な中国銭が朝鮮に密輸入される危険性がなかったとは言い切れない[27]。理由はともかく、英祖は江辺から銭行使の停止と回収を始めたのである。

　英祖の強硬な銭回収は江辺穀物市場から価格調整能力を奪い、凶作に脆い体質を生み出したが、実はその見返りとして必ずしも「貨権在上」が実現したわけではなかった。すなわち平安道によって回収され、軍営に備蓄された銭は、漢城の廷臣にとっては垂涎の的であり、これを南送せよとの要請がこの後跡を絶たなくなる。英祖一二年（一七三六）六月には、右議政宋寅明が、漢城で銭荒が著しいのは大量の銭が両西（平安道・黄海道）に積滞しているからであるとして、平安監営の備蓄銭一〇万両を都城に輸送するとともに、黄海道西部では軍餉官米の余剰が一〇余万石あるので、これを関西五邑三県に移管して銭一〇万両の見返りとするよう提言した。刑曹判書李瑜も、十数年来、銭行使は江辺窮絶の地にまで拡大しているが、関西での銭備蓄は銀や木綿と較べて火急の用に役立たないし、一国の銭が西路に集中するのは不都合であるとして、宋寅明に賛同している。[28] 宋寅明も李瑜も、銭不足による貢人の疲弊を挽回するために備蓄銭の南送策を建議したのであるが、そもそも朝鮮において銭はいかなる役割を果たすべきか、換言すればこのまま鋳銭を停止し銭荒を放置すべきか、それとも鋳銭を再開して「貨権在上」を犠牲にしてでも商民を救済すべきかという経済政策の観点から流用を請願しているのではなく、平安道で回収した銭を漢城に南送するための方便を弄しているに過ぎない。更に言えば、彼らは果たして本心から漢城の銭荒を解決しようとしているのか、それとも移管した銭を所轄官庁にて高利で運用し私利を貪ろうとしているのか、甚だ疑わしいのである。彼らが私利私欲から平安道の銭を利用しようと画策したのであれば、もはや英祖の企図する「貨権在上」は画餅に帰したと断言して良かろう。

翌英祖一三年（一七三七）九月にも、宋寅明は「北関の端川以北と西路の江辺諸邑では銭の行使を禁じており、法令は徹底している。これは謀国の長慮によるものだからである。ところが近年江辺では銭を行使していない所はなく、このところ昌城府使の上申にはしばしばこれを目撃するとあり、戒めるべきである。……今年江辺は凶作であり、民は食糧不足に苦しむであろう。今もし道臣に命じて、まず銭を違法行使する者を重罰に処する旨の暁諭を行った上で、彼らに所有する銭を納めさせて市価で穀物を与えれば、この命令の実施後、捜査して銭が見つかると、銭行使犯は死罪に処せられることが厳しく知れ渡り、銭行使の禁止は可能となろう。回収した銭は内地に分属させ、還穀不足の邑は、この銭で豊作時に穀物を買い足せば、至便であろう。辺民も穀物を受領し、飢饉の心配がなくなるであろう」と進言し、英祖もこれに賛意を示している。[29] 宋寅明の言う「謀国の長慮」とは清国人との銅銭密貿易禁止の意であろうが、この時期に実際密貿易が行われていたという報告はなされておらず、英祖の銭廃止論も江辺に限定されたものではなかった。従って今回の上啓も辺境の銭禁を口実とした銭の回収が目的であると見るべきであり、その真意は漢城に移管して流用する銭の確保にあったものと思われる。

同様の要請は英祖一六年（一七四〇）一二月、戸曹判書金始炯からも出されている。金始炯もまた、現在漢城の銭貫は極めて深刻であるが、関西の各庫では銭備蓄に余裕があるので、その一部を戸曹備蓄の米と交換し、代価の銭を漢城に南送したいと請願しているが、これに応えて礼曹判書閔応洙も、現在西関の江辺では飢饉が特にひどいので、江辺で大量に備蓄されている穀物を出売して使用が厳禁されている銭を回収すれば一挙両得であると述べ、金始炯の提議に賛意を示している[30]。彼らの主張はいずれも、①平安道の備蓄銭を南送し漢城の銭荒を鎮静させること、②その原資として江辺で不法に行使されている銭を回収すべきこと、この二点に尽きる。

しかしながら、この当時江辺の銭流通量はさほど多くはなかったと見るべきであり、銭を無限に回収し続けることは不可能であった。また平安道の備蓄銭も無尽蔵ではなく、兵餉備蓄の取り崩しも国防上良策とは言えなかった。何より、捻出された銭が官衙や高級官僚・王族層の高利貸しに回されない保障は全くなかった。そして行き過ぎた銭回収政策のしわ寄せは江辺の人民に押し付けられた。英祖一七年一二月には、平安道観察使李習鎮が、渭原郡の守令李鎮嵩が匠人・巫女の税を銭で納めるよう強要して民衆の恨みを買っただけでなく、彼らは納税手段として銭を確保しなくてはならないため、銭禁はかえって弛緩していると上疏し、領議政により上啓されている[31]。江辺市場と平安道監営に莫大な銭が眠っているという廷臣の幻想は破綻しつつあった。英祖一八年（一七四二）四月には、霊城君朴文秀が清銭の輸入と銅銭鋳造のための真鍮器の供出を進言し、同年六月には、英祖自身が清銭輸入と小銭（一文銭）・大銭（当十・当百銭）鋳造の是非を議論させている[32]。だが、中国は制銭の輸出を禁じているし、高額銭を流通させるとグレシャムの法則が働いて、小額銭の退蔵を促すであろうから、どちらも非現実的である。最終的に英祖は常平通宝の鋳造再開を命じ、平安監営・統営で各一五万両、慶尚監営で一〇万両、全羅監営で七万両、開城府で三万両、都合五〇万両を鋳造させた[33]。

結局英祖は「貨権在上」を実現できなかったのであるが、中でも平安道江辺地域での先行的な銭回収政策は、同地の経済を困窮させたばかりか、回収された銭さえも官衙や高級官僚の利殖に利用された可能性が否定できない、極めて中途半端なものであった。英祖二六年（一七五〇）以降は、数年おきの鋳銭を、厳格な統制下に定められた数量ずつ実施することで、銭需要の逼迫に随時対応したようであるが、早くも英祖二八年（一七五二）三月には、兵曹判書李天輔が、鋳銭再開後三年間で盗鋳の弊害が熾烈となり、領議政の居宅の鍮器までもが盗難に遭っていると訴えており[34]、同年八月には、政府が統制使を通して軍営に鋳造を命じた一五万両の内、既に八万両は鋳造し終えたが、三軍門（訓錬都監・禁衛営・御営庁）で鋳造された銭は肉厚が薄く使用に堪えないとの報告も寄せられている[35]。従って一八世紀中葉の朝鮮は、原料銅の不足により、良質な銭の安定的供給が実現していたとは到底言い難い状況であった。ともあれ、英祖の関心が遠のいたことにより、この後しばらく銅銭政策に関する議論は史料から姿を消す。

三　正祖期の銅銭政策

英祖による鋳銭再開後も、江辺での銭行使禁止令は撤回されなかった。だが英祖四二年（一七六六）に昌城の行銭犯張太範が検挙された時、法令に則り厳罰に処すべしと進言した領議政徐志修に対し、英祖は罪一等を減じて流罪とせよと命じたように[36]、この頃の英祖は江辺銭禁を貫徹する意志を喪失していた。貨幣廃止策が失敗し、軍門での鋳銭さえ思うように進捗しない状況下で、たとえ密貿易予防を名分とした江辺銭禁のみを徹底したところで、国家の「貨権在上」が実現するはずもなく、現実と乖離した取り締まりを強化しても民の恨みを買うに過ぎないことを英祖は理解していたのであろう。

英祖の跡を継いだ正祖も、当初は銭流通政策に強い関心を寄せなかった。即位直後の正祖の課題は、柵門後市の盛況がもたらした銀流出対策であった。当時清国と朝鮮との貿易は、①使行貿易すなわち国家間の朝貢貿易と燕行使の通訳官や随行商人が行う正規の私貿易、②柵門貿易（柵門後市）すなわち鳳凰城柵門外で使節団に紛れ込んだ朝鮮商人が清国商人と交易する半ば容認された非公式貿易、③辺市貿易すなわち咸鏡道会寧・慶源および平安道義州（実際には清国領中江）の三地点で行われる定期市の三種類があった。これ以外の交易は密貿易となり、厳しい取り締まりの対象となった。正祖期に問題となったのは、②の柵門後市が活発化して銀流出が激しくなり、倭銀の輸入杜絶とも相俟って銀価が騰貴したため、使行貿易が打撃を受けたことであった。そこで正祖は一一年（一七八七）五月、柵門後市を禁止したが、燕行使の必要とする公用銀が柵門後市の毛帽輸入税により賄われていたため、すなわち使行貿易と柵門貿易とは持ちつ持たれつの間柄であったため、正祖一九年（一七九五）四月、柵門後市は復活された(37)。

正祖が銅銭政策に取り組み始めたきっかけは、正祖三年（一七七九）、義州人申処坤・辺得元が柵門で唐銭（中国銭）を購入して安州人金弘肇・柳天采に転売し、金弘肇らは安州人金遠声に転売し、金遠声は知己の漢城門外床廛人林重新を通して米廛人閔重瑗に転売し、閔重瑗は米商一一人に転売するという銅銭密輸事件が発覚したことである(38)。事件を契機に領議政徐命善が義州での罰則強化を進言し、正祖もこれに従っている(39)。この事件から窺い知れるように、漢城の銭荒は英祖年間以来全く改善されておらず、正祖五年（一七八一）には、大司憲李在協が、都城内外では銭価格が騰貴していると報告している(40)。では英祖前期に頼みの綱とされた平安道はどうなっていたであろうか。

正祖九年（一七八五）七月、司諫院正言李敏采は、関西では銭荒が著しいにもかかわらず、小米（粟）の出売による銭回収政策は平安道で一律に実施されておらず、米価騰貴の邑に偏倚しているため、内地ではある程度銭の備蓄があるものの、江辺では銭がほとんど枯渇しているとして、売米作銭の弊害を上疏している(41)。また正祖一二年（一七八八）四月には、平安道観察使金履素が、江辺四邑と内地三邑は官穀備蓄が合わせて一五万石存在するが、同地域は民少穀多・穀賤銭貴であるため、江辺四邑では官に不利であろうとも市場価格で備蓄を出売し、銭貴がより深刻な内地三邑では還穀の際に人民の負担が重くなるので、例年通り秋成の後に備蓄を出売すべしと上疏している(42)。中国の倉儲が平糶を主目的としていたのに対し、朝鮮の倉儲は兵餉と還穀を主目的として運用されていたため、端境期における官穀貸付は民に過剰な利子負担を強いた。ゆえに李敏采も金履素も官穀の安易な出売に難色を示したのであるが、漢城と同様平安道も銭貴であり、その弊は江辺・内地を問わず深刻であった。

国内各地より銭を掻き集めることが不可能であることを知った正祖は、一六年（一七九二）一〇月、通訳官李洙・張濂・金倫瑞・金在和らの進言を受け入れ、清国に制銭の輸入を願い出るという思い切った賭けに出た[43]。李洙らの主張は「清国では山海関・瀋陽・遼東で毎年数百万の銅銭が鋳造されている」という非常に楽観的な認識に依拠していたが、実際には、中国北部では北京以外に鋳銭局が存在せず、特に東三省では慢性的に銭が不足し、銭票が現銭の代役を果たしていた[44]。山海関で鋳銭が行われているとは荒唐無稽も甚だしい。そこで同月、早くも平安道観察使洪良浩が、国威の毀損と潜商の増大を理由に清銭輸入に反対した。正祖もこれが試行措置であることを強調せざるを得なかった[45]。

元裕漢はこの政策について、正祖が柵門後市の停止で打撃を受けた通訳官らの生計補償と慢性的に不足する銭の確保という一石二鳥を狙ったものと解釈しているが、正祖が清国では制銭の国外持ち出しが厳禁されていることを知らなかった、または藩属国である朝鮮に特別の便宜を図ってくれることを期待していたとは到底思えない。恐らく正祖は通訳官の不満を宥めるため、清朝がにべもなく拒絶するであろうことを承知の上で、敢えて輸入要請を行ったのであろう。唐銭輸入案は謂わば国王が通訳官の利益確保に努めていることを顕示するための演出であった。そして案の定、翌正祖一七年二月、盛京礼部は大清会典の条文を盾にこの要請を拒絶した[46]。

しかし朝廷の反正祖勢力はこの好機を決して見逃さなかった。同年三月、司憲府執義鄭沢孚は、清銭の通行は国辱であると上疏し、訳官輩を攻撃する形で正祖を間接的に非難した[47]。正祖もまた帰国した冬至使の正使朴宗岳に対し、清銭輸入の咨は通訳官の請願によるものであったと弁明しなければならなかった[48]。大司諫申光履も清国の回咨を国辱であると断じ、司憲府に責任者を調査させるべしと上疏した[49]。こうして通訳官に対する懐柔策は思わぬ政争に発展したのである。一部の知識人もこれに荷担した[50]。それはともかく、清朝の輸出拒否に遭った正祖は一九年に柵門後市を復活させた。ただ一八世紀末には咸鏡道甲山で銅鉱が開発され、銅の国内自給の途は次第に確立されつつあった。

ところで、銭貴は同時代の中国直隷省でも発生していた。乾隆四三年（一七七八）一二月、直隷省の省都が置かれた保定城内で銭価が上昇し、清朝は制銭を放出して価格を低減させている[51]。翌四四年六月には、首都北京にも銭貴が波及したが、乾隆帝はこれを一時的現象であると判断し、奸商による囤積（買い占め）や城外持ち出しに対する取り締まりを除き、国家権力が貨幣市場へ関与せぬよう指示した[52]。乾隆四五年正月には、江西省の漕運船が大運河の航行途上で銭貴に遭遇し、手持ちの銀の対銭価格が下落したため、輸送を担う旗丁が困窮しているとの報告が寄せられている[53]。また同年四月には、保定省城や近隣地方で銭価が銀一両当たり九一〇文にまで昂騰したので、直隷総督袁守侗は省庫に備蓄している制銭一万串を清苑県に発給し、銀一両＝銭一〇〇〇文の交換率で市場に散布して、銭価を下落させるべしと奏請したが、乾隆帝は許さなかった[54]。乾隆前期に騰貴した銭価は中期以降低水準に戻したが、乾隆後期頃から徐々に値を上げつつあったのである。しかし乾隆帝は積極的な銭価抑制策を実施しなかった。

注目すべきは、今回の銭貴には銅銭の投機的売買が関与していた点である。乾隆五五年（一七九〇）、御史富稼は、最近北京市中では銭儈（両替商）が銀や銭の買空売空（空売買）を行うので銀価が昂騰し、これ（銀貴銭賤）に伴い（銭建ての）諸物価が騰貴しているので、順天府・五城に命じて通貨の先物取引を厳禁すべしと奏請している[55]。保定や北京、あるいは大運河沿線のような流通拠点で銭貴が集中的に発生しているのは、全国的な銭不足というよりは、むしろ都市金融業者の投機的な貨幣売買に原因があったものと見られる。乾隆帝が銅銭の市場投入を許可しなかったのは、実体経済では流動性不足は起きていないと判断したからであろう。とは言え、銭価格の乱高下を放置しておくわけにもいかず、嘉慶元年（一七九六）、清朝は制銭の鼓鋳を再開している[56]。一九世紀になると銭価は長期的に下落するが、通貨や穀物の先物取引は京師・直隷東部から奉天にかけてますます盛んになった[57]。

朝鮮国王正祖が清銭の輸入を試みたのは、まさにこのような時期であった。中国と朝鮮とでは銭貴の原因が根本的に異なっていたが、当時の清朝には藩属国朝鮮に対し大国としての雅量を見せる余裕がなかった。正祖の咨文は北京に届けられたはずであるが、乾隆帝がこれを真剣に検討した跡はない。この後中国は銭賤に転ずるが、朝鮮でも不十分ながら原料銅確保の目途が立ったので、清銭輸入策は二度と企画されることはなかった。

一九世紀以降、朝鮮では銅銭政策に関する議論が減少する。しかし銭荒は決して終息したわけではなかった。純祖六年（一八〇六）には七―八年間停止されていた鋳銭が再開され[58]、純祖九年には銭荒対策として市廛に銭二万両を貸し出す措置が採られている[59]。また純祖七年には、義州商人の白大賢と李士楫が鴨緑江河口の朝鮮領獐子島で清国人朱・張両姓と密貿易を行ったことが発覚したが、密輸品の中には銅銭一三八五両六銭が含まれており、清銭は朝鮮では行使できないため、白大賢らはこれらを鎔解して平壌へ転売していた[60]。恐らく平壌に私鋳拠点があったのであろう。

純祖三二年（一八三二）には備辺司より銀銭並用論が出される[61]。しかし当時の朝鮮では銀は国外物産交易通貨として、銭は国内物産交易通貨として機能が分化しており、また国内でもある程度の銀生産は行われていたものの、倭銀の流入は杜絶したままであり、その実現は不可能であった。哲宗五年（一八五四）にも領議政金左根が同様の提言を行っているが[62]、これも実現には至っていない。一八世紀には頼りとされていた平安道兵営も、この頃には、軍木庫に備蓄され備辺司が管理している銅銭の大部分が帥臣によって借り出されたまま未償還となっており[63]、兵餉用銭貨の漢城への転用も不可能となっていた。一九世紀の朝鮮市場は専ら銭貨が通用していたが、政府は有効な銅銭政策を実施する能力がなくなっていたのである。その後高宗は財政不足を補塡するため当十・当百銭を発行したが、市場では額面通りには受容されず、通貨総量を増やすことはできなかった。

おわりに

韓国併合を間近に控えた一九〇九年、事実上中央銀行の役割を果たしていた日本資本の第一銀行は『韓国貨幣整理報告書』の中で、「蓋シ葉銭地方ノ民人ハ極メテ無智ニシテ、貨幣ニ対スル観念ニ乏シク、唯久シキ慣習ニ依リテ葉銭ヲ貴フヲ知ルノミナルヲ以テ、葉銭以外如何ナル良貨モ決シテ之ヲ悦ハサルヲ以テ、葉銭ノ整理ハ困難中ノ困難ナリシナリ」（一一二頁）と述べている。二〇世紀初頭、朝鮮半島の咸鏡道・慶尚道・全羅道では葉銭と呼ばれる銅銭が、それ以外の地域では白銅貨が通行していたが、その整理と銀行券への転換は容易でなく、特に葉銭行使地域での現銭への執着は非常に強かったことがこの報告書から窺える。既に金本位制を実施していた日本や国内に莫大な銀が流通していた中国と較べ、朝鮮は銅貨という小額貨幣を基軸通貨とする、紛れもない貨幣後進国であった。

しかし朝鮮でも一七世紀後期頃より商品経済が発展し、市場では常に貨幣が不足していた。だが政府は銭を商品市場に流れる血液とは見なさず、むしろ兵餉の一部と捉えていた。もちろん一旦緩急あれば備蓄銭を用いて穀物市場より兵糧を調達しなくてはならないから、対清防衛の前線に相当する平安道では銭流通が促進されたが、市場経済の中心に位置する漢城では銭荒対策は後回しにされた。また軍営を中心とした銭流通が図られた平安道でも、一七世紀末には銭の追加投入が中止されたため、富戸による江辺―内地間の穀物価格差と還穀制度を悪用した利鞘稼ぎが横行した。英祖初期に貨幣廃止が企図され、鴨緑江辺に流通していた銭を強制的に回収して平安道の監営・兵営に備蓄させると、この弊害は更に悪化した。一方漢城の銭荒が深刻さの度合いを増すと、廷臣らは平安道軍営の備蓄銭を流用せよと唱え出した。しかし平安道の銅銭は彼らが考えるほど充溢しておらず、やがて英祖も銅銭鋳造を余儀なくされるが、南送されたなけなしの銭も漢城の市場経済を潤したとは言い切れず、中央衙門や朝廷に巣喰う高級官僚・王族層の高利貸しに転用された可能性が否定できない。結局銭貴の弊害は漢城朝廷↓平安道軍営↓江辺という形で周縁部に転嫁され、官衙や高級官僚・王族の高利貸しや還穀制度を用いた富戸の利鞘稼ぎを横行させたのである。

銭が特権階級による利殖の手段として用いられている現状に対し、英祖は「貨権在上」の立場から貨幣廃止を目論んだが、現実に展開する貨幣経済には対応できず、結局不十分な鋳銭を繰り返すという彌縫策を選んだ。正祖も英祖の政策を踏襲し、加えて清銭の輸入も試みたが、既に貨幣の投機的売買が始まっていた中国では、朝鮮に制銭を分かち与える余裕はなかった。最終的に朝鮮は、倭銀の杜絶と商品流通の発達に対応した独自の通貨体制として銭本位制を選択し、割高な鋳銭経費と恒常的な銭荒に悩まされながら近代を迎えたのである。

註

(1) 黒田明伸『中華帝国の構造と世界経済』名古屋大学出版会、一九九四年。
(2) その集大成として、元裕漢『朝鮮後期貨幣史研究』韓国研究院、一九七五年。
(3) 安達義博「十八―十九世紀前半の大同米・木・布・銭の徴収・支出と国家財政」『朝鮮史研究会論文集』一三号、一九七六年。
(4) 須川英徳『李朝商業政策史研究』東京大学出版会、一九九四年、終章、同「朝鮮時代の貨幣――『利権在上』をめぐる葛藤――」歴史学研究会編『越境する貨幣』青木書店、一九九九年。本章における歴史的事実に関する記載は基本的に須川の一九九九年論文と前註(2)元裕漢の著書に依っている。
(5) 前註(1)黒田。なお、富戸に対する銅銭回収令については、黨武彦「乾隆初期の通貨政策――直隷省を中心として――」九州大学『東洋史論集』一八号、一九九〇年。
(6) 田代和生『近世日朝通交貿易史の研究』創文社、一九八一年。
(7)『増補文献備考』巻一五九、財用六、銭貨。
(8)『朝鮮仁祖実録』巻四五、仁祖二二年九月丙戌・一〇月己巳。
(9)『朝鮮孝宗実録』巻四、孝宗元年六月丁未。
(10) 同右、巻六、孝宗二年三月丁亥・庚寅、巻一七、孝宗七年九月庚午。以上の経緯については、元裕漢「李朝後期　清銭의　輸入・流通에　대하여」『史学研究』二一号、一九六九年、一四六頁、前註(4)須川「朝鮮時代の貨幣」八八・九六頁、張存武『清韓宗藩貿易：一六三七～一八九四』中央研究院近代史研究所、一九七八年、一四九頁などを参照。
(11)『同文彙考』原編巻四五、交易一、請貿銭貨咨(康熙一四年五月二日)・礼部回咨(康熙一四年閏五月一一日)。低銭とは明銭を指すものと思われる。朝鮮国王の請咨には丙申・丁酉年間に鳳凰城の開市で低銭の使用が認められ、輸入の便に供されたとあるが、礼部の回咨では低銭での交易を許用したことを否定している。
(12)『備辺司謄録』第四〇冊、粛宗一一年正月一四日。
(13) 同右、第四二冊、粛宗一四年三月一五日。
(14) 同右、第五一冊、粛宗二六年八月八日
　李寅燁曰。……又所啓。関西穀物之多寡。江辺与内地相懸。蓋内地禾利之類。或受官家貿用之物。貿穀於江辺穀賤之地。仍為会録於其邑。換受其邑内地之穀。故江辺則漸夥。而内地則漸縮。沿辺両運之処。便至罄竭。辺上重地。餉穀如此。誠為寒心。自今以後。換穀会録之弊。不可不厳加禁断。如或不有朝令。復踵前習。随現論罪之意。申飭分付。何如。左議政李曰。辟遠之

邑。与舡路不通処。則穀物有裕。舡路易通処。則穀物甚少。其間事勢。亦有不得不如此。而若非不得已。則沿辺近邑及直路各邑各路穀物。切勿移用之意。宜可申飭。
(15) 同右、第六一冊、粛宗三七年二月八日、第六三冊、粛宗三七年七月九日。なお、第二章で考察した通り、政府による苛斂誅求から逃れるため平地から山間部に移住した者は火田民となることが多かった。
(16) 『備辺司謄録』第七〇冊、粛宗四三年一二月八日。
(17) 同右、第七一冊、粛宗四四年八月二四日。
(18) 同右、第七六冊、英祖即位年一〇月三〇日
戸曹判書呉命恒所啓。江辺七邑。大嶺限隔。移転路阻。稍豊則穀価至賤。故移納之弊特甚。受食内地還上者。多有移納江辺。年利輩亦貿納江辺。受出内地。発売図利。故内地則還穀漸至耗縮。江辺各邑。多至屢十万石。監邑輩或与彼人潜商云。此雖不可明知。而既已多積於一処。自至積逋終帰未捧。還上移納及年利輩換穀之弊。厳飭禁断宜矣。上曰。依為之。柳曰。江界・義州・渭原・碧潼・昌城・理山・朔州則江辺七邑也。以其嶺阨甚険。一升米不出於外。故稍豊則不但民皆足食。未価至賤。故京司或監兵営。毎給廉価貿置穀物。以沿海及直路分邑還上。相換取利。江辺之還穀漸多。直路之還穀漸縮。専出於此。此不可不痛禁也。上曰。依為之。
(19) 同右、第七一冊、粛宗四四年九月一六日。
(20) 同右、第七三冊、粛宗四六年三月一五日。
(21) 前註（4）須川「朝鮮時代の貨幣」九九―一〇〇頁。
(22) 『備辺司謄録』第八〇冊、英祖二年一〇月二五日。
(23) 同右、第八五冊、英祖五年二月二二日。
(24) 同右、第八五冊、英祖五年四月二八日。
(25) 同右、第八六冊、英祖五年閏七月二五日。
(26) 『朝鮮英祖実録』巻二九、英祖七年六月乙未。
(27) 『承政院日記』第八一四冊、英祖一一年一二月五日。中国では銅銭の鋳造はしばしば原価割れを起こしているが、朝鮮では鋳造利益が出ていることから、銀などと比較した銭価格が中国では安かったことは確かであろう。しかし中国銭が朝鮮銭の七分の一という説に根拠はなく、銭廃止を目的とする作為的議論であることは明らかである。
(28) 『備辺司謄録』第九九冊、英祖一二年六月三日。
(29) 同右、第一〇二冊、英祖一三年九月二六日。
(30) 同右、第一〇七冊、英祖一六年一二月二二日。

(31) 同右、第一〇九冊、英祖一七年一二月二六日。
(32)『朝鮮英祖実録』巻五五、英祖一八年四月壬子・六月辛卯。
(33)『備辺司謄録』第一一一冊、英祖一八年七月一三日・八月二三日。
(34) 同右、第一二四冊、英祖二八年三月二四日。
(35) 同右、第一二四冊、英祖二八年八月五日・八月一一日。
(36)『秋官志』巻八、考律、続条五、銭貨、辺地行銭
英宗四十二年。領議政徐志修所啓。昌城行銭罪人張太範。係是一律。今以従軽勘律事下教。実出好生之徳。而今若従軽則竊恐辺禁之蕩然。不可不使之具格結案矣。上曰。領相所奏。可謂執法。直施一律過矣。特為減一等。海島定配。
(37) 中朝貿易に関する網羅的研究としては、前註(10)張を参照。柵門後市については、寺内威太郎「柵門後市管見――初期の実態を中心に――」『駿台史学』八五号、一九九二年、同「柵門後市と湾商」『清朝と東アジア』山川出版社、一九九二年を参照。辺市については、寺内威太郎「李氏朝鮮と清朝との辺市について――会寧・慶源開市を中心として――」『駿台史学』五八・五九号、一九八三年、同「慶源開市と琿春」『東方学』七〇輯、一九八五年、同「義州中江開市について」『駿台史学』六六号、一九八六年を参照。寺内も指摘する通り、中江は鴨緑江対岸の靉河口デルタに位置する清国領馬市台付近であったと思われる。なお、柵門後市の廃止と復活に関する本章の記述は、寺内「柵門後市と湾商」に依った。
(38)『秋官志』巻八、考律、続条五、銭貨、唐銭。前註(10)元、一五一頁。
(39)『備辺司謄録』第一六〇冊、正祖三年一一月一一日。
(40)『朝鮮正祖実録』巻一一、正祖五年一〇月庚寅。
(41) 同右、巻二〇、正祖九年七月壬子。
(42)『備辺司謄録』第一七二冊、正祖一二年四月五日。
(43)『朝鮮正祖実録』巻三六、正祖一六年一〇月辛未。正祖による清銭輸入策の経緯は、前註(10)元、一五一―一五四頁で詳述されている。
(44) 拙書『環渤海交易圏の形成と変容』東方書店、二〇〇九年、第二章・第三章。
(45)『朝鮮正祖実録』巻三六、正祖一六年一〇月甲申。
(46)『同文彙考』原編続、交易、礼部回咨（乾隆五八年二月）。
(47)『朝鮮正祖実録』巻三七、正祖一七年三月癸卯。
(48) 同右、巻三七、正祖一七年三月丁未。
(49) 同右、巻三八、正祖一七年三月戊申。

(50) たとえば『熱河日記』を著した実学者朴趾源は『燕巌集』巻二、書、賀金右相履素書、別紙にて、正祖の唐銭輸入策に触れ、「中国関外では紋銀一両は銭七鈔と交換され、毎鈔一六三文を一緡とする。我が国の銭を基準とすると、一両の銀で概ね一一両四銭一文もの銭が得られれば、利益は一〇倍となり、車馬を雇う費用を除いても、なお五―六倍にはなろう。かの訳官輩はただ目前の利を知るだけで、遠慮の計を知らないのだ」と非難している。山海関以東では制銭一六三文が一緡に相当するという認識は東銭一串の数値に近い。しか紋銀一両＝七鈔×一六三文＝銭一一四一文＝一一両四銭一文という計算式から、中国の一両は朝鮮では一一両余りになるというのは誤りである。中国における銀の重量単位である両と朝鮮における銭の計数単位である両（一両＝銭一〇〇文）とは異なるからである。また銀一両＝銭一一四一文という中国の銀銭相場も、当時の銭貴状況を勘案するとかなり安値である。

(51) 『大清高宗実録』巻一〇七三、乾隆四三年一二月乙亥。

(52) 同右、巻一〇八五、乾隆四四年六月己巳。

(53) 同右、巻一〇九九、乾隆四五年正月戊戌。

(54) 同右、巻一一〇四、乾隆四五年四月己酉。

(55) 『皇朝続文献通考』巻一九、銭幣一、乾隆五五年。

(56) 同右、嘉慶元年。

(57) 前註（44）拙書、第六章。

(58) 『備辺司謄録』第一九七冊、純祖六年一〇月五日。

(59) 『朝鮮純祖実録』巻一二、純祖九年一二月壬辰。

(60) 『同文彙考』原編続、犯禁一、報獐子島犯禁人咨（嘉慶一二年九月二一日）。

(61) 『備辺司謄録』第二二〇冊、純祖三二年一〇月一一日。

(62) 同右、第二四一冊、哲宗五年三月二五日。

(63) 同右、第二四二冊、哲宗六年四月二三日。

第六章　常平通宝と大銭鋳造論

はじめに

国初朝鮮は中国式銅銭である朝鮮通宝や楮貨（紙幣）を発行したがいずれも短命に終わり、市場での交易や財政収支には米や麻布・綿布などの現物貨幣（物品貨幣）が使用された。銀は壬辰倭乱の際に明軍が持ち込んだことを契機として漢城市場で盛んに使用されるようになり、政府も兵餉備蓄を目的として銀の保有に努めた。

倭乱の終息後、政府は銭の鋳造に乗り出したが、原料銅を日本から輸入しなくてはならないため容易には進展せず、粛宗四年（一六七八）常平通宝の鋳造により漸く軌道に乗った。その後粛宗二三年（一六九七）に鋳銭はいったん中断され、英祖一八年（一七四二）に再開されるまで約半世紀間の反動期を迎えたが、一八世紀末より鋳造量は増加し、倭銀の輸入杜絶や甲山銅鉱の開発とも相俟って、一九世紀には朝鮮は中国や日本とは異なる銭本位国となったのである。

さて朝鮮を代表する貨幣である常平通宝は中国や日本の銅銭と同じ小銭（一文銭）であり、大銭（高額銭）との併用は当初から想定されていなかった。高宗三年（一八六六）に興宣大院君が景福宮造営や軍備強化を目的として鋳造した当百銭は銅銭史上の例外的事例であり、これとて額面通りに流通せず、ほどなく回収されている。基本的に銅銭には高額銭がないのである。

ところが不思議なことに、朝鮮では鋳銭停止中の英祖元年（一七二五）より未だ銭荒（銭不足）状態から十分に脱し切れていない純祖一六年（一八一六）に至るまで十数回に渉り大銭鋳造論が官僚や在野の知識人から提起されている。この史実を最も詳細に発掘し整理した元裕漢はその主要動機として、第一に原料銅の確保が困難な状況下で貨幣需要の増大に応じるため、第二に「貨権在上」の名分を掲げた政府が大銭の投入により富民によって退蔵されている銅銭を市場に引き出そうとしたためという二点を挙げている(1)。

だが元裕漢の議論には致命的な欠点がある。まず第一の要因について見れば、粛宗二三年の鋳銭停止により漢城は慢性的銭荒に陥ったが、前章で述べたように政府は平安監兵営が備蓄した銭の南送を除き根本的な措置を講じてこなかった。にもかかわらず鋳造貨幣廃止論者であった英祖の代に至ってなぜ大銭鋳造論が突然出現したのか、合理的な説明がなされていない。また銅銭に着目すれば確かに貨幣量は不足していたが、当時はまだ米や綿布などの現物貨幣が遍く通行しており、国家財政の銭納化も始まったばかりであったから、流動性の不足による市場の梗塞は起こり得なかったものと思われる。従って銅銭の負の側面が強調されていた時期になぜ小銭より弊害の大きい大銭の投入が提起されたのかという疑問に対し、貨幣不足説では説得的な答えが出せない。

次に第二の要因について見れば、論者の主観的認識が奈辺にあれ、素材価値が額面の高さに見合うほど十分に確保されていない大銭は小銭と較べて悪貨と見なされるから、グレシャムの法則通り、大銭の散布は小銭を市場に引き出すどころか、むしろ既に市場に出回っている小銭の退蔵を加速してしまうであろう。もちろん現代の硬貨のように政府が額面価値を法的に保証すれば併用も可能であるが、そのような議論はなされていない。そもそも朝鮮の「貨権在上」論とは国王が富民から貨幣運用権を取り戻すことであり、富民による退蔵を防遏して市場に貨幣を流通させることではないのである。因みに、中国では民と利を争うような経済政策は禁じ手と考えられており、国家は中立的立場から経済活動を円滑化させることで財政収入を確保すべきであると認識されていた。

本章の課題は英祖前期から純祖前期にかけて間歇的に大銭鋳造論が提起された理由について再検討することである。ただし史料の制約により確証的な結論は出せないことをあらかじめ断っておかねばならない。と言うのは、朝鮮の士大夫は中国の士大夫よりも市場経済に対する理解が低く、また庶民の残した史料も存在しないため、市場における銅銭流通の実態が全くわからないからである。加えて彼らは商業を卑賤視していたため、その言説には強いバイアスが掛かっている。具体的に言うと、彼らは銭の流通により高利貸しの活発化や盗賊の横行などが惹起されると唱える。しかし例えば端境期に米一石を貸し収穫期に二石を返させるなど、現物を用いた高利貸し行為も十分可能であり、また貨幣経済の浸透と盗賊の出没とは何の関係もない。彼らは皆朱子学で理論武装した儒教官僚であるが、中国で大銭が行使された事例がほとんどないので、廷議では往々にして漢代の五銖銭などを引き合いに出して抽象的議論を行っている。要するにわれわれは貨幣経済の素人政治家が語った言説を頼りに検討を進めなくてはならないのである。従って本章では一つの試論を提示するにとどめ、綿密な検証は他日を期したい。

一　常平通宝の鋳造と停止

本格的な大銭鋳造論に入る前に、まずは常平通宝の行使前期すなわち粛宗期の銭制について検討しよう。常平通宝は粛宗四年より通行が始まるが、翌五年にはより大型で背面下部に「二」字を刻んだ銭（以後これを二字銭と呼ぶ）が新鋳された。このように短期間で大小二種類の銭が鋳造されるのは、東アジアの銅銭史上極めて異例のことである。元裕漢は二字銭について触れていないが、彼の研究を土台に朝鮮貨幣史を「貨権在上」の視点から考察した須川英徳は、

最初に鋳造された常平通宝一文銭（戸曹鋳造を示すために裏面上に「戸」一文字を鋳込んでいるので古鋳単字銭と呼ばれる）の直径二三〜二六ミリにたいし三〇〜三二ミリとやや大型の折二銭（＝二文銭。裏面下に二文銭を意味する「二」、上に「戸・工・訓・賑・備・尚」など、すなわち戸曹・工曹・訓錬院・賑恤庁・備辺司・慶尚監営などの発行官庁名を鋳込んだ）も翌一六七九年から発行された。一文銭が少なく折二銭の発行量が多かったため、市場では折二銭が主に流通した。一六九七〜一七三〇年の発行中断を経て、一七三一年には

賑恤目的で折二銭と同形と推測される常平通宝を発行した。一七四二年以後には、常平通宝が継続的に鋳造されるが、これは以前の折二銭かやや小振程度の大きさであって背「二」字を省略し、そこに千字文・数字・五行などの炉冶別を示す符合を入れた新しい形式であった。以後の常平通宝はいずれもこの背面形式を踏襲する。当初発行のものは一文銭と折二銭が区別されたが、以後の発行分は使用上ではいずれも一文銭であった。一九世紀に入ると、原料節約を目的に直径二三〜二六ミリの小型銭が発行され、以前のものと取り混ぜて使用されている。

と述べており(2)、この二字銭は一枚が二文に相当する大銭であったと考えられている。高額銭を示す「当」の代わりに「折」を用いているが、意味する所は同じである。厳密に言うと、「当」とは一文銭から十文銭へといったように同質の物貨に換えること、「折」とは銭であれば銀や綿布など異なる物貨に換算すること（主として納税の際に使用される）であり、折二銭なる表現は漢文法から見て誤りなのであるが、須川は先行研究である李大鎬編『韓国貨幣史』の記述を無批判に踏襲している(3)。なお韓国銀行が刊行している『我々の貨幣、世界の貨幣』という図録集にも二字銭の図版に「当二銭」というキャプションが付けられており(4)、二字銭を二文銭と見なす考えは現在でも引き継がれているようである。

しかし二字銭は当二銭ではない。そもそも一文銭が発行された翌年に二文銭が鋳造されるというのは極めて不自然であるし、二文銭が市場では一文の価値しか有しなかったのであれば、なぜ政府は大型の銭を追加鋳造したのかが理解できない。単に大きさが異なり「二」字が刻印されているだけで二字銭を当二銭と捉えるのは早計である。結論から言うと、常平通宝の背面に刻まれている「二」字は当二銭の意味ではなく重量が二銭であるという意味である。『承政院日記』第三四三冊、粛宗一六年一〇月七日の条に、大司憲閔宗道の発言として、

凡そ銭文の前面には則ち常平通宝の四字を書き、後面上端には所鋳の官曹の名一字を書く。戸曹の所鋳なれば、則ち只だ戸の字を書き、工曹の所鋳なれば、則ち只だ工の字を書くが如し。此れ則ち以て某司の所鋳なる

かを表す也。後面下端には二の字を書く。此れ則ち以て銭一文重さ二（欠字）の意を明らかにする也。
との記載があり、「二」が重さを指すことを証明している。欠字の部分は恐らく「銭」であろう。もともと両・銭・分は重量単位で、一〇分が一銭、一〇銭が一両である。秤量貨幣である銀は当然この重量単位で表記される。ところが朝鮮では計数貨幣である銭にもこの単位を援用し、一文を一分、一〇文を一銭、一〇〇文を一両と呼んだ。従って二字銭は重量二銭の銅銭という意味である(5)。

では朝廷はなぜ単字銭発行の翌年に大型の二字銭を追加発行したのであろうか。ここで考慮しなくてはならないのは、朝鮮の銅銭は中国のそれとは異なり、当初より銀の代替貨幣としての役割を担わされていた点である。すなわち粛宗四年正月二三日、領議政許積は「我が国は本より通行の貨無し。近年自り以来、銭を以て通貨と為せど、柴菜の価に至るも亦皆銀を用う。銀は我が国の産に非ず。而して亦人人の得有する所の者に非ざる也。出銀の路は狭く、而るに用銀の路は広し。故に詐偽造銀の弊、今日に至りて極まれり矣。銭は乃ち天下通用の貨なり。而るに独り我が国のみ窒碍する所有りて、前自り累《かさ》ねて行わんと欲するも行うを得ず矣。今則ち物貨通ぜず、故に人情は皆行銭を願う。大臣諸宰も亦皆以て便益と為す。時に以て行う可きの故也」と上啓し(6)、当時主たる交換手段であった銀の不足を補うため銅銭を通用すべしと訴えた。薪炭や蔬菜のような日用品までもが銀で売買されていたのは漢城とその周辺だけであったと思われるが、ともかく政府当局者は銀の補助手段として銅銭を市場に投入し、貴重な銀を回収しようと考えていた模様である。群臣らも許積の提言に賛同したため、粛宗は戸曹・常平庁・賑恤庁・御営庁・司僕寺・訓錬都監に命じて常平通宝を鋳造させ、銀一両＝銭四〇〇文の交換比率を公定した(7)。閏三月二四日の備辺司の上啓によると、この銀銭比価は大明律の条文と開城での実勢価格を参考に決定されたらしい(8)。

粛宗四年に鋳造された単字銭の重量については拠るべき史料が見当たらない。ただ仁祖一一年（一六三三）に鋳造された朝鮮通宝は明国の万暦通宝に倣い重さが一銭四分と定められていたので(9)、単字銭も恐らくこの程度の重さであったものと推測される。因みに『韓国貨幣史』二八頁によると、単字銭の重量は一銭二分であったと記す。

ところが翌年二月三日、備辺司は前年の銀銭比価では銭が安すぎるため、鋳造した銭が鋳潰されて鍮器にされていると訴え、銭価を一挙に二倍引き上げ、銀一両＝銭二〇〇文にするよう進言し、粛宗も同意した[10]。だが二月一八日、司憲府持平申澪は、銭価切り上げの情報を聞き付けた富民が手持ちの銀を放出して投機的銭買いに走っていると上啓し、粛宗は刑曹に対し新令発布五日前までに銭一〇両以上を買った者を処罰するよう命じた[11]。その一方、同日左参賛呉挺緯は、市場が銭価改定を不便と見なし、銭は売買の際に「私自加倍二銭」すなわち二倍の支払いを要求されるようになったこと、漢城府や兵曹・戸曹が銀や綿布で収捧し銭を受け取らないことも銭への信用を貶めていると上啓した[12]。富民と庶民の対応は背反しているように見えるが、銭を買い占めた富民もこれを官府に持ち込んで二倍の銀を得ようと企図したのであり、銭の実勢価格が上昇するとは考えていなかったと解釈すれば筋が通る。果たして公定比価の改訂後、銭は米や銀に対して値を下げ、三月二七日には知事金錫冑が、米貴銭賤により兵士や胥吏の給与が目減りしたと上啓し[13]、四月八日には行大司憲呉挺緯が、銀貴銭賤により両替において銀に打歩が発生したと上啓した[14]。五月一三日には持平李漢命・裴正徽も、市場では銭価が二〇〇文を超えており、諸衙門も銭納を拒み銀納を強いていると上啓している[15]。銭価は四〇〇文では安すぎたが二〇〇文では高すぎたのである。

九月一五日、粛宗は銭の公定価格を四〇〇文に戻した。一次史料である『備辺司謄録』は単にその事実を記すのみであるが[16]、編纂史料である『粛宗実録』は

初め行銭議定の時、小銭四十文を鋳し、以て銀一銭に代えたり。民甚だ之を便とす。未だ幾ばくならず、旋《たちま》ち二十文を以て一銭と為す。民遂に信ぜず、朝令に遵わず。前に依り四十文を以て之を用う。故に筵中累ねて此の議を発し、斉会商確を命ずるに至る。是に至りて上自り親ら裁定を加え、厥後四十文も亦廃し、稍や其の制を大とし、十文を以て行用す。而るに換銀の際、或いは倍、或いは倍を過ぎる矣。

との一文を書き足している[17]。これによると、粛宗はその後やや大型の銭を鋳造し、これを銀一両＝銭一〇〇文の交換比率で通用させようとしたらしい。このやや大型の銭こそが二字銭だと思われる。

粛宗が銭価を四〇〇文に戻すことに同意した直後、なぜこのような銭規格の大改訂を実施したのか、そしてその間の議論がなぜ残されていないのか、理由は全くわからない。ともかく二字銭の公定価格は余りに高すぎると評価され、市場価格は銀一両当たり一〇〇文の二倍乃至それ以上になったようである。更に粛宗六年八月には、外方で受領を拒まれた銭が漢城に流入したため、銭価は一時八〇〇文まで下がった[18]。これが単字銭の価格を表しているのか、二字銭の価格を表しているのか不明であるが、いずれにせよ初期の常平通宝は政府が期待するほどの信認を得られなかったことは確かである。

粛宗八年三月、領議政金寿恒は銀一両に対し銭価が二両半すなわち二五〇文に下落したため暫く新規の鋳銭と放出を停止すべしと上啓し、裁可された[19]。しかしその後も断続的に鋳銭は実施され、ある推計によれば粛宗二三年の停鋳まで総計約四五〇万両の常平通宝が鋳造されたと言われている[20]。停鋳後銭価は次第に上昇し銭荒を招来したが、対銀価格はさほど変化しなかったようであり、一七〇〇年から一七〇二年にいったん五〇〇文まで下げるものの、一七一六年から一七三八年までは一〇〇文から二六〇—二七〇文の間を高下し[21]、英祖二〇年（一七四四）に完成した『続大典』巻二、戸典、国幣の条においても、丁銀一両は銭二〇〇文、一文の重量は二銭五分と規定されている。

銭価が次第に安定したことは常平通宝が徐々に信認を受け始めたことを意味するが、その重量は当初よりばらつきが生じていた。粛宗一〇年五月、宣恵庁は「昨年全羅道では綿花が不作であったため、大同木を市価に従い銭で代納することを許したが、全羅監営が上送してきた各邑の大同木大銭は頗る薄小であり、一文あたり重さ一銭八—九分、あるいは一銭六—七分に過ぎず、時たま二銭に準ずるものがある程度である。本庁がかつて所持していた銭文は大銭一文が重さ二銭に準じており、二銭一—二分に至るものもある。本庁の大銭一両は重さ二五両五銭であるのに、全羅監営所送の大銭は一両の重さが一八両程度かそれ未満である。銭文は京外通行の貨であり、京外で違いがあるはずはない。しかし本営所鋳の銭は京衙門所鋳の銭より重さがこれ程懸隔しており、通例により捧上することができない」と上啓した[22]。京衙門所鋳の銭と全羅監営が上送した銭とでは、同じ大銭（二字銭）でありながら重量に相当大きな開きがあったこと、宣恵庁が貯蔵していた京司所鋳の銭にもかなりのばらつきがあったことがこの史料より窺える。

全羅監営が宣恵庁に上送した大同木の折銭は人民より収捧したものであるから、その品質の低さが全羅監営の鋳銭技術の稚拙さに因るものなのか、あるいは市中で偽造された鑞銭が混入していたためなのか、この史料からでは判断できない。同じことは宣恵庁が所持していた京衙門所鋳の銭についても言える。これらは重量が二銭を超えているものの、公定の二銭五分には達していない。

ところで粛宗九年正月、常平庁と賑恤庁は行銭差人を全羅・慶尚両道に送り、銭の流通を促進させていた。しかし彼らは売買に際して相応の銭を支払わず、京中と外方とで銭価が開いたので、左議政閔鼎重が差人の廃止を求め、粛宗も同意している[23]。当時全羅道では行銭差人の不正により銭への信用が築けていなかったのであり、軽量銭は盗鋳のせいではなく、全羅監営によって正規に鋳造されたものと見られる。同じ頃、戸曹判書尹堦は「各衙門及び外方所鋳の銭、銭両既に数に准ぜず、鋳銭の際、淆雑の鉄あり、終に無用の物と為れり。故に銭文の価、以て極賤に至れり」と上啓し、閔鼎重も首肯している[24]。京衙門も外方監営も規定量の銭数を鋳造できないばかりでなく、品質管理も杜撰であったため、銭が流通しないと朝廷の重臣は認識していた。

なお宣恵庁も自ら鋳銭を行っているが、その重量は銭一両（一〇〇文）につき二五両五銭、すなわち一文当たり二銭五分五釐であった。この値は公定値を二％超過する。宣恵庁が意図的に良貨を鋳造する根拠はないので、同一官庁で鋳造する常平通宝にも個体ごとに重量のばらつきがあったと考えられる。これらのことから常平通宝の鋳造技術は低く、市中では重さや品質の異なる銭が混在して使用されていたものと想定される。

常平通宝の頒布より一〇年以上経過した粛宗一五年に至っても、領議政権大運が「当初銭文鋳成の時、多く物力を費やし、之を行うこと已に久し。然るに祇だ能く近京数百里の地に行うのみ。並びに遠道に於いては則ち行う能わざること、此れに他ならず。諸般の民役、各司は皆布木を以て収捧す。故に遠道の民、銭を用いる所無し。銭文の通行する能わざるは、職《もと》より此の故也」と上啓しており[25]、銭は漢城周辺でしか流通せず、各司の収捧は綿布に依存していた。また一五年が経過した粛宗一九年においても、礼曹判書柳命賢が「近くは衙門の各自鋳銭するに縁り、其の容入の物力を較べ、只だ其の剰利の之に優るを要むるのみ。銭文の精麤は、未だ致念に暇あらず。且つ外方へ通行するの挙無し。此れ殊に朝家鋳銭の本意に非ず。近く聞くに、鋳銭の際、鉄物足らざれば、則ち雑ずるに鉛鉄を以てす。汚悪脆薄なること、手授すれば即ち壊れ、鉛鉄自ずから露ると。市民皆此れ乃ち無用の物なりと以《お》為《も》えり。必ず通貨と為らず、以て銭価の漸低を致し、殊に甚だ駭《おどろ》く可し」と述べ、(26)相変わらず鋳銭機関が鋳造利益を極大化せんとして意図的に粗悪銭を鋳造しており、銭への信用が確立できていないと訴えている。なお悪鋳の手段として鉄物（銅）の代わりに鉛鉄（鉛）を混入する方法が登場し、これらは手渡すだけで壊れるほどの粗悪品であった。

もともと常平通宝は銀に代わる交換手段として鋳造されたものであり、政府の税財政は大部分が綿布や米などの現物貨幣で行われ、銭による出納は凶作など特別な場合を除き実施されていなかった（第十章参照）。従って各衙門は鋳造した銭を収捧する事態を想定せず、勝手気ままに粗悪銭を市中に投入し続けたのである。もちろん市中でも盗鋳が横行し、朝廷は犯人を死刑に処してその禁圧を図ったが、(27)政府自身が盗鋳に等しい悪鋳を行っている以上、大した成果は得られなかったものと思われる。

粛宗二三年（一六九七）、銭価の下落に業を煮やした粛宗は常平通宝の鋳造停止を命じた。しかし既存の銭は流通し続けた。翌二四年五月、侍読官李喜茂は

銭幣は乃ち国中通行の貨にして、銭の大小、各おの其の制有り。近来漸く淆雑するに至り、当初に比べ様子頓に異なる。此れ但に公鋳の初の如き能わざるのみならず、亦必ず盗鋳の致すに由る。今自り始と為し、厳しく禁断を加うれば、則ち直賤の弊無かる可く、亦且つ防奸の道と為すに庶からん。

と上疏し、(28)官衙の悪鋳や市中の盗鋳によって銭制が紊乱したため、それらの行為を厳禁すべしと訴えた。公鋳は既に中止されているから、実質的な取り締まり対象は私鋳である。注目すべきは、彼が銭には大小の別があり、それ

ぞれ通行制度があると述べていることである。「銭の大小」とは単字銭と二字銭のこと、「其の制」とは銀銭比価のことを指すのであろう。単字銭は二字銭に収斂され、銭制は一本化されたはずであるが、公私の悪鋳・盗鋳により近年雑多な銭貨と銭制が叢生し、銭賤の弊を惹起したと李喜茂は嘆いているのである。史料から確認することはできないが、恐らく市場では中世日本の撰銭に相当する銭の選別が行われ、重量や品質に応じて価格の差異が発生していたのであろう。李喜茂は銭規格の統一により銭への信頼を取り戻し、以て銭賤の弊を払拭しようと企図したのである。

ところが皮肉なことに鋳銭停止により銭価は次第に上昇し、銭荒現象さえ発生するようになった。粛宗三四年（一七〇八）左議政李濡は、前年に東莱府使韓配夏が状啓し、備辺司に回されたものの未だ決定が下されていない私貿易による倭銅輸入解禁案を廷議に持ち出して、「近来銭賤、鍮器の利に如くは非ず。復通を許すと雖も、私鋳の慮無きに似たり」と述べ、銭価が下落している現今、銅や真鍮で私銭を盗鋳するより鍮器を製造した方が有利であり、輸入を解禁しても私鋳には用いられないと推測している。[29] しかし粛宗四〇年（一七一四）戸布・口銭制の是非が議論された時、行戸曹判書趙泰耉は「中国では銅銭が潤沢であったのでこの法も行い得たが、我が国では一度鋳銭を行って止めたので、現在銭貨は極めて貴く、外方の小民の困窮は日ごとにひどくなっている」として、口銭の徴収に反対している。[30] いずれも士大夫の議論であり、実体経済をどの程度把握した上での発言なのか心許ないが、大きな流れとして粛宗三〇年代に銭価が漸増し、銭賤から銭貴へと移行したことは確かであろう。

粛宗四二年一二月には久方ぶりに鋳銭の是非が朝廷で議論され、賛成派は銭貴の解消を名分とし、反対派は原料銅を輸入に依存していることや貨幣経済の浸透による社会矛盾の増大を懸念して、激しい舌戦が繰り広げられたが、粛宗は慎重論に与し、鋳銭再開は見送られた。[31] 翌四三年一一月には平安道の銭荒が問題となり、粛宗は右議政趙泰采の助言に従い、六箇月に限り西路での鋳銭を許可した。[32] だが翌年七月に平安道兵馬節度使趙爾重が鋳銭の遅延を報告しており、八月には中止された。[33] その後、景宗四年（一七二四）正月に戸曹判書金演が税収の縮減と銭行使の普及を理由に鋳銭再開を請願し、反対派の左議政崔錫恒や右議政李光佐も同調したため、実施が決定された。

しかし二月には李光佐が再度反対論を唱え、金演も押し切られたため、結局沙汰止みになった[34]。

二度にわたり鋳銭が計画されながら結局実現に至らなかったのは、輸入銅の価格が割高なため鋳銭機関が鋳造利益をほとんど見込めなかったからである。当時の朝鮮では財政権が各衙門・軍門・地方軍営ごとに分立しており、戸曹が相互調整を行っていた。これら諸官庁は銭価騰貴により折銭納税などを導入しつつあったが、敢えて鋳銭を行う動機は欠けていた。粛宗や景宗（あるいは代理聴政していた延礽君）も悪鋳や盗鋳を排除できない銅銭を市中に追加供給することに消極的であった。だが延礽君が即位すると、もはや市中の銭荒を放置できなくなり、鋳銭の是非に関する廷議が頻繁に行われる。その一環として大銭鋳造論が浮上するのである。

二　大銭鋳造論とその背景

英祖元年（一七二五）八月五日、左議政閔鎮遠は「先に前慶尚道観察使権以鎮が当地での鋳銭を請願し、朝廷は新任観察使の到着後鋳銭を始めるよう回答していたが、新観察使趙栄福は鋳銭が困難であると状啓した」と報告し、戸曹判書申思喆と協議の上、まずは燃料の柴炭が賤い永宗島などで鋳銭を実施してはどうかと提案した。英祖は銭の弊害を憂慮したが、閔鎮遠が「銭貴による民衆の疲弊が甚大であり、銭を罷めることができないのであれば、勢い加鋳せざるを得ない」と食い下がったので、右副承旨柳復明の助言に従い、とりあえず東峡など柴賤の地において、戸曹・賑恤庁から監督官を派遣し、厳重な管理下で鋳銭を再開することが裁可された[35]。ところが一〇月六日、英祖は突然鋳銭命令を撤回した[36]。その理由として英祖は言い古された金属貨幣無用論しか挙げていないが、実際には悪鋳・盗鋳により玉石混淆状態にある銭制を再統一する自信がなかったものと思われる。翌一一月、密陽府使趙彦臣は再度鋳銭を上疏したが、その中で彼は

今日行用の銭、一葉の重二銭に過ぎず。則ち二十万緡を鋳せんと欲すれば、当に銅二十四万斤を費やすべし。

今若し二銭五分重の銅を以て、新銭一葉を創鋳すれば、則ち銅の加数、各おの五分に過ぎず。而して其の体稍大なり。其の重も亦加う。又復た新制を創成し、別に銭名を立て、新大銭一葉の直を以て、旧銭二葉に当て、一両の直を以て、旧銭二両に当つれば、則ち二十四万斤の銅を以て、新大銭十六万緡を鋳す可し。而して十六万緡の大銭は、旧銭三十二万緡に当たる可し。然らば則ち一朝にして労を省き費を減じ、而して坐して十二万両を得。国に在りては有裕にして耗無く、民に在りては便用にして害無し。

と記し[37]、新たに重量二銭五分の新銭を鋳造し、旧銭との比価を二対一に措定せよと主張した。これは紛れもない当二銭なる大銭の鋳造論である。

ここで言う一緡とは銭一両すなわち常平通宝一〇〇枚で、その公定重量は二〇両であるから、二〇万緡は四〇〇万両すなわち二五万斤（一斤＝一六両）に相当する。それを銅二四万斤で鋳造するのであるから、計算は大体合致している。原料は全て銅であるかのように記されているが、実際には銅・錫・真鍮を総称して銅と呼んでいるのであろう。趙彦臣は現用の二銭銭と新鋳の二銭五分銭を併用し、後者の価値を前者の二倍に設定せよと主張したのである。元裕漢は趙彦臣の議論を取り上げていないが、管見の限りこれが最初の大銭鋳造論である。

次いで英祖三年九月、左議政趙泰億が黄海道観察使金始煐の「諸邑の軍布と奴婢身貢を以前のように銭木参半で収捧すべし」との状啓を紹介したことを契機として、銭行使の是非が朝廷で議論された。蓋し即位当初の英祖は銭廃止論者であり、これまで断続的に実施されてきた銭木参半制を廃して純木制に回帰しようと企図したからである。廷臣らは英祖におもねって銭の否定的側面を具陳したが、その中で行戸曹判書李台佐は「丙辰年間、始めて小銭を造れり。而して小銭四分は大銭一分の価為り。其の後大銭始めて出でり矣」と述べている[38]。常平通宝が丙辰年すなわち粛宗二年に鋳造されたというのは誤認であり、当初小銭（単字銭）と大銭（二字銭）が一対四の比価で併用されたというのも間違っている。ただ彼の錯覚の背景には、当時大小精粗多様な常平通宝が市場に出回っており、大型銭と小型銭とでは同じ一文でも四倍程度の価格差が生じていたという状況があったのではないだろうか。

時代は下るが正祖六年（一七八二）に編纂された『秋官志』巻六、考律、定制、行銭事目にも、大銭一貫は重さ一二斤八両（二〇〇両）、小銭一貫は重さ六斤四両（一〇〇両）を定式とし、大銭一箇は小銭四箇として通用すべしとある。実際このような大小銭併用制が政府により公認されたのではないが、大型銭と小型銭の価格差が四倍であるというのは先の李台左の発言と奇しくも一致している。大型銭の重量が二銭、小型銭の重量が一銭という数値も、当時市中に出回っていた常平通宝の大きさをある程度反映しているものと思われる。

一方元裕漢は大銭鋳造論の嚆矢を英祖七年の宋真明による大小銭行使案と見なしているが[39]、本格的に議論されるようになったのは英祖一一年一二月、戸曹参判に遷った宋真明による当十銭鋳造論からであろう。その後英祖一八年には礼曹参判金若魯が当十銭・当百銭の鋳造を主張した。これらは何れも却下されたが、この年より常平通宝の鋳造が再開された。しかしその後も英祖二六年に承旨李璊が当十銭鋳造を提起し、同じ頃鄭尚驥や李瀷も当百銭や当六十銭の鋳造を構想している。正祖一〇年（一七八六）には御営大将李柱国が古の十銭通宝に倣い当十銭を鋳造せよと、正祖一二年には右通礼禹禎圭が当十銭・当千銭を鋳造せよと、正祖一七年には戸曹正郎鄭東教が当十銭の鋳造を、正祖二二年には戸曹判書金華鎮が当五銭・当十銭の鋳造をそれぞれ建議した。正祖期に大銭鋳造論が集中しているのは常平通宝の発行が市中の銭荒に追い付かなかったからであり、正祖は無理を承知で清銭の輸入さえ試みている。

趙彦臣の議論も宋真明以降の議論も、大銭を鋳造することで市中の銭荒に対処しようと企図した点では共通する。違いは大銭の額面である。趙彦臣や後述する朴趾源の構想は一文銭と二文銭との併用であるのに対し、宋真明らの主張は当十・当百など十進法に則ったより高額な銭を鋳造することであった。大銭の額面が高いほど政府の鋳造利益も大きくなるが、反面盗鋳の魅力も大きくなるし、前近代社会ではどうしても小銭に打歩が付く。要するに悪貨が良貨を駆逐するのである。従って当二銭案の方が銭制の紊乱を起こし難い穏健な施策であることは確かである。しかしより重要なことは、現行の常平通宝にも大型銭と小型銭との間に重量や価格の両面において相当の開きがあるという事実に対し、十進法大銭案より当二銭案の方がより馴染みやすい点である。趙彦臣は鋳造利益を強調するだけで二文銭と貨幣市場との親和性について触れていないが、後に正祖一六年、在野の実学者朴趾源は右議政金履素に宛てた書状の中で

> 旧銭は敦重堅厚、字体分明でないものは無かった。しかし壬申・癸酉（英祖二八・二九年）の間、禁衛営・御営庁・訓錬都監が同時に鋳造したものは旧式とは一変し、鉛鉄を多く雑ぜたため、外形は浅薄となり、手に触れただけで容易に砕け、最も粗悪と称されている。……その後鋳造された銭は、外形がますます小さくなり、今では新銭が旧銭の銭差しの中に紛れ込み、分別が困難になっている。銭制の淆雑は最も甚だしくなった。そこで古代の五銖・三銖の制に倣い、全ての旧銭は悉く一を以て二に当てしめ、銭差しの大小で容易に判断できるようにすれば、面倒な鋳造を要せず、座して百万を得られる。大小を並行したとしても、軽重を区別して使用すれば、物事の道理に悖らず、銭貨は容易に流通するだろう。壬申・癸酉の年に三営が鋳造した銭は、大きいものでも旧銭に及ばず、小さいものは新銭以下であり、制は既に定式を違え、形も薄劣であるから、全て行使を停止せしめ、敢えて市場に投入させないようにすれば、銭道は清められるだろう。

と述べ、近年鋳造された銭は小型化や粗悪化が進んでいるため、旧銭すなわち粛宗期所鋳の良質銭を当二銭として使用するよう訴えている[40]。

　朴趾源案の斬新な点は新たに当二銭を鋳造するのではなく、現行の大小精粗多様な常平通宝を三種類に分別して、粛宗期に鋳造された重量二銭の良銭を二文銭とし、悪鋳や盗鋳によって生じた鏕銭を一文銭とし、英祖二八・二九年[41]に三営で鋳造された最悪銭を廃貨とすることで、紊乱した銭制の釐正を企図していることである。そして恐らくは当二銭鋳造論の魁である趙彦臣や宋真明を筆頭とする十進法大銭鋳造論者も朴趾源と同様に銭制再編を最重要課題と考えていたのではないだろうか。ただ彼らは官僚であり、銭廃止論者の英祖や利権保護を堅持する鋳銭機関の代表者を説得する必要があった。もちろん彼ら儒教官僚が市場経済に疎かったことは確かであるが、廷議や上疏の中での発言と書状の意見とを単純に比較して、彼らの主張を非現実的・空想的大銭鋳造論と断ずることは酷だ

と思われる。特に三営が鋳造した最悪銭を廃貨とせよなどと軽々しく論じられる立場にはいなかった。逆に当代随一の実学者である朴趾源の主張も観念論の域を出ておらず、市場における貨幣行使の実態を踏まえた上で議論を展開しているわけではない。先の史料の中には鏍銭をおしなべて一文とすることや、旧銭価格を鏍銭の二倍に措定することの根拠は何も示されていないのである。

総じて、英祖初期より澎湃として湧き起こった大銭鋳造論は、元裕漢を始めとする先行研究が言うような銭荒対策を直接的動機とするものではなく、常平通宝の鋳造当初からつきまとう官民による悪鋳・盗鋳が銭荒によって苛烈になり、英祖一八年の鋳銭再開後も終息の気配を見せなかったため、混乱した幣制を彌縫する一便法として提起されたものと推察される。そしてそれらの提案が一つとして裁可されなかったのは、彼らが治世の亀鑑とする中国でも大銭は漢代の五銖銭などを例外としてほとんど行われておらず、大銭鋳造の理論的支柱がどこにも見出せなかったからである。もちろん大局的に見れば、一七世紀より一八世紀に至り朝鮮でも銀貨や銅銭を用いた本格的な貨幣経済が浸透し、綿布や穀物といった現物貨幣を商品流通の片隅に追いやったことにより必然的に銭需要が高まったにもかかわらず、鋳銭停止や原料銅の高騰により銭の供給が需要に追い付かなかったため、深刻な銭荒が起きていたことが遠因となっていることは疑いない事実であるが、銭荒→大銭鋳造論という図式ではなく銭荒→銭制紊乱→大銭鋳造論という図式の方が議論の背景をより精確に捉えることができるものと思われる。朴趾源が金履素に書状を送ったのは正祖が企図する清銭の輸入に反対するためであったが、その理由は清銭輸入には多大な銀を必要とすること、銭弊の根本は銅銭の絶対量不足ではなく銭制の紊乱にあることであった。たとえ莫大な費用を用いて清銭を輸入したとしても、あらかじめ国内の銭制を整えておかない限り、それらの努力は水泡に帰すであろうというのが彼の認識だったのである。

正祖期に最も頻繁に建議された大銭鋳造論は一九世紀に入るや急速に鳴りを潜める。その理由は先行研究が明らかにしているように、甲山銅鉱の開発や倭銅輸入により原料銅の確保が容易になり、銅銭鋳造量が増加したためである。しかし純祖一三年（一八一三）遂安郡守姜浚欽が現銭を用いた当二銭の改鋳案を具申し、純祖一六年には戸曹判書金履陽が当十銭の鋳造を提起するなど、[42]大銭鋳造論は間歇的に噴出していた。注目すべきは金履陽の案が十進法大銭論であるのに対し、姜浚欽の案は趙彦臣や朴趾源の議論の流れを汲む当二銭論であること、原資として現銭を使用し、現銭一〇〇文中七〇文を熔解して当二銭五〇文に改鋳し、残り三〇文は工価に充てよと主張していることである。これではたとえ当二銭が額面通り通用したとしても、市場の流動性は増加しない。このような一見無意味な改鋳論を姜浚欽が敢えて提起したのは、相変わらず市場に出回り続けている粗悪銭を良質銭に置き換える意図があったものと見られる。ただ鏂銭一〇〇文を良銭五〇文に改鋳すると新たに財政負担が発生するし、良銭と鏂銭との間に打歩が生じて容易に盗鋳されてしまうので、新銭を二文として通用させるという妥協案に落ち着いたのであろう。

しかし純祖は姜浚欽の提案を真剣に検討せず、当十銭の鋳造も許さなかった。結局政府は銭制の紊乱を整理統一することなく、ひたすら重量一銭二分程度の小型の常平通宝を散布し続けた。銭の継続的供給により深刻な銭荒は落ち着きを見せたし、そもそも銅銭は比較的狭い地域に止まり続け、所謂「支払協同体」を越えて遠隔地に運搬されることは少なかったから、その内部で各種の銭の比価が決められていれば、雑種銭制が蔓延していても地域経済に決定的打撃を与えるわけではない。一九世紀に入り朝鮮経済は銭本位制の色合いを強めるが、その運用法は銀本位制の中国と似ていた。すなわち中国では地域ごと、業種ごとに銀両制すなわち銀の計量法が異なり、政府は財政上の尺度として庫平銀制を定めるだけで、市中における銀流通の在り方に容喙しなかったのと同様、[43]朝鮮政府も常平通宝を市中に供給するだけで、銭規格の統一に対して熱心に取り組まなかった。大銭鋳造論の主流を占める十進法大銭鋳造論は主に銭荒対策として提起され、銭制統一をも念頭に置いた当二銭鋳造論は傍流に止まった。

おわりに

常平通宝は朝鮮王朝が本格的に鋳造した唯一の銅銭であり、その規格は粛宗四年の単字銭が重量一銭二分であったと言われているのに対し、五年以降の二字銭は重量二銭五分程度に倍増した。しかし鋳造技術の低さから重量のばらつきが生じ、また当初から官庁による悪鋳や民間での盗鋳が横行して銭の軽薄化・粗悪化を招来したため、約二〇年で鋳銭は停止された。銭の供給停止により市場では銭荒が進行し、盗鋳の横行とも相俟って、大小精粗多様な銭が市中に出回るようになった。英祖初期より間歇的に提起された大銭鋳造論の背景には、巷間にて蔓延する雑多な銅銭を大銭と小銭に整理して銭制の紊乱を終息させ、以て銭荒を解消させることを企図していたものと推測される。これらは大別して十進法大銭鋳造論と当二銭鋳造論とに分類されるが、前者を唱えたのは朝廷の重臣であり、後者を提起したのは在野の実学者や府使・郡守クラスの地方官であった。十進法大銭論より当二銭論の方がより穏健で現実的な解決法を模索していたと思われるが、政府は結局どちらも採用せず、英祖一八年以降は重量一銭二分程度の一文銭を市中へ追加供給するに止まった。以上が本章の結論である。

清代中国でも私鋳銭は盛んに出回っており、また皇帝の代替わりに伴う銭の名称や大きさの変更もなされた。しかし朝鮮のように常平通宝という名称を共有しながら重量が一定せず、更に各鋳銭機関がそれぞれ軽薄劣悪な鑞銭を鋳造するといった銭制紊乱は清代史や江戸時代史では見られない稀有な現象である。ただ市中で雑種銭制がどのように運用されていたのかを具体的に語る史料はなく、これ以上の分析は困難である。具体的な銭運用法については今後の課題としたい。

註

（1）元裕漢「朝鮮後期貨幣流通에 대한 一考察——高額銭의 鋳用論議를 中心으로——」『韓国史研究』六輯、一九七一年（中川清抄訳「朝鮮後期の貨幣政策についての一考察——高額銭の鋳造論議を中心に——」『朝鮮研究年報』一四号、一九七二年）、同『朝鮮後期貨幣史研究』韓国研究院、一九七五年、一六五—一六六頁。行論ではこれらの研究により解明された歴史的事実については註記を省略する。特に大銭鋳造論の概略については中川抄訳論文の付表を参照。

（2）須川英徳「朝鮮時代の貨幣——『利権在上』をめぐる葛藤——」歴史学研究会編『越境する貨幣』青木書店、一九九九年、一〇三―一〇四頁。

(3) 李大鎬編『韓国貨幣史』韓国銀行発券部、一九六六年、二九頁。

(4)『우리화폐　세계화폐』韓国銀行、二〇一〇年、二八頁。

(5) この点については既に宋賛植「朝鮮後期　行銭論」『韓国思想体系Ⅱ』成均館大学校大同文化研究院、一九七六年、七九六頁で言及されている。但し宋は粛宗四年のみ単字銭が鋳造されたことについて何も触れていない。

(6)『備辺司謄録』第三四冊、粛宗四年正月二四日。

(7)『朝鮮粛宗実録』巻七、粛宗四年正月乙未（二三日）。なお『備辺司謄録』第三四冊、粛宗四年正月二四日の条によると、これら六機関のほか精抄庁も加えられている。

(8)『備辺司謄録』第三四冊、粛宗四年閏三月二四日。

(9)『朝鮮仁祖実録』巻二八、仁祖一一年一一月壬辰。

(10)『備辺司謄録』第三五冊、粛宗五年二月三日。

(11) 同右、第三五冊、粛宗五年二月一九日。

(12) 同右、第三五冊、粛宗五年二月二〇日。

(13) 同右、第三五冊、粛宗五年三月二七日。

(14) 同右、第三五冊、粛宗五年四月九日。

(15) 同右、第三五冊、粛宗五年五月一三日。

(16) 同右、第三五冊、粛宗五年九月一五日。

(17)『朝鮮粛宗実録』巻八、粛宗五年九月丁未。

(18) 同右、巻九、粛宗六年二月癸亥。

(19)『備辺司謄録』第三六冊、粛宗八年三月二八日。

(20) 李憲昶「一六七八―一八六五년간　貨幣量과　貨幣価値의　推移」『経済史学』二七号、一九九九年、八頁。推定値は前註(5)宋に依拠する。

(21) 同右、三一頁。ただし『実録』『備辺司謄録』『承政院日記』に記されている銭価がどれほど実勢価格を反映しているのか疑問であるし、銭価が銀価より季節変動を起こしやすいことも考慮されていない。これらの数値は一つの目安と考えるべきである。

(22)『承政院日記』第三〇三冊、粛宗一〇年五月一二日。

(23)『備辺司謄録』第三七冊、粛宗九年正月一五日。

(24) 同右、第三七冊、粛宗九年正月一九日。

(25) 同右、第四三冊、粛宗一五年九月八日。
(26) 同右、第四七冊、粛宗一九年七月三日。
(27) 同右、第四九冊、粛宗二一年一〇月二五日。
(28) 『朝鮮粛宗実録』巻三二、粛宗二四年五月己卯。
(29) 『備辺司謄録』第五九冊、粛宗三四年五月一五日。
(30) 同右、第六七冊、粛宗四〇年九月二九日。
(31) 同右、第六九冊、粛宗四二年一二月二五日。
(32) 同右、第七〇冊、粛宗四三年一一月一一日。
(33) 同右、第七一冊、粛宗四四年七月一八日・八月二四日。
(34) 同右、第七五冊、景宗四年正月一四日・二月一一日。
(35) 同右、第七八冊、英祖元年八月八日。
(36) 同右、第七八冊、英祖元年一〇月六日。
(37) 『承政院日記』第六〇四冊、英祖元年一一月二日。
(38) 同右、第六四五冊、英祖三年九月一二日。
(39) 同右、第八一四冊、英祖一一年一二月一〇日の条に、宋真明が「臣於辛亥疏中。已陳大小銭之説」と上疏していることを根拠としている。なお英祖七年三月一七日、彼は刑曹参判から大司成に遷り、更に九月二五日、平安道観察使に遷っている。
(40) 朴趾源『燕巌集』巻二、書、賀金右相履素書、別紙。
(41) 実際には英祖二七年二月から英祖二八年六月までの間、三営で六〇万七〇〇〇両が鋳造された。前註(20)李、九頁。
(42) 『朝鮮純祖実録』巻一七、純祖一三年四月戊午、同右、巻一九、純祖一六年七月辛亥。
(43) 宮下忠雄『中国幣制の特殊研究』日本学術振興会、一九五二年。

第七章　倭銀から礦銀へ

はじめに

従来の朝鮮史学では朝鮮後期における銀の流通についてほとんど研究がなされてこなかった。その理由は、第一に、朝鮮経済が同時期の中国や日本と比較して貨幣をほとんど必要としない自給自足的性格を有していたことである。朝鮮は永らく綿布や穀物などの現物貨幣を交易や納税に使用し続けた。第五章で考察したように、銅銭の通行は仁祖一二年（一六三四）より開始されるが、市場への散発的な銭供給はかえって首都漢城における深刻な銭荒を惹起した。銭流通が安定するのは一九世紀以降であった。銀については、壬辰倭乱の際に明軍が兵餉として使用したことを契機に流通が始まったが、その大部分は遼東に投下され、朝鮮に流入した銀も漢城のみで通行し、外方すなわち漢城以外の地では貨幣としての価値を獲得し得なかった。倭乱終息後、銀は主に中国や日本との貿易に使用されるだけで、国内では漢城を除きほとんど流通しなかった。朝鮮政府もかつて明に銀の貢納を免除してもらった経緯があるため、銀鉱の開発や銀貨の流通には消極的であった[1]。

第二の理由は、朝鮮後期の貿易構造が主に中国と日本との中継貿易であったことである。すなわち朝鮮は東萊府釜山鎮に設置された倭館を通して日本より銀を輸入し、燕行使が行う使行貿易を通して倭銀と引き替えに中国産の生糸や絹織物を輸入し、それを日本へ転売していたのである。絹織物の一部は朝鮮国内でも消費され、日本へは人蔘など朝鮮の物産も輸出されたが、基本的に朝鮮は中継貿易を通して利益を獲得していたのである。その過程では、銀は日本から中国へ一方的に通り抜けて行く貴金属に過ぎず、朝鮮国内で貨幣として循環することはなかったものと見られてきた。

ところが、銀を単なる貴金属商品と見なすと、日本が人蔘代往古銀を鋳造したことの歴史的必然性が理解できないのである。一六〇九年の己酉約条によって倭乱以降途絶えていた対日貿易が再開されたが、当初対馬藩は幕府が銀座で鋳造し国内で通用させていた品位八〇％（銀八〇％・銅二〇％）の慶長銀を輸出していた。朝鮮はこれを丁銀と呼んだ。ところが元禄八年（一六九五）、幕府は通貨供給量を増加させるため慶長銀を品位六四％の元禄銀に改鋳した。対馬藩はしばらく手持ちの慶長銀でしのいだが、朝鮮政府との厳しい交渉の末、元禄一二年（一六九九）より元禄銀での支払いに切り替えた。その後幕府は宝永三年（一七〇六）より宝永銀（五〇％）、永字銀（四〇％）、三ッ宝銀（三二％）、四ッ宝銀（二〇％）など相継いで悪鋳を実施したが、これらは到底朝鮮では受け取られないため、宝永七年（一七一〇）より人蔘代往古銀（特鋳銀）と呼ばれる品位八〇％の輸出用銀貨が鋳造され、正徳二年（一七一二）より輸出が開始された。その後正徳四年（一七一四）に国内銀が品位八〇％の正徳・享保銀に戻されたことにより、享保元年（一七一六）より国内銀の輸出が再開されたが、元文元年（一七三六）に再び国内銀の品位が下げられたため、元文四年（一七三九）以降は人蔘代往古銀の輸出が復活した[2]。

一方倭銀の終着点である中国では、地域や業種ごとに異なる種類の銀が通用していたが、品位は足銀で九九・二％、紋銀で九四％前後であった[3]。地域間交易を現銀で決済する場合には、銀炉と呼ばれる民間の銀細工匠が改鋳を行っていた。それではなぜ幕府は朝鮮に純銀に近い灰吹銀を渡さず、わざわざ二割の銅を混入させた人蔘代往古銀を鋳造したのであろうか。また銅を混入させ人為的に品位を低下させた倭銀は、ひとたび中国に入ればたちまち銅を抽出され、高品位の足銀や紋銀に改鋳されるにもかかわらず、なぜ朝鮮は丁銀を強く求めたのであろうか。朝鮮が八〇％の品位にこだわったのは、中国貿易のためではなく、国内に何らかの通貨事情があったものと考えざるを得ない。しかしこれまで人蔘代往古銀は日本史の側から研究されてきたため、受け取り手である朝鮮の通貨事情についてはは全く検討されてこなかった。せいぜい燕行使の派遣時期に合わせて対馬が朝鮮へ銀を送っていたことや朝鮮側の品位鑑定能力が低いことが強調される程度であった。

中国側が朝鮮に丁銀を求めた事実と理由が存在しない以上、丁銀への選好性は朝鮮側にあったと見なければならない。宮嶋博史は当時の商業不振の原因を朝鮮政府が銀と国内経済との関係を断ち切り、自給自足体制を固守しようと努めたためであると述べているが[4]、対外貿易という場面では政府は銀輸入に対し積極的な態度で臨んでいたのである。本章の課題は、朝鮮がなぜ慶長銀や人蔘代往古銀といった品位八〇％の丁銀を選好したのか、そして倭銀の輸入が逐次逓減し、一八世紀半ばに杜絶するに至って、朝鮮は対清貿易の決済手段を何に転換したのかについて検討する。

一　一七世紀の銀流通

朝鮮が国内で銀を使い始めるのは壬辰倭乱以降のことである。韓明基は財政不足に苦しむ明の勅使が光海君政権の政治的不安定性につけ込み、賄賂の形で多額の銀を要求したことを強調するが、朝鮮政府も積極的な銀鉱開発に乗り出した。宣祖三三年（一六〇〇）には端川銀鉱における私採を厳禁し、公採は従来通りこれを許すという、これまでの銀採掘禁止・統制姿勢を崩していなかったが[5]、光海君元年（一六〇九）には兵曹判書李廷亀が民間人による銀鉱の開発を提起するなど[6]、朝廷でも柔軟な意見が出されるようになった。光海君九年には戸曹が端川の採銀匠人に吹錬法を試行させているが[7]、銀の製錬技術は低かったようであり、二年後の光海君一一年、戸曹は端川や衿川の銀鉱では民が吹錬法を習熟できなかったため、結局民間での銀私採は成功しなかったと報告している[8]。己酉約条が結ばれ、倭銀が流入し始めると、不経済な国内銀の採掘熱は低下した。

朝鮮政府が銀採掘を促進した理由は、国内で貨幣として通用させるためでなく、主として兵餉として備蓄するためであった。ところが仁祖一四年（一六三六）の丙子胡乱で多数の俘虜が瀋陽に連行され、朝鮮が彼らを贖還するため大量の銀を清朝に支払わねばならなくなると、なけなしの国内銀は払底し、仁祖一六年には銀の私採奨励が再度実施された[9]。仁祖二二年には国庫銀の不足により、燕行使が持参する八包が一人当たり銀二千両から五〇両に減らされ、残りは他の物産に置き換えられた。この措置は顕宗期に堂上官・上通事が銀三千両、堂下官が銀二千両に戻されるまで続けられたと言われる[10]。だが顕宗四年（一六六三）に至っても、戸曹判書鄭致和が「今後必ず捜銀の法を厳しくし、国内の銀貨を他境へ流出させないようにすべし」と請うているように[11]、この当時中国への銀の持ち出しは厳しく制限されていた。

政府が国内銀鉱や対日貿易で掻き集めた銀は各衙門・軍門に備蓄され、国外輸出はもちろん、市中での通行も極力抑制された。しかし商人の銀流通を抑制することは既に不可能であった。顕宗五年には、副提学李慶億が「各衙門は多くの銀を蓄えているが、貯めるだけで使わないため、都民は利を失い、資金を得ることができず、不満の上訴が大変多い」と訴え、顕宗が「各衙門の銀購入は何年から始まったのか」と問うと、領議政鄭太和は「丙子の変により国用が蕩尽したので、各衙門は前事に懲りて、銀を軽貨とした。故に儲蓄する所の銀は事変に備えるためである」と回答し、李慶億も「今後は各衙門に命を下し、銀購入の弊を厳禁せよ」と迫ったので、顕宗もこれに従った[12]。また顕宗六年には、左議政洪命夏が領中枢府事李景奭の「各衙門が儲蓄している銀貨は不時の需要のためのものであるが、都民は銀貨の高騰に苦悶している。そこで今後は斟酌転換し、公私の事を便利にすべし」という意見を披露して銀の放出を要請し、承認された[13]。銀は丙子胡乱以後も兵餉備蓄のため国家が集積していたが、漢城で流通する銀が払底すると商業や貿易が萎縮するため、この後市中でも通用が認められるようになった。顕宗一四年（一六七三）になると、戸曹判書閔維重が、燕行使の銀貨持ち出しは厳禁されているはずだが、今では公然と行われていると嘆くほどに、銀の輸出規制は弛緩していた[14]。八包が銀へ再転換されるのは恐らくこの後のことであろう。

こうして銀は政府によって輸出と流通が厳しく制限されたにもかかわらず、なし崩し的に使用されるようになった。その背景には私貿易で潤う燕行使の随行員や輸入品を独占的に販売する市廛商人の存在があったものと思われる。ただ倭銀が安定的に供給されるようになると、国庫備蓄銀の不足は以前ほど心配の種とはならなくなった。政府はむしろ銀流通の拡大が「貨権在上」と呼ばれる国家による貨幣運用権の確立をより一層困難にさせることを危惧した。そこで登場したのが常平通宝である。

粛宗四年正月二三日、領議政許積は「我が国には本もと通行の貨がなかったが、近年以来銭を通貨と為した。しかし柴菜の価格に至るまで、皆銀を用いている。銀は我が国の産ではなく、一般庶民が所有できるものでもない。出銀の路は狭いのに、用銀の路は広い。それゆえ今日、銀貨を偽造する弊害が極みに達している。一方銭は天下通行の貨である。しかし我が国には障碍があり、以前よりたびたび通用させようとしたが通用できなかった。今では物貨が流通しないため、人民は皆銭の流通を願っており、大臣や宰相も皆便益だと考えている。今こそ銭を通用すべき時である」と上啓し、本格的な銭流通を実施せよと唱えた。これに応じて粛宗は、戸曹・常平庁・賑恤庁・司僕寺・御営庁・訓錬都監にて常平通宝を鋳造し、銀一両を銭四〇〇文に定めるという決定を下した[15]。閏三月には備辺司も「銭幣は天下万国通行の貨であるが、我が国では何度試みてもすぐに停止し、今なお通行できないのは、銅が国産でないためである。また麤木（粗布）は交易に便利なものであったが、近年以来麤木は断絶し、公私の諸物品売買は専ら銀貨に依っている。柴炭蔬菜のような些末な物も必ず銀貨を有して始めて交易が可能となる。しかし銀貨もまた我が国の物産ではないし、その価値もまた重く、最も低昂軽重の便を妨げる」と上啓し、四月一日より銅銭を通用すべしと訴えた[16]。「低昂軽重の便」とは価格の低いものにも高いものにも使用できるという意味であろう。

許領相と備辺司の上啓に共通するのは、銅銭流通の試みが尽く失敗に帰し、漢城では日用品の売買に至るまで全て銀で取引がなされていたという点である。当時の主たる交換手段が綿布（ただし二升布・三升布のような使用価値の乏しい粗布は既に淘汰されていた）や穀物であったことを鑑みると、銀が市場に普及し流通の主役となっているという認識にはかなりの誇張が含まれていると見られる。また両者とも常平通宝を鋳造するための原料銅を安定的に供給できる体制が整ったとも言っていない。にもかかわらず彼らが常平通宝の鋳造を強く求めたのは、漢城市場に流通する銀貨を回収することで政府の銀備蓄を積み増し、更に銭供給の一元化により「貨権在上」の実現を目指したものと考えられる。

だが、銀と常平通宝との交換は容易には進まなかった。粛宗五年二月三日、備辺司は「当初は銭価格を高めに設定すると普及が難行するとの判断から、試行的に銀一両＝銭四〇〇文の交換比率を設定したが、これでは原料銅の購入に支障をきたすため、今後は銀一両＝銭二〇〇文に引き上げたい」と請願し、裁可された[17]。銭の鋳造には相当の経費を要することは雲南からの銅供給が可能な中国とて同じであった。朝鮮では有力な銅山がないため、銭供給を進めるほど政府の出費が増えるという矛盾は中国より深刻であったらしい。ところが銭価を一挙に二倍に引き上げたことにより、市中では富民による銭の買い占めが起こった。同月一八日、司憲府持平申澤は、新令頒布の前から情報を得ていた者が銀を売って市中の銭を買い漁ったため、諸衙門が鋳造した銭文は尽く富厚の家に集まり、庶民の怨嗟を招来していると上啓し、新令を実施一〇日前に発表するよう提議した。粛宗はこれを五日前に短縮させ、銭一〇両（一〇〇〇文）以上を買った者を摘発し処罰するよう命じた[18]。

ところが漢城の通貨市場は政府の新レートを高すぎると評価し、実物や銀の騰貴を惹き起こした。三月二七日には知事金錫冑が、米貴銭賤により兵士や胥吏の給与が目減りしていると上啓し[19]、また四月八日には行大司憲呉挺緯が、政府は公定レートで銭文を銀と交換しているが、市民は銀貴銭賤のため銭を加給して通用していると上啓し[20]、政府と民間との間に銭価の開きが生じていることを訴えた。五月一三日には持平李漢命・裴正徽が、諸衙門は銭納を拒んで銀納を求めたりしないこと、法に違い私的に相場を操る者を処罰すること、米廛は銭以外の手段で売買を行わないことなどの強行措置を講ずるよう上啓した[21]。だが銀貴銭賤は終息せず、同年九月には銀一両の実勢価格が銭四〇〇文まで戻り、粛宗六年二月には八〇〇文にまで高騰した[22]。

その後銭価は持ち直したようであるが、粛宗八年三月、領議政金寿恒は「今に到っても銭は安く、銀一両の値が銭二五〇文に達している。もし銭賤が継続するようであれば、京外での鋳銭は暫く停罷すべし」と上啓しているように[23]、これだけ銀価が下がっても政府は満足できなかった模様である。市中では銀流通が一向に衰えず、粛宗一八年には右議政閔黯の提案で「仮鋳銀貨之律」が制定され、銅銭の私鋳より重い罰則が科せられた[24]。

粛宗二三年、政府は原料銅調達費用の高騰により銭の鋳造を停止した。これ以降銭価は次第に高騰し、やがて漢城は慢性的銭荒に陥る。ただ朝鮮政府の方針はあくまで銭価格の公定化であり、中国のように銀銭価格を市場相場に委ねるつもりはなかった。英祖期に編纂された『続大典』巻二、戸典、国幣の条にも「丁銀一両。代用銭文二両。低仰［抑］者。官吏入啓論罪。小民杖一百定配」と見え、銀一両＝銭二〇〇文の公定レートが放棄されることはなかったのである。

ところが、慢性的銭荒にもかかわらず銭の対銀相場は二五〇文からほとんど上昇しなかった。銭の鋳造停止と時を同じくして、銀の輸入も減少し始めたからである。

二　元禄銀問題の発生

粛宗二三年すなわち元禄一〇年（一六九七）四月、対馬藩は元禄八年より国内で通行している元禄銀の使用を朝鮮政府に要請した。宗家文書を用いた田谷や田代の研究によると、対馬藩は元禄銀の品位を六四％として交渉に臨んだが、朝鮮政府はいったん漢城で吹き分けを行った。その後朝鮮商人の金内禁が対馬藩の役人に伝えた情報によると、政府は六三％まで銀を抽出できたが、銀の表面が黒みを帯びるため、六二％と見なすべしと考えていたようである。対馬藩はこれに異議を唱えたため、元禄一一年五月、朝鮮政府は六三％でも構わないと回答し、対馬藩も同意したとされる。ところが朝鮮側史料によると、この交渉は単なる品位をめぐる対立にとどまらない深刻な問題を包含していたことがわかる。

英祖後期に『東国文献備考』という名で編纂が始められた『増補文献備考』巻一六四、市糴考二、互市、倭関開市の項には「戊寅（一六九八）、倭人が元字銀の通行を請うた。元字とは六星の謂である。時に日本は既に八星の制を改め、更に六星を造り、国中に通行していた。倭館の者が来て云うには、（幕府によると）旧銀五〇両はちょうど純銀四〇両である。新銀五〇両はちょうど純銀三一両である。（対馬藩が）旧銀を吹き分け、新銀と比較したところ、新銀は六星三分であった、と。そこで府使趙泰東が商訳に吹き分けさせたところ、新銀五〇両から純銀三一両八銭五分が抽出された。朝廷は新銀千両を取り、これを北京市場に送って売れるか否かを試してみた。倭人は久しく六星銀の使用を請うており、ここに至って朝廷は六星銀が（旧銀より）二星劣ると計算して北京市場で売ったところ、必ずしも交易が行き詰まることはなかった。そこで遂にこれを許可した」と記されている。しかし対馬藩が交渉を前年の一六九七年に始めていること、幕府も対馬藩も元禄銀の品位を六星四分（六四％）であると認識していることなどの点で、宗家文書と内容が異なっている。また東莱府使による吹き分けや、北京での元禄銀試行などは『辺例集要』を除き他の朝鮮側史料に記録がない。

『辺例集要』巻九、開市によると、戊寅二月、府使朴権の下に日本銀が八成から六成に代わったことが伝えられ、五月には朴権が監市裨将・収税官・商賈を東莱府衙門に集めて新銀を吹き分けさせたところ、新銀五〇両から純銀三一両五銭が抽出されたので、商賈らはこれを六成三分と見なしたとあり、また同年一〇月には府使趙泰東が、新銀数千両を冬至使に持たせ、売れないことを確認した後で受領を拒絶しても遅くないと状啓し、朝廷もしばらく行用を許し、北京市場で六成三分と評価されないのであれば退斥すべしと回答したとある。東莱府による吹き分けが行われたことは確かなようだが、府使は趙泰東でなく朴権であり、また北京での試行は成果が確認されていない。元禄一一年に東莱府使が六三％程度の銀を吹き分けたことは宗家文書にも見られるが、新銀五〇両が純銀三一両八銭五分に相当すること、すなわち品位を六三・七％と鑑定したことは典拠が不明である。総じて『文献備考』の記述は信憑性が薄い。

とは言え、朝鮮政府が元禄銀の品位ではなくその通用性に強い疑問を抱いていたことは確かなようである。ただし朝鮮政府は中国市場での通用性ではなく、国内市場での通用性を懸念していた。そこで政府は対馬藩に対して藩主の書契を求めた。この書契は元禄一一年七月、対馬藩から東莱府使朴権に手渡され、朝廷で検討された後、翌一二年（一六九九）一二月、東莱府使趙泰東より回答が寄せられ、最終決着が付いた。

品位交渉が元禄一一年五月に妥結され、七月には対馬藩主の書契が手交されたにもかかわらず、元禄銀の通用を認めるという回答が翌年一二月まで下されなかったのは、朝廷での議論が長引いたからである。すなわち粛宗二四年（一六九八）九月には、漢城に到着した書契をめぐり、右議政李世白が「書契にはでたらめな言辞が多く、劣の字は一言も記されていない。勘定所に書契を代送させたのも別の意図が有り、最も狡詐を極めている。このことは商賈の互市に係わる問題であるので、些細な事柄だと謂うことも可能である。しかし既に一国通行の貨と為せば、他日無窮の害を起こすであろう。些事であることを口実として容易に処理してはならない。そこで劣数を計り永久に（歩増しして）行用するとの意を以て、書契を改訂させ、真偽を観察することを請う。蓋し倭人は八星を減じて六星とすることを請うているからには、劣数二分を計上し、八星の数に準ずべきであるが、ここには劣数計上のことが書かれていない」と上疏し、大司諫金構もこれに同調した。粛宗が朝廷に諮ったところ、領議政柳尚運・左議政尹趾善は連名で「書契が既に発せられ、日時もやや経っている。理由もなく（交渉を）中断するのは国体を損ねる。今はただ将臣らが朝廷を惑わした罪を問い、すみやかに処断すべきである」と上疏した。そこで粛宗は後日検討すべしと答えた[25]。

李世白の主張通り、確かに対馬藩主宗義真《そうよしざね》が東萊府使・釜山僉節制使に宛てた書契には新銀の品位が低下したことについて触れておらず、ただ日本では新たに元字標銀が通貨となったので、貴国の商人にもこの旨周知されたいとだけ記されているに過ぎない。しかし訳官や商人らに下された証文には輸入品・輸出品とも一〇〇両につき二七両の歩増しを行うことが約定されている[26]。この事実を李世白や金構が知らなかったとは常識的に考えられない。また元禄銀での取引を認めることが「一国通行の貨と為す」ことになるというのは論理の飛躍である。にもかかわらず彼らが交渉の中断を強く要求した背景には、元禄銀が朝鮮国内で通用しないのではないかという危惧があったからだと思われる。

粛宗の決断により書契の件は議論が中断されたが、元禄銀による取引は容認されたようであり、翌年五月には、既に東萊で収捧された政府貸付銀が漢城の各衙門へ送られ、戸曹で吹錬されていた。ところが銀匠の吹錬技能は稚拙で、倭館で取り決められた六三％の品位を上回ったり下回ったりしたため、銀価が高騰し、使行貿易に携わる通訳官が各衙門へ返納する銀を確保できなくなった。そこで五月一五日、左議政崔錫鼎が銀銭半数ずつを収捧する案を出した。これに対し行戸曹判書閔鎮長は反対を、左議政金鎮亀は賛成を唱えたが、粛宗は臨時措置として半数収捧案を認めた(27)。一方、閔鎮長は五月二〇日の廷議にて「初め新銀を一〇〇両吹錬させたところ、匠手が不善であったため、六成三分なのに一両以上少なかった。更に他の匠手に二〇〇両を吹錬させたところ、ちょうど六成三分を吹き出した」と述べ、朝鮮匠手の吹錬技能が低いことを強調し、更に「その銀貨は薄劣で偽造が容易であり、防禁の策を厳しくしなければならない。諸臣も皆、今後は倭館より出来する銀貨は東萊府に命じて天銀に吹錬させるべしと言っている」と上啓した。左議政崔錫鼎も私鋳の弊が防止されるとして天銀への改鋳案に賛成した。更に兵曹判書李濡はいっそ倭館で天銀に吹錬させてはどうかと述べ、粛宗もこの案に乗りかけたが、閔鎮長は朝鮮の商賈に吹錬させるべしと主張し、崔錫鼎も既に倭人と協定が成立しているとして慎重論を唱えたので、結局粛宗は閔鎮長案を採った(28)。

これらの議論から窺い知れるのは次の諸点である。第一に、書契の件は棚上げにしつつ、朝鮮は元禄銀の輸入を認めていたことである。第二に、丁銀がそのまま通行していたのに対し、元禄銀は天銀すなわち純銀に吹き替えなければ通行が不可能であったことである。このことは元禄銀が朝鮮商人に信任されていないことの現れであるが、逆に丁銀は高い信頼を得ていたことをも意味する。第三に、朝鮮人銀匠は吹錬技能が低いため、元禄銀の天銀への改鋳は日本人しかできないことを朝鮮政府は知っていたことである。前節で論証したように、当時の漢城では既に銀の流通が相当活発であったが、朝鮮人は中国人のように銀色を正確に識別する能力を持っておらず、倭国の丁銀であることを信用の拠り所としていたのである。おそらく丁銀に打刻された銀座の極印などを頼りに真偽を見分けていたのであろう。

市場の信任を得られなかった元禄銀は一度は天銀に改鋳することに決められたが、品位にばらつきが生じ、また容易に偽造されたようであり、天銀が市場に出回ることはなかった。そこで元禄銀は朝鮮の鉱山より産出された礦銀（日本で言う灰吹銀）と同様、各衙門・軍門の備蓄用に充てられた。使行貿易により丁銀が中国に輸出される一方、日本より輸入された元禄銀は市中では通用されないため、漢城の流動性は減少し、銀貴はますます激化していった。やや後の史料であるが、粛宗四二年（一七一六）、行判中枢府事金宇杭は「近来銀貨は名色が甚だ多く、使行における弊害が深刻である。既に旧丁（慶長銀）があり、その後六星（元禄銀）・八星（人蔘代往古銀）があり、最近では新丁（正徳・享保銀）がある。今は新丁を通用するよう定められたため、元銀は死貨となった。各衙門が儲備する元銀も多いが、実に無用のものとなっている。諸臣の考えによると、元銀は我が国では無用の物であるが、北京では使用することができるので、使行の時、八包の銀に加え元銀を余分に持って行かせ、丁銀と交換させれば良いと云う」と上啓しており[29]、結局元禄銀の多くは改鋳されず、そのまま「死貨」として諸衙門に備蓄されていたようである。元禄銀は礦銀と同様、中国では交換価値を有するが、朝鮮国内では貨幣として使用することができない、ただの貴金属に過ぎなかった。

しかしながら、一六九九年より開始された元禄銀の輸入は長続きしなかった。一七〇六年に勘定奉行荻原重秀が元禄銀を更に品位の低い宝永銀に再改鋳すると、対馬藩は朝鮮が到底これを受け取らないであろうと判断し、灰吹上銀か慶長銀と同品位の銀を交易に使用したいと荻原重秀に強く働きかけたため、慶長銀と同品位の人蔘代往古銀が特鋳銀として鋳造されるようになった。皮肉なことに、幕府が銀貨を悪鋳したことにより、結果として朝鮮は再度丁銀を輸入できるようになったのである。

宗家文書によると、人蔘代往古銀の鋳造は宝永七年（一七一〇）より開始され、翌年より朝鮮政府との交渉に入り、正徳二年（一七一二）から通行されるようになったとされる。ところが幕府が品位五〇%の宝永銀（二ッ宝銀）を鋳造した翌年の宝永四年（一七〇七）九月、対馬藩は東萊にて宝永銀の通行交渉を行っている。『辺例集要』巻九、開市によると、東萊府使韓配夏は同年九月「代官倭らが書契を通して、日本行用の元銀が上年（宝永三年）秋より宝字標新銀に改造されたので、願わくば貴国との交易にもこれを使用したいと願い出ているが、品位については始終明言せず、ただ元銀の上・旧銀の下と言うのみである」と状啓し、一〇月には「宝銀を吹錬して秤量したところ五成に過ぎず、六成三分の元銀にも及ばなかった。倭人が謂う所の旧銀の下・元銀の上とは全て虚罔であった」と状啓している。

これによると対馬藩は品位を曖昧にしながら宝永銀通用交渉に臨んだようである。府使韓配夏が強いて問うと、倭館の役人は新銀の品位が「慶長銀より低いが元禄銀より高い」と嘘をついたが、翌月彼が現物の宝永銀を吹錬して測ったところ五成に過ぎなかった。そこで彼らを難詰したところ、「国元でそう聞いてきただけです」と答えている。当時の朝鮮では銀の吹錬技術が高くなかったが、対馬藩もこのような幼稚な嘘がすぐ露見することくらいは予知していたであろう。ではなぜ彼らはかかる行動を取ったのであろうか。

田代和生によると、貿易不振に悩む対馬藩は宝永二―三年頃から灰吹上銀か慶長銀と同品位の銀を日朝交易用銀とすることを勘定奉行荻原重秀に請願していた。その直後に重秀は元禄銀を宝永銀に改鋳したのである。そこで対馬藩は朝鮮が断るのを承知の上で形ばかりの通行交渉を行い、重秀に低品位銀が朝鮮では決して受領されないという事実を突き付けたのであろう。交渉担当者が品位について聞かれ、新銀は元禄銀を上回り慶長銀を下回ると述べたのは、ひょっとすると対馬藩に次善の案として新しい貿易銀の品位を七成あたりで妥結させたいという腹づもりがあったのかもしれない。しかし韓配夏が直ちに実物の吹き分けを行ったことで対馬藩の拙速な根回し工作は露見し、疑心を深めた朝鮮政府を説得する道は丁銀への復帰しか残らなくなった。しかし荻原重秀も簡単には折れず、その後も通行交渉が続けられ、宝永五年（一七〇八）には東萊府で分析するところまで漕ぎ着けたものの、朝鮮は「元字銀とは違、殊外狂候而難吹分」と回答して受け入れを拒否した。[30]

ところで粛宗三三年（一七〇七）九月の韓配夏の状啓を受け取った政府は、同月二〇日の廷議で、領議政崔錫鼎が「東萊府使の状啓によると、倭人は元字旧銀を廃し、宝字新銀を出送したいと請うているとある。旧銀の通用が一〇年も経たないのに、また改訂を請うており、その間の事情は推し量り難い。しかし新銀は旧銀と比べてやや高品位なので、たとえ今これを許したとしても、貨幣政策において損はないだろう。通行を始める前に必ず両国の人を立ち会わせて吹錬を実見させ、品位を検証した上でこれを通用すべし」と上啓し、礼曹判書趙泰采も「元銀は戊寅年に始めて出来したが、通用久しからずして突然品位を七成に加増することを請うており、その中に如何なる奸計が有るのか分からない」と述べた。[31] 崔錫鼎も趙泰采も対馬側の言い分を信じたが、趙泰采に至っては「元銀の上・旧銀の下」という字句から新銀の品位を七成と決めつけている。韓配夏により翌月には宝永銀が五成であることが露見して議論は沙汰止みとなり、この数年後には特鋳銀の通行交渉が始まった。ところが特鋳銀もまた宝永年間に鋳造されたものであったため、朝鮮政府は後々まで特鋳銀の品位を七〇％であると誤解し続けた。[32]

人蔘代往古銀の輸出が始まった二年後、幕府は国内銀の品位を八〇％に戻した。また輸出銀の品位が八〇％に戻ったことにより、元禄銀の通用により落ち込んでいた銀の輸出額はある程度回復し、その後安定的に推移した。ところが一七三〇年代から銀輸出は再び減少し、宝暦二年（一七五二）を最後に公式記録から姿を消す。その理由は品位四六％の国内通用銀である元文銀と人蔘代往古銀との引き替え条件を厳しくして、対馬藩による銀輸出を抑制しようという幕府の意図によるものであった。[33]

幕府の引き締め政策により朝鮮では一八世紀以降、銀が次第に枯渇する。その影響を直接被ったのが使行貿易であった。粛宗四二年（一七一六）金宇杭が燕行使に元銀を余分に持たせよと上啓したことは既に述べたが、二年後の粛宗四四年には各衙門の元銀備蓄も底を尽き、訳官に持たせる八包の銀さえ確保できなくなったため、備辺司が元銀・丁銀を問わず銀を掻き集めるよう上疏している。[34] 粛宗四五年には、右参賛趙道彬が、近年清朝側の賄賂要求が増え、燕行使が持ち出す官銀が三万両から四万両に達しているため、平安道監営・兵営に備蓄している国内では通用不能の元銀の中から一万両を工面すべしと主張し、領議政金昌集も、元銀は六星であるがゆえに我が国では通用できないため、これまで使行の際に訳官に持たせていたが、今では京衙門の元銀も払底したと述べているように、[35] 中央政府の備蓄は数年で空になり、地方軍営などの備蓄を融通する以外に丁銀や元銀を確保する手立てが無くなった。英祖九年（一七三三）、平安道観察使権以鎮は、辛卯年すなわち粛宗三七年（一七一一）まで戸曹には二〇万両の銀があったと語っており、[36] 中央の銀備蓄は数年で激減した模様である。英祖八年までには、戸曹が市廛商人から購入する諸物資や使行貿易によって調達する内医院の漢方薬と尚衣院の絹織物の代金を純銀から銭で支払うように改められたが、銭相場が銀一両＝銭二六〇―二七〇文であるにもかかわらず、政府は公定価格の二〇〇文しか支給しなかったため、強い不満が起きるなど[37]、銀備蓄の枯渇は市場に深刻な影響を及ぼすようになった。とは言え、使行貿易を中止することは外交上のみならず経済上においても不可能である。そこで政府は礦銀の輸出に踏み出した。

三　礦銀の輸出

市中で通行していた丁銀が減少し、死貨として国庫に備蓄されていた元銀さえ払底した朝鮮は、東萊貿易では充分賄いきれない中国向け輸出銀を礦銀で補塡するようになった。礦銀（壙銀）とは朝鮮国内で採掘された純銀（十成天銀）で、品位にばらつきがあったため貨幣としては流通せず、これまでは元銀と同様、国家備蓄に回されていた。礦銀の輸出が永年控えられていた理由は、朝鮮では銀が産出されないという明代以来の建前を堅持し、清朝の銀貢納要求を予防するためであった。しかし元銀が払底すると、各衙門・軍門は丁銀を出し惜しみ、燕行使に礦銀を持たせるようになった。

景宗元年（一七二一）、新国王の冊封を請願するため清朝に送られた奏請兼冬至使の正使李健命・副使尹陽来によると、礼部侍郎羅瞻が景宗の冊封に際して天銀五千両の賄賂を要求し、李健命らは手持ちの丁銀六千両を支払ったとあり[38]、この時にはまだ丁銀を北京へ持参していた。だが英祖元年（一七二五）、冬至使正使金興慶が各衙門・軍門に銀貨の貸与を求めたのに対し、禁衛営は連年にわたる訳官への貸し出しにより、現存する銀備蓄が新丁銀五千両にまで低下したとして、平安道監・兵営や義州の銀貨を用いるべしと返答しており[39]、左議政閔鎮遠も、戸曹は馬蹄銀を蓄えていたが、我が国では通用されないので、使臣が備辺司に請願して戸曹より馬蹄銀四千―五千両を捻出させたと報告している[40]。馬蹄銀とは中国の銀両鋳貨のことであるが、ここでは純度が高い銀すなわち礦銀を指すものと思われる。衙門も軍門も明言こそしないが、この頃から可能な限り丁銀を留保し礦銀を使行に供出するという方針を採るようになったものと見られる。

一方、英祖三年（一七二七）閏三月、冬至使副使鄭亭益は帰国報告において「近来壙銀が際限なく中国に流入しているが、壙銀とは我が国で採掘された銀のことである。昨年四回の燕行使が持ち出した壙銀は十余万両に至った。この値から推計すると、数十年来の壙銀流出は幾千万にも達するだろう。我が国の貴重な銀で中国の不要な雑貨を購入し、尽く消費に帰するのは奢侈と言うべきであり、甚だ憂慮すべきである。……また中国で聞いたところ、これまで我が国の壙銀は十成の天銀として用いられてきたが、最近我が国の人間は狡猾になり、製錬の際に鉛を混ぜるのだが、胡人（清国人）はすぐに気づき、八星銀に代えよと言う。朝鮮人の詐欺は全て容易に見破られ、常々彼らに唾棄罵倒されているそうである。このこともまた非常に情けない。臣が思うに、今後は所謂壙銀を中国に入送することを禁止し、国内だけで通行させれば良いのではないか」と上啓し、正使の密豊君李坦も「使行の際に持ち出す銀貨の数は、壙銀が常に丁銀の二倍に達する。また詐欺行為も副使の報告通りであり、禁止措置を設けるべきである。鉛の混入に対しては諸臣の意見通り、朝廷が字標を定め、常平通宝の規定に倣って鋳造を行えば、偽造を予防できるだろう」と述べている[41]。両使臣の報告から、第一に、礦銀の輸出が近年激増していること、第二に、品位のばらつきは吹錬技術の低さではなく、製錬過程における不正行為によるものであることが読み取れる。正使の李坦は偽造対策として銀貨に字標を入れよと言うが、彼が常平通宝のようなコインの鋳造を想定しているのか、それとも丁銀のような極印の打刻を想定しているのか、この史料からは判断できない。

鄭亭益の礦銀輸出禁止案は廷議に掛けられ、諸臣は概ね賛成した[42]。しかし使行貿易を継続しつつ礦銀の輸出を止めるためには手持ちの丁銀を放出しなくてはならないが、それはいずれの衙門・軍門も望むところではなかった。英祖一〇年（一七三四）には平安道監察使朴師洙が、銀匠による鉛混入の弊害が相変わらず深刻であり、本営所属の銀店（銀鉱山）では造銀の際、銀店名と匠手の姓名を打刻しているので、今後は国内のあらゆる銀店でも同様の打刻を行うべしと上啓したが、廷臣らは煩瑣であるとして難色を示し、英祖もこの案を却下した[43]。この頃には、対中輸出銀に占める倭銀の割合は一割程度に過ぎず、残りは皆礦銀であった[44]。結局この年、英祖は奢侈禁止令を頒布して、贅沢品である絹織物や装身具の消費抑制を図り、更に英祖二二年（一七四六）には、使行一回で十万両の礦銀が流出するため、紋緞の禁を発布して、民間向け高級絹織物の輸入を禁止した[45]。因みに英祖一二年（一七三六）、進香使正使洛昌君李樘・副使李寿沆の帰国報告によると「清国人は使節が持参した関西の礦銀を丁銀の代用として受領することを欲せず、真偽を確認するため板子五〇両を吹錬させたところ、純銀三八両（品位七六％）であった」とあり[46]、礦銀の品位低下はその後も止まなかった。

このように英祖初年前後より輸出用銀貨は丁銀から礦銀へと急速に転換したのであるが、国内の各衙門・軍門は相変わらず丁銀への選好性を堅持していた。英祖一三年には、右議政宋寅明が使行に持参させる銀不足対策について「聞くところによると統営には元銀が二万両近くあり、江華もまた元銀があるようだ。我が国は天銀と八星丁銀を用いているため、萊貨である六星元銀は使用する場がない。しかし中国では六星・八星を問わず、全て通用できると言う。臣が考えるに、両処の元銀を取り寄せ、中国に持ち込んで生糸を購入させ、これを倭館に送り、丁銀に換えて両処に返還すれば甚だ好都合である」と提案し、英祖の裁可を得ている[47]。この時期に至っても地方の軍営ではまだ元銀が残っていたこと自体驚くべき事実であるが、政府の丁銀志向は揺るいでいなかった。

宋寅明はまた、英祖一八年（一七四二）における十成銀鋳造論についての英祖の下問に対し「京外の銀は総計三〇―四〇万両に過ぎず、全て九成ではない。今もし十成に改鋳すれば大半が減縮する（すなわち銀流通量が圧縮される）ので、不都合である」と返答している[48]。当時市中で取引に用いられていた銀もまた礦銀ではなく、宋寅明も礦銀を鋳貨として使用することに反対している。

更に『秋官志』によると、英祖三九年（一七六三）、漢城の朴務行・林震華・李晦根・河有福・朴成逢らが天銀に鉛銅を混入させ、七星・八星丁銀を合計六千両余り鋳造し、倭銀と偽って行使するという事件が発生した。政府はこれに対し「我が国所用の銀は礦銀に過ぎず、所謂七星・八星とは即ち倭銀である。……この銀がもし鴨緑江以北に流入すれば、言葉にならぬ程の国辱となるだろう」と判断し、首謀者朴務行、造人林震華、銀匽人李晦根、造銀匠河有福・朴成逢を市民の前で公開処刑した[49]。同史料は「我が国所用の銀は礦銀に過ぎず」と語るが、犯人が礦銀を用いて丁銀を偽造し、倭銀と偽って行使している事実から、市場では礦銀でなく倭銀が通行していたことは明白である。また朴務行が単純に手持ちの天銀を品位八〇％の銀に改鋳したのであれば、鉛や銅の混入に費用が掛かり損をするだけで、得られるものは何もない。もちろん品位を更に落とせばその分だけ利益が生ずるが、彼らが本物より品位の劣る倭銀を偽造したとは史料には書かれていないし、品位を下げ過ぎると見破られ易くなる。もし品位八〇％の銀を造っただけであれば、彼らの行為は中国では何の罪にも問われないのである。単純計算すれば損が出るにもかかわらず、彼らが敢えて偽の倭銀を鋳造したのは、天銀が朝鮮では貨幣として機能していなかったからであろう。この史料による限り、彼らの罪は品位を偽って不当な鋳造差益を得たことではなく、礦銀という銀塊から丁銀という貨幣を私的に鋳造したことであった。それほどまでに日本の通貨である（あるいは過去に通貨であった）丁銀は朝鮮にて厚い信任を得ていたのであり、逆に礦銀は市場で流通し得なかった、換言すれば礦銀は含有する銀量に比べ不当に低い価格でしか売れなかったのである。因みに三〇年後の正祖一七年（一七九三）、前江界府使権〓の上啓によると、同地では丁銀一両が銭三五〇—三六〇文、天銀一両が銭二五〇文の相場を付けていた[50]。朴務行事件とは時期も場所も異なるが、品位の低い丁銀の方が品位の高い礦銀よりも相当高価で取引されていたことが窺われる。

朴務行事件が起きたのは、倭銀の流入が完全に停止してから約一〇年後のことであった。恐らく漢城の市場では丁銀への渇望が日増しに強まっていたことであろう。では政府はなぜ、市場に流動性を供給しなかったのだろうか。既述の通り、英祖一八年には十成銀鋳造論が出されている。また英祖三四年（一七五八）には、翌年より使行の礦銀輸出を止め、代わりに度支銀を造成して、これを八包に充てよとの王命が下されている[51]。この度支銀がいかなるものであったのか不明であるが、少なくとも英祖が礦銀に代わる鋳貨を流通させようと考えたことは確かなようである。しかしそれらが日の目を見なかったのは、漢城の朝鮮商人には銀座の極印が打たれている丁銀こそが安心して授受できる唯一の銀貨であったからであろう。換言すると、彼らは中国人のように日常的に銀を使用していなかったため、銀色の鑑定能力を持ち合わせておらず、たとえ政府が天銀系の鋳貨を投下しても、その真偽を判別することができなかったのではないかと思われる。「貨権在上」論から見れば、朝鮮政府は銀貨の鋳造や流通を自己の管理下に置くことができず、商人層は外国通貨である丁銀を選好していた[52]。そして政府機関もまた貴重な丁銀の備蓄を維持し続けた。

正祖八年（一七八四）一〇月、開城留守鄭昌聖は「通例では勅使に対し丁銀を贈給すべきであるが、近来丁銀が枯渇し確保が不可能である。聞くところによると兵曹では封印したままの丁銀が一〇万両近く備蓄されているという。そこで本府が買い置いた天銀二千両を丁銀と交換して欲しい」と請願し、丁銀三千両との交換が許された[53]。勅使への贈給は本来品位の高い天銀が使用されるべきであるが、この頃には丁銀を贈ることが慣例化していたらしい。その理由は中国でも丁銀が選好されていたからではなく、偽造銀が紛れ込むことを予防するためであろう。

正祖二〇年（一七九六）正月一五日、開城留守李冕膺は「今回の（嘉慶帝即位を伝える）勅使の接待には天銀を純用することが備辺司から広く布告された。臣の府でも天銀を留置しているが、丁銀を使用せず天銀を純用すると、両者の得失は遙かに異なる。すなわち丁銀は八成に過ぎないが印鋳されているゆえ、贈給の際一度も受領を辞されたことはない。天銀はあるいは八成を超えているといっても、しばしば受領を忌避され、必ず割増給付を求められる。故に臣の府では以前は丁銀を純用していたのである」と上啓した。丁銀より品位の高い天銀が打歩を付けないと受領されないこと、丁銀の信用が高い理由は極印が打たれている鋳貨だからであることがこの史料からも裏付けられるが、彼は更に「京外に蓄えられている丁銀を皆無用の物と為すべし。丁銀を使用し尽くした後、始めて天銀を使用するのが、事理として当然である」と述べ、国庫から丁銀を払拭せず、丁銀・天銀併用財政を維持したまま天銀を贈給しても、勅使に足下を見られて損をするに過ぎないと批判している[54]。だが純祖一六年（一八一六）、戸曹が備蓄銀一二万両を捻出させ銅銭の鋳造を企図した際、兵曹には天銀二万両と丁銀一万五千両を、御営庁には天銀と丁銀各々五千両を割り付けているように[55]、一部の衙門や軍門では輸入が杜絶して六〇年以上経過した丁銀が依然として保管されていたのである。更に憲宗三年（一八三七）にも勅使接待のため摠戎庁が儲留していた丁銀五千両を平安道観察使に貸し出しているように[56]、丁銀備蓄は継続された。

一八世紀後半を通して朝鮮政府は新たな銀鉱開発には乗り出さず、紋緞禁止令や柵門後市の一時停止などを通して銀流出を防遏する以外に手を打たなかった。ところが一九世紀になると朝鮮から中国へ紅蔘が輸出され、対価として中国銀が輸入されるようになった。朝鮮はその銀を日本へ輸出し、常平通宝の原料となる銅を輸入した。こうして一方的な銀流出には歯止めが掛けられたが、かといって銀や銭による幣制統一が進んだわけではなかった。純祖三二年（一八三二）には領議政南公轍が銀銭併用論を提起し、備辺司で論議されたが、沙汰止みとなった(57)。その後も銭の鋳造に伴い国庫や市場の銀は減少し続け、高宗一九年（一八八二）に中国銀を用いて大東銀銭が鋳造されるまで、朝鮮は銀貨を政府の管理下に置くことができなかったのである。

おわりに

日本から朝鮮への本格的な銀輸出は一七世紀初に始まり、一八世紀中盤に杜絶した。倭銀の大部分は使行貿易を通して中国へ輸出されたり兵餉として各衙門・軍門に備蓄されたりしたが、漢城市場では丁銀と総称される品位八〇％の倭銀が通貨として流通した。朝鮮政府が品位六三％と見なした元禄銀や名目上純銀である礦銀は市場では通用不能な「死貨」と評価され、専ら備蓄に充当されたが、倭銀の輸入量が減少するに伴い、政府は備蓄された元銀を、元銀払底後は礦銀を輸出に振り向けるようになった。漢城市場が丁銀を選好したのは貨幣として最も優れているから、すなわち相当量が出回り、極印が打刻されていたため、真偽の弁別が容易であったからである。逆に礦銀は鋳造過程で人為的な品位低下が行われ、中国商人のように品位鑑定能力を持ち合わせていない朝鮮商人は容易に騙されるため、国内では忌避されたのである。

とは言え朝鮮での銀流通は漢城にとどまり、流通総量も多くはなかった。一八世紀には銅銭がようやく出回り始めたが、綿布や穀物などの現物貨幣も根強く生き残っていた。国内市場について言えば、宮嶋の指摘の通り、銀が活躍する場面は極めて限られたものであった。それでもなお政府が銀の品位にこだわったのは、使行貿易を円滑に遂行するためであった。すなわち銀は日本から中国へ自然に移動するものではなく、中間に朝鮮政府や朝鮮商人が介在し、貨幣として互いに授受伝達されることにより初めて流れるものであったからである。

一九世紀になると朝鮮は中国産品に対する支払い手段を銀から紅蔘に換えた。日本もまた朝鮮からの生糸や人蔘の輸入を大幅に減少させた。これにより一八世紀までの中継貿易体制は大きく変化し、その余波は貨幣政策にも及んだ。国内市場の成長によって銭流通が増加する一方、中国への銀輸出減少に伴い一九世紀半ばには国内での銀使用自体がほとんど見られなくなった。

一方で銀は政府により兵餉として備蓄され、田税や賦役などとは異なる独自の財政として機能した。銀と財政との関係については次章で検討する。

註

(1) 韓明基「一七世紀初　銀의　流通과　ユ　影響」『奎章閣』一五、一九九二年。
(2) 田谷博吉『近世銀座の研究』吉川弘文館、一九六三年、第四章、田代和生『近世日朝通交貿易史の研究』創文社、一九八一年、第一一章。
(3) 宮下忠雄『中国幣制の特殊研究』日本学術振興会、一九五二年、一一〇—一一三頁。この他にも「低潮銀」と呼ばれる低品位の銀が地方通貨として使用されていた。
(4) 岸本美緒・宮嶋博史『明清と李朝の時代』中央公論社、一九九八年、二八九—二九〇頁。
(5)『朝鮮宣祖実録』巻一二七、宣祖三三年七月乙巳。
(6)『光海君日記（中草文）』巻一六、光海君元年五月甲午。
(7) 同右、巻一二一、光海君九年正月戊寅。
(8)『光海君日記（正草文）』巻一三九、光海君一一年四月乙卯、同右、巻一四三、光海君一一年八月甲戌。
(9)『備辺司謄録』第五冊、仁祖一六年一〇月二七日。
(10) 畑地正憲「清朝と李氏朝鮮との朝貢貿易について——特に鄭商の盛衰をめぐって——」『東洋学報』六二巻三・四号、一九八一年、七九頁。
(11)『備辺司謄録』第二三冊、顕宗四年三月八日。

(12)『朝鮮顕宗改修実録』巻二二、顕宗五年一一月庚寅。
(13)『備辺司謄録』第二五冊、顕宗六年一〇月一七日。
(14)『朝鮮顕宗実録』巻二一、顕宗一四年七月丁亥。
(15)『朝鮮粛宗実録』巻七、粛宗四年正月乙未。
(16)『備辺司謄録』第三四冊、粛宗四年閏三月二四日。
(17)同右、第三五冊、粛宗五年二月三日。
(18)同右、第三五冊、粛宗五年二月一九日。
(19)同右、第三五冊、粛宗五年三月二七日。
(20)同右、第三五冊、粛宗五年四月九日。
(21)同右、第三五冊、粛宗五年五月一三日。
(22)『朝鮮粛宗実録』巻八、粛宗五年九月癸丑、同右、巻九、粛宗六年二月癸亥。
(23)『備辺司謄録』第三六冊、粛宗八年三月二八日。
(24)『秋官志』巻八、考律、続条五、銀銅、造銀。同書は起案者を領議政閔熙とするが、この頃彼は既に他界していたので、右議政閔黯の誤記と思われる。
(25)『朝鮮粛宗実録』巻三二、粛宗二四年九月戊戌
右議政李世白上箚言。書契多是游辞。終不肯挙一劣字。只令勘定所代送標信者。猶有余意。尤極狡詐。此事若只係商賈輩互市。則謂之事渉微細可也。而既為一国通行之貨。将有他日無窮之害。不可諉以微細而容易処分。請以計其劣数。永久行用之意。改其書契。以観情偽。蓋倭人請減八星為六星。計劣二分。以準八星之数。至是無計劣之事。故箚語如此。大司諫金構上疏又論之。上令廟堂稟処。領議政柳尚運・左議政尹趾善。聯名上箚言。文書已発。時日差久。無端還寝。有損国体。今計惟有将臣等妄率之罪。亟先勘断。上答以後日商確。
(26)前註(2)田代、三〇二―三〇三頁。出典は宗家記録『両国往来書謄』および『元字標銀記録』。
(27)『備辺司謄録』第五〇冊、粛宗二五年五月一七日。
(28)同右、第五〇冊、粛宗二五年五月二二日。
(29)同右、第六九冊、粛宗四二年一〇月二一日
今十月二十日。薬房入診入侍時。都提調金所啓。近来銀貨。名色甚多。行用之際。其弊滋甚。既有旧丁。中間又有六星・八星。近又有新丁。今則定以新丁通用。則元銀便為死貨。各衙門所儲亦多。而実無用処矣。諸議以為。元銀我国則謂為無用之物。而燕市則亦能用之。使行時八包外。以元銀加数入送。換用丁銀似好云。

(30) 前註(2)田代、三〇五頁。宝字新銀通用交渉については、鄭成一「朝鮮과 日本의 銀流通交渉(一六九七～一七一一)」『韓日関係史研究』四二輯、二〇一二年、五三二頁でも触れられているが、鄭はこれを対馬藩の偽計が見破られたと捉えている。
(31)『備辺司謄録』第五八冊、粛宗三三年九月二二日、『承政院日記』第四三七冊、粛宗三三年九月二〇日。
(32)『続大典』巻二、戸典、国幣に「七成為丁銀。十成為天銀」とあり、『万機要覧』財用編四、金銀銅鉛に「丁銀。是七成。即倭銀」とあるように、このような誤認識は後世に継承されている。ただし『辺例集要』は宝永銀通行交渉と宝永期特鋳銀通行交渉とを区別し、後者が八成であることも明記している。また『承政院日記』第九四五冊、英祖一八年六月二三日の条によると、領議政金在魯は「向時有新銀六星兼用者。蓋六星。鎔之則為銀六分・銅四分。故我国以得四分銅。謂無害矣。近年以來。廃六星不用。只用八星」と述べており、元禄銀が六成、特鋳銀が八成で、含有物が鉛ではなく銅であることを知っていた。
(33) 前註(2)田代、三二七—三二九頁、三三八—三三九頁。
(34)『備辺司謄録』第七一冊、粛宗四四年一〇月一四日。
(35) 同右、第七二冊、粛宗四五年一一月二日。
(36) 同右、第九三冊、英祖九年三月一四日。
(37) 同右、第九二冊、英祖八年八月一日・一〇月一日。
(38)『同文彙考』補編巻四、使臣別単四、奏請兼冬至行正使李健命・副使尹陽来別単(康熙六〇年□月□日)。ここで言う天銀とは中国銀のことであり、計算上の品位は九六％になる。
(39)『備辺司謄録』第七八冊、英祖元年一一月五日。
(40) 同右、第七九冊、英祖二年正月二四日。
(41) 同右、第八一冊、英祖三年閏三月六日。
(42) 同右、第八一冊、英祖三年六月四日。
(43) 同右、第九五冊、英祖一〇年六月二一日。
(44)『承政院日記』第八一四冊、英祖一一年一二月一〇日。
(45) 張存武『清韓宗藩貿易：一六三七～一八九四』中央研究院近代史研究所、一九七八年、七六—七七頁。
(46)『備辺司謄録』第九九冊、英祖一二年四月九日。
(47) 同右、第一〇一冊、英祖一三年四月三日。
(48)『朝鮮英祖実録』巻五五、英祖一八年六月丁巳。
(49) 前註(24)
英祖三十九年。京人朴務行・林震華・李晦根・河有福・朴成逢等。相与符同。以天銀雑以鉛銅。鋳成七八星丁銀。前後所鋳。

合為六千余両。而仮称倭銀行用。本曹推問時。皆自服判付内。凡物貨操縦。以史記観之。在於国。不在於民。我国所用銀。不過礦銀。而所謂七星・八星。即倭銀。此輩敢生貪利之計。犯此三百年所無之事。此銀若流入鴨江之北。則其辱国不勝言哉。決非昨年所為造用。決不止六千余両。施威厳問。更招判付内。今則更無可問之端。既有律文。此等之類。其若参酌。此国無律也。首謀物主朴務行。造人林震華。銀鏖人李晦根。造銀匠河有福・朴成逢五漢。即為決案捧招後。聚諸市民於正法処。依律正法。

(50)『備辺司謄録』第一八一冊、正祖一七年正月三日

江界府使権〓所啓。……又所啓。江界内奴貢。例以丁銀納上。而近年以来。丁銀至貴。艱辛求貿。価銭至為三両五六銭之多。天銀則自江州所産。而価銭為二両五銭。品則絶勝。令若許以天銀土産上納。則在窮残内奴受恵。誠莫大矣。似有通変之道。故敢此仰達矣。上曰。以為之。

更にこの史料からは当時の江界府では奴婢の身貢が銀納化されていたことも読み取れる。

(51)同右、第一三五冊、英祖三四年一一月二九日。

(52)もちろん彼らは発行元の徳川幕府に信頼を置いていたのではなく、丁銀それ自体の持つ品位の安定性に信頼を置いていたのである。このような現象は一九世紀中国におけるスペインドルやメキシコドルの果たした役割と似ている。

(53)『備辺司謄録』第一六七冊、正祖八年一〇月一八日。

(54)同右、第一八二冊、正祖二〇年正月一六日

今正月十五日。……開城留守李晁膺所啓。今番勅行純用天銀事。自備局有所行会者矣。臣府亦已貿置天銀。而第不用丁銀。純用天銀。得失迥異。蓋丁銀極不過八成。以其印鋳之故。贈給之際。無一辞順受。天銀則雖或過八成。多般点退。必欲準捧加計。故臣府之自前純用丁銀者。亦以此也。今番天銀之貿置者。其品則皆勝丁銀。而以此贈給。則将不免点退加計之患。雖不点退加計。比諸給以丁銀。所失既多。況有点退之慮乎。且一番贈給。純用天銀。則後雖欲更用天銀。万無受去之理。若爾則京外所儲丁銀。皆作無用之物矣。用尽丁銀而後。始用天銀。事理当然。今若以貿置之天銀。純用於贈給者。亦甚無義。以楚得楚失之意。計数換用於兵曹所儲天銀。恐合事宜。敢此仰達矣。

(55)同右、第二〇五冊、純祖一六年一〇月一一日。

(56)『備辺司謄録』第二二五冊、憲宗三年九月二五日。

(57)『朝鮮純祖実録』巻三一、純祖三一年一〇月壬子。

第八章　銀備蓄政策と銀店開発

はじめに

後期朝鮮では銀と銅銭という二つの金属貨幣が並存したが、常平通宝が国幣と位置付けられたのに対し[1]、銀は一八世紀まで丁銀が重宝されたものの、政府が市場に対してその信用を保証するという考えは存在しなかった。朝鮮では銀の流通は銭より早く、壬辰倭乱の際に兵餉として明よりもたらされたが、韓明基によると「宣祖三一年（一五九八）頃になると銀で物資を調達し取引することが民間の習俗として定着し、酒や燃料を売る商人は買い手に対してまず銀を所持しているか否かを尋ねると言われるほど銀の流通はとても盛んになった」と言われており[2]、朝鮮の市場経済は既に銀を貨幣として通用させ得る程度まで発達していた。

しかし朝鮮政府は銀や銭といった金属貨幣を税制に組み込むことには消極的であった。朝鮮の税制は田税・賦役・貢納いずれも現物納を原則としており、軍役の布納化や大同法の施行など、収取制度における一定の合理化はなされたが、一条鞭法から地丁銀へと発展した明末清初の中国の如き各種税体系の一元化や貨幣納化は実施されなかった。この時期の朝鮮財政史研究を総括した須川英徳は「収取体制の変化として、賦役の布納化の進行や均役法の実施、大同法による現物貢納の地税化が進められたことはよく知られているが、財政制度については、その分散性とさまざまな物品の収取と分配という複雑さのために、一元的な数量的把握は難しいといわざるをえない」と述べている[3]。

須川はまた貨幣史研究についても「八〇年代以降にはそれ以前に行われた事実関係の年代的整理の域を超える研究はあまり出ていない」とした上で、「貨幣史研究の不振は史料不足というよりは、物品貨幣が長く使用されていたことを経済的後進性からではなく朝鮮社会の特性に基づいて理論的に十分に説明できていないからであろう。つまり、貨幣の機能を市場における流通手段とのみ捉え、金属貨幣が物品貨幣よりも進んだ存在であるとする思い込みをいったん棚上げし、国家による再分配を第一義として市場による微調整をある程度許容するという朝鮮王朝の基本的な経済構想に立って朝鮮における貨幣を理解することが必要なのである」と論じている(4)。金属貨幣の優位性についてはさておき、朝鮮政府が貨幣制度を通して社会的再分配（例えば両班や市廛商人の財富を奴婢や貧農に分かつような政策）を行っていたとも受け取れるこの主張は首肯し難い。須川は恐らく分散・独立した各衙門・軍門間における資産の再分配について語っているのであろう。朝鮮の経済的後進性を否定しようとする須川の誠意は理解できるが、その主張は朝鮮社会の特性や朝鮮王朝の経済構想といった抽象的議論の域を出てはいない。経済史を論ずるにはもっと具体的な財政論・貨幣論が必要である。

実は現物主義を基調とする朝鮮財政の中で例外的に金属貨幣の役割が高い部門がある。それは衙門・軍門における備蓄である。そもそも政府が鋳造する常平通宝は強い軍事的性格を帯びており、主として京師の各衙門・軍門や清国と対峙する平安監営・兵営に備蓄されていたが、漢城の銭荒すなわち市場における銭流通量の欠乏により、西路・北辺の備蓄銭は次第に取り崩され、漢城に南送された。だが各衙門・軍門の備蓄資産は銅銭だけではなく、銀貨・綿布・穀物などが並行して貯えられ、不測の事態に対する備えとされていた。そこで本章では兵餉備蓄の側面から、朝鮮政府が銀貨に課していた役割について検討する。

一　胡乱後の銀備蓄と使行貿易

朝鮮は一六世紀末に壬辰倭乱、一七世紀前期に丁卯・丙子胡乱という度重なる侵略戦争を経験した。倭乱では銀を継続的に投入する後方支援体制を備えた明軍が装備に優る日本軍を後退させたものの、その経験は胡乱でほとんど活かされず、南漢山城に立て籠もった仁祖が三田渡でホンタイジに降伏する結果となった。だが朝鮮政府は清朝に服従することを潔しとせず、瀋陽で長い人質生活を送った孝宗は即位後北伐計画を推進した。彼は厳しい財政状況の下で兵員や軍備を増強したが、実際には中国における復明勢力の擡頭や満洲族の内部抗争などにより清朝が自滅する機会を待って出撃するといった他力本願的な企図であり、単独で鴨緑江を越え軍を進める国力は朝鮮にはなかった。むしろ清帝国の再侵攻を予防するため、防衛力の強化が図られた。

中国全土を支配下に収め、兵站を飛躍的に強化した清軍を朝鮮軍が正面から邀撃することは不可能である。むしろ地形の険しい朝鮮にとっては、山間に城塞を築いて部隊を配置し、一気呵成に南下する敵主力を遣り過ごした後、その背後を脅かすのが効果的な防禦戦術である。国王は漢城近郊の江華島や南漢山城に立て籠もり、援軍の到着を待って内外から敵を挟撃すれば、補給路の伸びた清軍は自ら退却するであろう。そこで政府は持久戦に備えて兵餉備蓄を強化した。ただしその全てを食糧や綿布で充たす必要はない。かつて明軍がそうしたように、貨幣で糧秣や資材を調達すればよいのである。それゆえ政府は備蓄の一部を銀貨で確保した。

ところが顕宗期になると北伐計画は中止され、国家による大量の銀貨買いだめにより市場経済が阻害されることが問題視されるようになった。前章で述べた通り、顕宗五年（一六六四）には副提学李慶億が「各衙門が多額の銀貨を貯えているため、市中の商業が阻害されている」と訴えたのに対し、領議政鄭太和は「丙子胡乱で国家財政が蕩尽したため、各衙門ではこの経験に懲りて軽貨すなわち保管や輸送が容易な銀貨を備蓄し、戦争に備えるようになった」と答えている。李慶億は各衙門による銀買いを厳禁せよと要請し、顕宗もこれを認めた[5]。翌六年には左議政洪命夏が「各衙門が備蓄する銀貨は不時の需要に供するためのものであるが、都民は銀貨の高騰に苦しんでいるので、今後は政策の転換を図るべし」と上啓し、顕宗も裁可した[6]。このように対清戦争を見越した過剰な銀備蓄には修正が加えられたが、銀が兵餉の重要な一角を担っているという認識は変わらなかった。壬子年すなわち顕宗一三年（一六七二）には司僕寺の銀三万両が江華府に移置され、不虞の事態への備えに充てられている[7]。

銀備蓄政策は粛宗期にも堅持された。粛宗三年（一六七七）礼曹参判鄭之虎は、都城の各軍門が積極的に倉庫を建てて銀貨を充溢させているとして、その禁止を請うている[8]。状況は地方でも同様であった。粛宗一九年には開城留守李寿徴が、郊外の大興山城に軍需銀一万一千余両を備蓄していると報告している[9]。粛宗四四年（一七一八）には領中枢府事李濡が、平安道慈山郡慈母山城の備蓄銀三万両から一万両を転用し、北漢山城の修築に充てよと願い出て、裁可されている[10]。景宗即位年（一七二〇）には慈母山城から北漢山城へ銀一万両を移置する案に対し、前平安道観察使李沢が、慈母山城は癸未年すなわち粛宗二九年、故李世載が平安監司在任時に正銀一万両を備蓄し、現在では正銀一万四二〇〇両・次銀四五〇〇両に達しているが、三万両もの備蓄があるというのは誤りであるとして、銀の割愛に反対している[11]。景宗三年には戸曹判書李台佐が、江華府には銀五万両があると述べている[12]。このように粛宗・景宗期には江華島や各地の山城で各々銀数万両程度が備蓄されていた模様である。銀だけでは大した額とは言えないが、銅銭や綿布・穀物なども備蓄されているため、兵餉としてはかなりの量が貯えられていたものと思われる。

ただし粛宗期になると政府備蓄銀は兵餉とは異なる用途にも使用されるようになる。それは使行貿易への流用である。粛宗九年には行大司憲趙師錫が「従来使節に随行する員役や商賈が持参する銀貨は、多い場合は二〇万両以上から一五万両前後、少ない場合でも一〇万両を下らず、清国で使節が用いる諸般の経費はこれに頼ってきた。一方東萊倭館の銀貨は四万両あるが、交易価格の折り合いが付かないため、倭人は支払いを拒んでいる。またこの銀は多くが政府機関に帰属し、私商が占める割合は三分の二に過ぎず、実に憂慮すべき事態である。軍門の銀貨は貸し出しが禁止されているため、各衙門より銀貨二─三万両を融通すべし」と上啓し、粛宗も備辺司に貸し出し額の多寡を勘案させた上で、各衙門が備蓄する銀貨の融通を許している[13]。粛宗一一年一一月には領議政金寿恒が、従来の使行には軍門の銀貨を貸し出した例もあり、今回の使行は清国の内情を探査するため特に銀が必要であるとして、平安道管餉銀の融通を請願している[14]。翌一二年正月、右議政鄭載嵩は、平安道管餉銀五─六千両を通事・訳官らに貸与し、今次の京衙門貸銀例に準じ白糸貿易による利益で返済させるべしと提言し、左議政南九万や戸曹判書柳尚運もこれに同調した[15]。同年一一月、金寿恒は「燕行使の北京での出費は逐年増加し、員役が持参する銀貨が少ないと贈答銀が確保できず、場合によっては使臣が辱めを受けることにもなる。それ故毎回の使行に際して臨時に上啓し、各軍門および管運餉の銀貨を訳官に貸し与えることが通例となっている」と述べており[16]、政府備蓄の兵餉銀を燕行使に融通することがこの頃既に慣例となっていた。

それでも使行に対する流用は、外交交渉や情報収集など公的な目的に資するものと言えるだろう。しかし流用が慣例化すると、これに便乗した商人の利殖活動が誘発されるようになった。早くも粛宗一三年には江華留守申晸が、随行の員役が江華府より借り受けた銀七〇〇〇両の内の六九〇〇両を義州人梁辺雄に又貸しし、利息は返されたものの本銀は未還のままであり、燕行使が返済すべき元利八四〇〇両の内、まだ三五〇〇両しか還納されていないと上啓している[17]。梁辺雄は柵門貿易に従事する湾商であったものと思われる。ただ申留守は貸付金の焦げ付きを問題にしているだけで、湾商への又貸しを禁止せよとは述べておらず、江華府も利息付きで大っぴらに公金を貸し付けている。このように使行への備蓄銀流用には当初から官による営利事業としての側面がつきまとっていた。

粛宗二六年（一七〇〇）には平安道観察使趙泰采が、平安監営の興販差人である平壌人桂雲芳が儲備銀二万両を借り出し、江華府が留儲する綿布一五〇〇同を買い付けて甲利で運用していたことを上啓している[18]。甲利とは違法な高利貸しのことであり、銀を綿布に換えて貸し付けていたのは、当時綿布が貨幣の役割を果たしていたからである。注目すべきは彼が監営の興販差人で、物資調達業務を委ねられていたことである。恐らく彼は監営の黙認の下で公金の運用を任されていたのであろう。ただ甲利で運用したため、京人との訴訟沙汰に発展したに過ぎない。

粛宗二九年には江華留守李思永が、戊寅年すなわち粛宗二四年に当時の留守李頤命が飢民を救済するため、各庫の銀一万八一〇〇両を宣恵庁に移送し、穀物を買い付けて被災地で売り出し、贏余すなわち収益を賑恤経費に充てようとしたが、予想外の米価安銀価高に遭遇して販売ができなくなり、倉庫に収納したままになっていると上啓した。これに対し兵曹判書李濡が、現在平安道では飢饉が深刻で、米一斗の価格が銭一貫に上昇しているので、これらの米を関西で発売し銭に換えて収納すべしと提言した[19]。李頤命は平糴（飢饉の際に政府の穀物を安売りする政策）に便乗して江華府備蓄銀の高利運用を図り、失敗したものと思われる。

このように胡乱以後に備蓄が始まった山城や都市軍門の兵餉銀は、粛宗期には使行貿易への貸付金として流用されるようになり、それらは利子を付けて返却された。そのため各衙門・軍門は銭の場合と同様に保有資金の高利回り運用に奔走するようになり、時として損失を生むこともあった。ところが一八世紀に入ると使行貿易に融通した銀の償還が慢性的に遅延するようになった。早くも粛宗二九年正月、開城留守金宇杭は「先般の勅需銀二七〇〇—二八〇〇両に加え、二月の中江開市に備え銀五〇〇両を捻出せねばならず、本府の財政は逼迫しているが、朝廷はかかる情勢を十分理解しておらず、ただ大興山城の銀一〇〇〇両の貸用を許可しただけである。しかしこの銀は既に方々に貸し出されており、にわかに回収できない」として、戸曹が保有する没収銀一万余両の内三—四千両を融通して欲しいと陳情している。粛宗の下問に対し戸曹判書金昌集は、山城の銀貨は当初一万余両あったが、開城府の財政悪化後やむを得ず融通し、返済してこなかったため、現在では有名無実と化していると回答している[20]。

金宇杭も金昌集も大興山城の銀が誰に貸し出されているのかは明言していないが、翌粛宗三〇年（一七〇四）には戸曹判書趙泰采が「戸曹・兵曹および各軍門が儲備する銀貨は、毎年必ず使行に貸し出すので、諸経費や軍需品が欠乏している。かつ訳官に貸し出す銀貨は帰国後も返済が滞り、各衙門の未償還銀は心慮に堪えない」と述べているように[21]、これらの備蓄銀は使行貿易に使用され、貸付金の焦げ付きが各衙門・軍門の財政悪化を招来していた。粛宗三三年には開城留守李喜茂が「本府の凡百の責応は専ら銀貨の生殖に靠《よ》る」と述べており[22]、また英祖二年（一七二六）には留守金相元が「松都は前自り銀貨を市民より収斂す。本を存して取殖し、以て公用に応ずる者、其来既に久し」と述べているように[23]、勅使応接や使行支援で財政需要が多い開城府では備蓄銀の運用は必要不可欠な措置であった。そして英祖三年には平安道観察使尹游が、江華府でも七—八年前に八包の権利を請うたと上啓しているように[24]、使行貿易を通した備蓄銀の運用は銀需要の低い地方にも波及した。

衙門や軍門が利殖に走る背景には一八世紀以降の倭銀流入の減少、すなわち対日貿易の縮小があった。田代和生によると、対馬藩を経由した朝鮮への銀輸出は一七世紀末まで毎年二千—三千貫目（一貫目＝一〇〇両）程度であったが、元禄銀改鋳を契機に一千貫目を大きく下回るまで急落し、人蔘代往古銀（特鋳銀）の輸出により一千貫目を上回るまで回復した[25]。倭銀流入量が最も落ち込んでいた粛宗三六年（一七一〇）、行戸曹判書李寅燁は「かつて各衙門の銀貨は燕行使の訳官へ許貸し、訳官は帰国後ただちに中国産白絲を倭館に被執（掛け売り）し、東萊府で帳簿を作成して借入金を返還することが甲申年（一七〇四）に大臣の上疏により決定された。その後本銀は直ちに返済するよう改定された。しかし白絲は我が国が用いるものではなく、もし倭館に被執しなければ、他に転売する方途はない。ところが被執の後、支払いは数年後となるので、ゆえにこれを遅延と見なし、制度が改定されたのである。だが本銀の即時還納は実に困難で、一年や二年催促したところで、期限通り返済されないばかりか、焦げ付きも多い」として、当初の決定の通り、本銀は白絲を倭館に被執し、代金の回収を待って返済させるのが得策であると上申した[26]。

対馬藩から東萊への銀輸送は八月・一〇月・一一月が多く、これは皇暦使と冬至使の出立に合わせたものと考えられてきた[27]。しかし使行貿易には対馬藩由来の銀だけでなく朝鮮政府由来の銀も使用されていたのである。そして倭銀の流入減によりまず打撃を受けたのは、生糸を掛け売りし代金を後で回収する朝鮮政府系の訳官や商人であった。景宗三年（一七二三）左議政崔奎瑞は「大抵銀貨は我が国の物産ではなく、従来の使行では東萊倭館の銀が多数もたらされたゆえ、使行時に員訳輩が携帯する銀には頗る余裕があった。ところが近年以来、倭館の銀が久しく欠乏し、戸曹および各衙門の銀貨を前後の使行に貸し出すものが甚だ多い。しかし返納額は半数から三分の一程度で、ひどい場合は若干両を除き全く返還しない。これにより諸官庁の銀貨は皆既に枯渇した」と述べており[28]、翌年にも戸曹判書李命恒が、商訳輩の滞納により京外の銀備蓄が減少していると警鐘を鳴らしている[29]。

ところで、前章にて考察した通り、一八世紀初頭に短期間輸入された元禄銀は朝鮮市場ではほとんど受け入れられず、国庫に貯まる一方であった。これらの出所は恐らく訳官の返済や東萊貿易の利潤であろう。しかし政府も元銀の保有を好まず、訳官への貸し出しを丁銀から元銀へと転換した。だがこれだけでは備蓄欠乏の根本的解決にはならない。そこで政府は国内銀の増産を検討するようになった。

二　銀備蓄の減少と銀店開発論

朝鮮には銀鉱脈が全くないわけではなく、咸鏡道端川では既に一六世紀初頭に銀の採掘を行っていた。ただし銀の採掘が明朝に知られると歳貢を要求される危険性があるので、政府は原則的に端川銀鉱を封禁し、咸鏡道の軍資を補填する程度の採掘しか認めていなかった[30]。ところが一五九二年に壬辰倭乱が起きると、朝鮮政府も翌九三年より端川銀鉱の採掘を許可し[31]、九四年には端川採銀官金継先が銀五〇〇余両・鉛六〇〇斤・鉛丸二〇一〇〇余箇を生産している[32]。銀に比べて鉛の割合が圧倒的に高いが、これは朝鮮の銀鉱石には銀より鉛の含有量が多いためである。銀製錬とは鉛や各種金属を含む合金の中から、不純物を除去する作業に他ならない。ゆえに銀匠の手に依らない私的な銀製錬は鉛中毒を惹起する。そこで倭乱終息後の宣祖三三年（一六〇〇）には、端川における銀の公採は継続するものの、「中外牟利之徒」が郡民を使役して私採することは厳禁された[33]。公採が継続された理由は勅使を通した明朝の銀要求に対応するためであった[34]。

端川銀鉱の銀採掘量は光海君六年（一六一四）には年産五〇〇余両を維持しており[35]、顕宗四年（一六六三）時点での歳貢額は一千両と定められていたが[36]、翌五年には咸鏡道観察使閔鼎重が「近年以来、銀鉱脈は枯渇し、これ以上採掘する余地はない。そこでやむを得ず鉛鉱脈を採掘し、鉛塊を鋳造した後、法（灰吹き法）を用いて銀を鋳出している。一〇〇斤の鉛塊からは一〇両の銀を取り出すことさえ困難で、毎年の鋳造量は一千両に満たない」と状啓しているように[37]、現場では銀含有量の乏しい鉛を吹き分け、かろうじて歳貢銀を確保する有様であった。そして顕宗一三年（一六七二）には鉱脈の枯渇を理由に歳貢は六〇〇両に減額され、春秋二季に三〇〇両ずつを納付することとされた[38]。それでも銀採掘量の減少は続き、粛宗二八年（一七〇二）には咸鏡道観察使兪得一の提言により、一〇年という期限付きで端川の歳貢を五〇〇両に減額している[39]。

既述の通り、一七世紀は倭銀流入の最盛期で、年産一千両に満たない国産銀の重要性は相対的に低かった。また朝鮮市場では八成すなわち品位八〇％の丁銀が通行し、名目上十成の礦銀は純度の不正確性などの理由により大幅な割引を受けていた。ゆえに粛宗期から景宗期にかけて朝廷は新たな銀鉱開発にほとんど関心を払わなかった。端川などからもたらされる歳貢銀も兵餉備蓄に回され、使行貿易には流用されなかった。ところが一八世紀に入って倭銀流入が逓減し、世紀中葉に杜絶すると、朝鮮では使行貿易に用いる銀の確保が困難になった。訳官らは丁銀貸与の継続を求めたが、各衙門・軍門は丁銀を出し惜しみし、元銀や礦銀を貸し出すようになった。

しかし国内の銀産出量は乏しく、輸出銀の全てを礦銀で賄うことは到底不可能であり、英祖期になると銀備蓄の減少が表面化した。英祖三年（一七二七）には戸曹判書黄亀河が、訳官の未返済や倭銀の流入減少により本曹の備蓄が欠乏していると述べ、咸鏡道文川銀店の歳貢銀を現行の監司との折半制から景宗期に定められた全数戸曹帰属制に戻して欲しいと願い出ている。[40] 英祖四年には戸曹が、銀備蓄を増強するため、八道中唯一戸曹の管理に属していない平安道の殷山銀店を隷下に収めたいと提議し、五年間の期限付きで移管を認められている。[41] しかしこれらは中央と地方との間での財源の取り合いに過ぎず、政府の銀収入総量は不変である。

日本からの銀輸入量が減り続ける限り、朝鮮政府の取り得る対策は国内銀山の増産と中国への銀輸出削減しかない。使行貿易により莫大な利益を得ている漢城士大夫層や各衙門・軍門にとっては前者の道こそが採るべき選択肢であった。ところが英祖はこれに反対した。英祖五年、彼は権万紀による咸鏡道安辺での銀採掘要請に対して、「太宗は数百万緡の銭を得るよりは一人の賢才を得る方がよいと言われたが、（この言葉は）見事に帝王の姿を表現している。おおよそ財政当局による採銀は、小民にとって有利であるが、実に弊害が大きい。これによっていたずらに商賈の懐を肥やし、辺禁が疎かになるだけである」と断じ、北関での銀店開発を停止するよう戸曹に命じた。[42] 英祖七年にも戸曹判書金東弼が、咸鏡道定平で有望な銀鉱脈が発見されたので、本曹が試みに銀店を設置してみたが、果たして上聞の通りであったとして、土豪による無断採掘を摘発し私採銀を没収した上で、定式を発給して収税の源と為すべしと唱え、同時に安辺の銅鉱脈や銀鉱脈も極めて豊盛であり、銅店や銀店を設けて収税すべしと建議したが、英祖は「戸判の言は正しいが、宣祖宝鑑（粛宗一〇年に編纂された『宣廟宝鑑』）に採銀を許さずとの教旨がある」として、祖法を盾に銀店設置を認めなかった。[43]

銭政策と同様、銀政策においても、英祖は貨幣不要論者であった。当時の朝鮮で貨幣を運用して利益を得ていたのは使行貿易や高利貸しを営む漢城の特権階層のみであり、銀や銭は庶民を困窮させ社会不安を煽るばかりでなく、国家の貨幣運用権をも脅かすものであると彼は認識していたようである。

こうして新規の銀店開発は沙汰止みとなった。しかし使行貿易や勅使応接に用いる銀は必要不可欠であり、その負担は戸曹に押し付けられた。英祖八年（一七三二）、戸曹判書金在魯は、往年本曹の儲銀は三〇―四〇万両を下らず、一〇年前でもなお一五万両あったが、今は各種の銀貨や銀器を併せても三万両に過ぎないと述べ、市廛商人への支払いは従来銀だけで行っていたものが、今では銭で代替給付していると述べている。[44] 翌年金在魯は、平安道が儲備する綿布数百同を山間の産銀地に送付し銀と交換すべしと提案したが、平安道観察使権以鎮は、綿布一匹[同]は銀一両に過ぎず、到底戸曹の需要を賄えないとして反対している。[45] 金在魯の主張は形を変えて裁可され、彼はまず戸曹の綿布四〇〇同を市廛商人に販売し、関西から送られるはずの綿布で補塡しようとしたものの、権以鎮は幾度催促しても綿布を上送してこなかった。[46] 恐らく平安監営の木綿備蓄に虧欠（帳簿に現れない財政の穴あき）が生じていたのであろう。英祖一〇年、平安道観察使の状啓によると、平安監営の銀貨は皆錦緞（高級絹織物）に換えて長期間備蓄されており、無用の物と化しているので、戸曹が引き取り、発売して銀に換え、本道は代わりに税米を軍餉として備蓄したいとある。[47] 綿布だけでなく銀も虧欠していたのである。これらは官銀の返済に窮した訳官や商人が現物で弁済したものと思われる。

一方、丁銀を確保できなくなった訳官や随行商人らは各衙門・軍門より礦銀を借り出して使行貿易に用いたので、英祖初年頃より礦銀の対清輸出が飛躍的に増大した。これに対して英祖は奢侈禁止令や紋緞の禁を頒布し、贅沢品である絹織物や装身具の消費抑制や民間向け高級絹織物の輸入禁止を打ち出した。

それでも使行貿易を完全に止めることは不可能である。一方政府の備蓄銀は元来兵餉として儲備されたものであり、その虧欠は防衛力の弱体化を招来しかねない。にもかかわらず英祖や廷臣らは頑なに銀店開発を拒んだ。英祖一六年には右議政兪拓基が、土砂流出による河川の淤浅と四方からの遊民無頼の集結を危惧して銀店の新設禁止を上啓し、裁可された[48]。これに対し翌年戸曹は、江原道淮陽・金谷の旧設銀鉛店の再開発を願い出て、認められた[49]。既存の銀店はなんとか禁止の対象から除外されたが、そもそもこれらは銀含有量が低いために閉鎖されていたものと考えられる。従って旧店を再開しても製錬費用は相当割高になったであろう。これと連動するかのように中国へ輸出される礦銀の品位も低下した。

英祖二七年（一七五一）三月には兵曹判書洪啓禧が平安道の進士金衡一の呈状に基づき、理山葛坡洞での銀店開発を申請した[50]。しかし八月になると、吏曹参判李宗白が江界・理山・碧潼などでの銀店開発に反対論を唱え、礼曹参判洪鳳漢も同調したため、英祖も開店を認めなかった[51]。銀店の開発抑制政策は正祖期にも堅持された。正祖一二年（一七八八）には右通礼禹禎圭が銀店の解禁を奏請したが、備辺司は無頼の結集を警戒して反対し、沙汰止みになった[52]。正祖二二年（一七九八）には前平安道兵馬節度使任嵂が義州玉江鎮で銀鉱脈が発見されたため銀店の設置を提起したが、江辺は清国に隣接する要衝であり、義州は柵門に近いため外交問題が起きやすいとして右議政李秉模が反対し、正祖もこれに従った[53]。

英祖や正祖そして廷臣らが銀店開発に反対する根拠はいずれも無頼の予防など説得力に乏しいものである。彼らの本音を知る手掛かりは残されていないが、当時の国際情勢を勘案すると、粛宗期まで残っていた清国に対する脅威が現実味を失ったことが大きいと思われる。大同法以降の朝鮮財政は穀物や綿布で出納され、その一部は銭で代替されることもあったが、銀は兵餉として備蓄されるに過ぎず、使行貿易への融通を除いて常時収支されるものではない。兵餉自体も穀物・綿布・銭などとの混合で儲備されており、銀の減少により直ちに国防体制が崩れるわけではない。英祖中期より本格的に銅銭の使用が始まり、各衙門・軍門の丁銀もある程度残っている状況下では、敢えて銀店を新規開発し、礦銀の備蓄を積み増す必要はないと判断されたのであろう。戦時色を払拭できなかった粛宗期財政とは異なり、英祖・正祖期の財政はほぼ平時の状態に戻ったと考えられる。残された問題は使行貿易の銀であるが、これは一八世紀末からの紅蔘輸出で解消に向かった。

一九世紀になると輸入が杜絶して久しい丁銀は市場からほぼ姿を消し、替わって名目十成の天銀が銀貨の規準となった。その来源は国内産の礦銀であったが、時代が下るにつれて中国産の所謂「馬蹄銀」も通用するようになったものと思われる。純祖二四年（一八二四）から純祖三〇年にかけて、市廛商人は「御衣襨（国王の衣服）をはじめ宮廷御用の高級絹織物は使行貿易を通して天銀で輸入するが、戸曹は代価を丁銀で支払うので、毎年多額の両替差損が発生している」と訴え、損失補塡を願い出ている[54]。純祖二五年には、丁銀一両につき銭一両を追加支給する措置が取られたが[55]、その後も訴えは継続していることから、充分な穴埋めにはならなかったようである。

戸曹の買い付け価格は丁銀での支払いを前提に定められているので、これらの史料から直ちに丁銀の打歩が消滅したとか、天銀に打歩が付くようになったとは断定できない。また使行貿易に用いられる銀が丁銀から天銀（礦銀）に替わったのは相当以前からの事象である。それでもこの時期に市廛商人が敢えて両替差損を持ち出したのは、丁銀と天銀との比価が以前と較べ相対的に丁銀に不利な形に変動したこと、それにもかかわらず戸曹は丁銀建て価格の変更にも天銀での代価支払いにも応じなかったことが背景にあるものと考えられる。丁銀の礦銀に対する優位性は低下し、戸曹は良貨の座から滑り落ちた丁銀を放出するようになったのである。純祖二四年には領議政南公轍が、江華府の銀備蓄には余裕があるので同府の客舎改築に天銀四千両を使用したいと上啓しており[56]、備蓄銀も丁銀から天銀へと置き換えられていった。

おわりに

丙子胡乱の後、朝鮮政府は戸曹や各衙門・軍門・山城に多額の銀を備蓄し、清の再侵攻に対する兵餉とした。やがて粛宗期になると北伐も再侵攻も現実性が薄れ、政府備蓄銀の多くは次第に使行貿易に融通されるようになった。しかし一八世紀より倭銀の流入量が逓減すると、貸し出された備蓄銀は焦げ付きはじめ、備蓄の虧欠や減少が表面化した。特に戸曹の銀備蓄は数十年で三〇―四〇万両から三万両へと、実に十分の一以下に激減した。

倭銀の輸入は一八世紀半ばで杜絶する。これに替わる供給源は国内の銀店しかない。しかし一六世紀初頭から採掘が行われていた端川銀鉱は顕宗期までに概ね枯渇し、英祖や正祖も新たな銀店の開発には消極的であった。その背景には乾隆の盛世、すなわち大清帝国の繁栄と中朝間の緊張緩和があったものと思われる。対清貿易については一時的に支払い手段の欠乏に逢着したものの、一九世紀に入り朝鮮産の紅蔘輸出が伸びると、持続的に銀を中国に送り出す必要性が低下した。こうして朝鮮王朝の銀流通と銀財政は縮小し、やがて消滅した。哲宗五年（一八五四）には領議政金左根が事大交隣の重要性から銀銭並用論を提起しているが、彼は国内にて銀は死貨となっていると認識しており、兵曹判書徐念淳も「士大夫の家の古い記録を見ると、土地や家屋は全て銀貨で売買されているが、この法は既に廃れ、銀子は死貨となって久しい」と述べている。(57) 日本帝国が朝鮮を支配下に置いた時、彼らが市場で見たものは大量の葉銭（常平通宝）と白銅貨でしかなかった。

註

（1）『続大典』巻二、戸典、国幣に「国幣用銅銭」とある。
（2）韓明基「一七世紀初　銀의　流通과　그　影響」『奎章閣』一五、一九九二年、一〇頁。
（3）朝鮮史研究会編『朝鮮史研究入門』名古屋大学出版会、二〇一一年、一六〇―一六一頁。
（4）同右、一六五頁。
（5）『朝鮮顕宗改修実録』巻一一、顕宗五年一一月庚寅。
（6）『備辺司謄録』第二五冊、顕宗六年一〇月一七日。
（7）同右、第七〇冊、粛宗四三年一一月五日。
（8）『朝鮮粛宗実録』巻六、粛宗三年五月甲午。
（9）『備辺司謄録』第四七冊、粛宗一九年一二月二七日。
（10）同右、第七一冊、粛宗四四年一二月二〇日。
（11）同右、第七三冊、景宗即位年八月六日。

(12) 同右、第七四冊、景宗三年正月七日。
(13) 同右、第三七冊、粛宗九年一〇月一二日。
(14) 同右、第三九冊、粛宗一一年一一月八日。
(15) 同右、第四〇冊、粛宗一二年正月二五日。
(16) 同右、第四〇冊、粛宗一二年一一月四日。
(17) 同右、第四一冊、粛宗一三年四月二三日。
(18) 同右、第五一冊、粛宗二六年七月七日。
(19) 同右、第五三冊、粛宗二九年正月二三日。
(20) 同右、第五三冊、粛宗二九年正月二三日。前註（19）とは別の所啓。
(21) 同右、第五五冊、粛宗三〇年一〇月二二日。
(22) 同右、第五八冊、粛宗三三年九月一二日。
(23) 同右、第七九冊、英祖二年六月一八日。ここで言う市民とは松都商人のことである。
(24) 同右、第八二冊、英祖三年一〇月八日。
(25) 田代和生『近世日朝通交貿易史の研究』創文社、一九八一年、三二八―三二九頁。
(26)『承政院日記』第四五三冊、粛宗三六年四月一二日
[行戸曹判書李寅燁]又所啓。曾前各衙門銀貨。許貸於赴燕訳官者。回還後。即以白絲。被執倭館。自萊府成冊。以為収捧事。曾於甲申年。因大臣陳達定奪矣。其後以本銀即為還捧事。改定式。而白絲非我国所用。若不被執倭館。則無他転換之道。而蓋被執之後。必過数年。故以此為遅。有此改定式之事。然本銀還納。其勢誠難。雖拘留督捧一年・二年。非但収捧無期。逋欠亦多。毋寧依当初定奪。被執於倭館。随其出来。而収捧之為得矣。
生糸は朝鮮商人が中国で買い付けるのみで、中国商人が朝鮮へ売り込みに来ることはない。従って生糸の買い付けには銀の前渡しが前提となる。銀の出資者が対馬藩の場合、朝鮮商人に銀を前渡しして後に生糸の引き渡しを受ける。これを被執と言う。しかし本件のように朝鮮政府が出資者の場合、倭館へ生糸を納入した後、銀の支払いを受けている。このように、銀の前渡しだけでなく生糸の前渡しも被執と呼んだようである。『承政院日記』第四四七冊、粛宗三五年三月二〇日の条にも
特進官金宇杭所啓。曾於甲申年間。因大臣陳達。赴燕訳官之本曹銀貨貸去者。回還後。使之被執物貨於萊館。倭銀出来後。自東萊成冊上送。以為収捧之地事。定奪矣。
との記述があり、これを裏付ける。なお被執については第十一章で詳述する。
(27) 前註（25）田代、三三一―三三三頁。

(28)『備辺司謄録』第七四冊、景宗三年正月七日。前註（12）と同じ所啓。
(29)同右、第七六冊、英祖即位年一〇月二一日。
(30)『朝鮮中宗実録』巻一八、中宗八年五月壬午、同右、巻二五、中宗一一年五月己酉。
(31)『朝鮮宣祖実録』巻四一、宣祖二六年八月甲申。
(32)同右、巻五六、宣祖二七年一〇月甲寅。
(33)同右、巻一二四、宣祖三三年四月丁酉、同右、巻一二七、宣祖三三年七月乙巳。
(34)同右、巻一六六、宣祖三六年九月乙卯。明朝の銀要求については、前註（2）韓明基が詳しい。
(35)『光海君日記』巻八〇、光海君六年七月辛酉。
(36)『備辺司謄録』第二三冊、顕宗四年三月八日。
(37)『増補文献備考』巻一六〇、財用七、金銀銅。
(38)『朝鮮顕宗改修実録』巻二六、顕宗一三年七月丁巳。
(39)『朝鮮粛宗実録』巻三六、粛宗二八年正月癸巳。
(40)『備辺司謄録』第八一冊、英祖三年正月一〇日。
(41)同右、第八四冊、英祖四年一二月一七日、同右、第八五冊、英祖五年二月二日。
(42)『朝鮮英祖実録』巻二一、英祖五年五月戊申。
(43)『備辺司謄録』第九〇冊、英祖七年一〇月一二日。
(44)同右、第九二冊、英祖八年八月一日。
(45)同右、第九三冊、英祖九年二月二日・三月一四日。
(46)同右、第九四冊、英祖九年一二月八日。
(47)同右、第九五冊、英祖一〇年三月一日。
(48)同右、第一〇六冊、英祖一六年正月二一日。
(49)同右、第一〇九冊、英祖一七年九月三日。
(50)同右、第一二二冊、英祖二七年三月一三日。
(51)同右、第一二三冊、英祖二七年八月七日。
(52)同右、第一七三冊、正祖一二年八月一八日。
(53)同右、第一八七冊、正祖二二年三月一六日。
(54)同右、第二一二冊、純祖二四年二月一日、同右、第二一三冊、純祖二五年正月一四日、同右、第二一五冊、純祖二七年正月一三日、同右、第二二六冊、純祖二八年二月四日、同右、第二二七冊、純祖二九年二月一日、同右、第二二八冊、純祖三〇年正月一三日。

(55) 同右、第二二六冊、純祖二八年二月四日。前註（54）所引と同じ。

(56) 同右、第二二二冊、純祖二四年五月一五日。

(57) 同右、第二四一冊、哲宗五年三月二五日。なお、李憲昶「一六七八―一八六五년간 貨幣量과 貨幣価値의 推移」『経済史学』二七号、一九九九年、二八頁によると、不動産取引における銀から銅銭への移行現象は早くも英祖一一年より見られることが指摘されている。

第九章　銀の品位

はじめに

中国・日本・朝鮮など東アジア諸国では銀は秤量貨幣として用いられた。すなわち銀塊の重さや純度を計量し、その価値を算定していたのである。ただ中国と日本とでは使用法が若干異なっていた。すなわち中国では品位や秤が地域によって異なり、遠隔地交易商人は買い付け先の両替商を通して現地の銀を調達し、売り込み先で得た銀を本拠地の銀に換えて戻らなくてはならなかったのに対し、日本では幕府が江戸や京都などの銀座で銀貨（丁銀）を鋳造させ、表面に極印を打刻して信用の表象としていた。銀貨の品位は何度も変更されたが、同じ時代に通用する銀の品位は統一されていた。中国ではギルドまたは支払協同体と呼ばれる商人相互の自律的な信頼関係が銀の円滑な流通を可能ならしめていたのに対し、日本では幕府権力が銀貨の信用性を担保していた。

一方朝鮮では一七世紀末まで大量に輸入された品位八〇%の慶長銀が政府機関や商人の間で厚く信用されていた。ところが元禄八年（一六九五）、幕府は慶長銀を品位六四%の元禄銀（元銀）に改鋳し、これを対朝鮮貿易にも使用するよう対馬藩に命じた。しかし元禄銀は銀座の極印が打たれているにもかかわらず、朝鮮での流通が極めて困難であり、銀貨の切り替えは日朝貿易の減縮をもたらした。これに窮した対馬藩は幕府に請願して人蔘代往古銀（特鋳銀）と呼ばれる品位八〇%の貿易銀を鋳造して貰い、これを対朝鮮輸出に振り向けた。[1] これらの史実から、私は本書第七章において、朝鮮では独自の銀流通制度が確立されておらず、日本銀とりわけ品位八〇%の慶長銀や人蔘代往古銀を選好したと結論付けた。ただ元禄銀問題を除き朝鮮国内で銀がどのように行使されていたのかを知る手掛かりはほとんどない。当事者である商人の残した史料は皆無と言っても過言ではなく、また数少ない官撰史料も相互に矛盾する部分が多く、編纂者の明らかな謬見もしばしば確認される。また政府機関は丁銀・元銀・礦銀など品位の異なる銀貨を大量に備蓄していたにもかかわらず、それを品位別に記した史料は乏しい。もちろん中国の庫平銀のような国庫専用の銀両制度（虚銀両）が施行されていたわけでもない。総じて朝鮮における銀流通の実態はいまだ厚いベールに覆われていると言える。また従来の朝鮮後期貨幣史研究は、粛宗四年（一六七八）より鋳造が開始され、一八世紀には停鋳と再開鋳との間を揺れ動きながら、一九世紀には貨幣の首座を占めるに至った常平通宝を主たる対象として展開され(2)、銀についての専論は韓明基の研究を除き見当たらない(3)。

とは言え、朝鮮後期に銀が相当量流通し、その多くが品位八〇％の日本銀であったことは確実であろう。問題は一定量流入した元銀や国内で産出された礦銀がどのように使用されたかである。元銀は「死貨」と見なされて政府備蓄に回され、礦銀も多くは備蓄されたことは第七章で述べた。しかしこれらは中国では純度に見合った評価がなされ、貨幣として十分通行可能であった。そのため政府はまず使行貿易や勅使応接において、国内では規格外と見なされたこれらの銀を使い始めた。それはやがて政府の財政支出にも及んだ。そこで本章では銀の品位に焦点を絞り、政府財政・日朝貿易・対清関係の諸側面から朝鮮後期の銀流通について再考察する。

一　政府財政と銀品位

朝鮮政府は銀を純度で区別し、その単位を成（星とも記す）で表示した。『万機要覧』財用編四、金銀銅鉛の条に「凡そ銀貨は其の成数を観、定めて高下と為す。最上は之を十成と謂い、其の次は之を九成と謂い、又其の次は之を八成と謂い、又其の次は之を七成と謂い、最下は之を六成と謂う。丁銀は是れ七成、即ち倭銀なり」とあり、純銀を十成として九成・八成・七成・六成の都合五種の銀があったとする。しかし同じ条には「戸曹の銀は四名あり。天銀・地銀・玄銀・黄銀と曰う。天銀は御用の器皿に用い、地銀は支勅・礼単に用い、玄銀・黄銀は諸般の経用に用う」とあり、千字文の天地玄黄に因んだ四種の銀（行論では天地玄黄銀と総称する）があったとも語る。これにより天地玄黄の順に品位が上から下へと序列化されていたことが理解されるが、成数表示銀との関係については何も記されていない。

第七章で解明したように、天地玄黄銀の内、天銀は名目上十成とされ、礦銀や中国銀がこれに相当した。もちろん実際の純度は一〇〇％を下回る。しかし地銀・玄銀・黄銀の呼称はほとんど史料に見られない。また日本銀について、慶長銀は八成、元禄銀は六成（朝鮮政府の評価品位は六三％であるが六成と略称された）であることは知られていたにもかかわらず、丁銀すなわち倭銀を七成とするのは明らかな誤謬である。次節で触れるように、対馬藩が品位五〇％の宝永銀の通行を東萊府使に打診した時、代官倭と呼ばれる公私貿易担当の藩士がこの銀は元禄銀より高品位で慶長銀より低品位であると述べたことが、後に新丁銀すなわち人蔘代往古銀が七成宝字新銀であるという誤解を生んだものと思われる。九成については全く手掛かりがない。繰り返しになるが『万機要覧』の記述は信頼性が乏しい。

管見の限り、天地玄黄銀の名称は『承政院日記』第九八冊、仁祖二五年（一六四七）八月三日の条で、戸曹が長期備蓄する封不動銀一万五千両の内訳は、天地玄銀が一万両、黄銀がその半分の五千両であるが、黄銀は礼単や別贈に使用できないと状啓したことを嚆矢とする。黄銀は勅使の接待に用いられないことから、やはり低品位の銀であると見られるが、孝宗五年（一六五四）に黄濾なる者が、平安道兵馬節度使在任時に営儲木四〇〇同を換色と称して換銀流用していたが、たまたま父の葬儀により離職を余儀なくされたので、銀色の好悪を精選せず急遽銀を掻き集めたため、市井の品劣銀である黄銀が混ざり、結果として国庫を毀損したと弾劾された事例からも看取される通り[4]、市中で流通する銀は品位の劣る黄銀であった。一七世紀初の平安道や漢城の市場には明軍が遺した中国銀や国産銀がある程度流通していたものと考えられるから、戸曹はそれらを収納する際、品位に応じて天地玄黄の名称を付して弁別したのであろう。

しかし日本銀の大量流入により品位がまちまちな中国銀や国産銀が市場から駆逐されると、朝廷でも天地玄黄の意味が次第に忘れられ、名称だけが残った。粛宗即位年（一六七四）には刑曹の書吏・庫直・書直（いずれも胥吏）らが本庁の黄銀一千余両を窃盗していたことが発覚し[5]、粛宗五年には戸曹判書睦来善が戸曹備蓄銀一七万余両の中から天銀五千両・地銀一千両・黄銀一万四千両を江華府に移送することを要請しており[6]、粛宗三七年には尚衣院が黄銀七七両を盗まれるという事件が発生しているように[7]、粛宗期には天銀・地銀・黄銀の区別は明瞭であったものと見られる。また英祖四年（一七二八）七月には戸曹判書権以鎮が、現在戸曹の備蓄銀は天銀・地銀・黄銀合わせて万余両に過ぎないと報告しており[8]、同年一〇月にも戸曹が天地銀二万余両を封不動とし、玄黄銀四万一千両を財政運用していると状啓しているように[9]、天地玄黄の弁別法は英祖初期にも続いていた。しかし英祖一〇年、国王より戸曹の所捧は天銀か、また広銀（礦銀）とは天銀のことかと問われた戸曹判書宋寅明は、「品は則ち天銀為り。而るに名は則ち玄銀・黄銀の称有り。我が国の人、雑鉛の法を知らず。故に人心奸なりと雖も、鋳銀に善ならず矣」と答えているように[10]、品位が天銀に相当する銀でも玄銀・黄銀と呼ばれていたようである。更に正祖二年（一七七八）になると、戸曹備蓄銀の品位は本来天銀であるにもかかわらず、鉛鉄が混入され黄銀と化していることを憂慮した国王に対し、行都承旨洪国栄は「当初封不動の時、天地玄黄の別有り。而るに中間錯雑の事ありて、実に未だ知る可からず矣」と述べているように[11]、銀の長期備蓄に際して定められた天地玄黄法は一八世紀中期頃から次第に廃れ始め、後期には正祖の側近でさえその内容を知らない有様であった。

以上のように天地玄黄銀は戸曹で用いられた銀色の区分であり、その品位（成数）は天銀が名目上十成と見なされたのを除き不明である。その出自は中国銀または国産銀であり、日本銀はこれに含まれない。従って正祖五年、訓錬都監の備蓄について従事官鄭東浚が「正銀・天銀・地銀・玄銀・元銀・丁銀合わせて二万八千九百四両なり」と報告しているように[12]、天地玄銀と元銀・丁銀とは峻別されていた。丁銀とは日本銀の総称であるが（原義は長めの楕円形状に鋳造された銀貨の意。ただし朝鮮では豆板銀も含め丁銀と呼んでいた）、朝鮮に輸入されたのは慶長銀・元禄銀・人蔘代往古銀・正徳享保銀の四種類であり、この内元禄銀は市場での流通が困難な銀として特別扱いされたため、元禄銀を除いた品位八〇％の慶長銀および人蔘代往古銀・正徳享保銀が丁銀と呼ばれた。

「悪貨は良貨を駆逐する」というグレシャムの法則通り、朝鮮政府は良貨である天地銀や丁銀を封不動銀に回し、玄黄銀を財政支出に使用した。英祖一〇年には淑寧翁主の住居として黄銀一千両を、明安公主の宮房地代として黄銀二千両を支出しており、また純祖一六年（一八一六）にも慶寿宮第宅代価として黄銀六六〇両・銭一七八二両を輸送しているように[13]、民間への支払いには極力低品位の黄銀が充てられた。粛宗初に刑曹や尚衣院で黄銀が盗まれたのも、黄銀が国庫の奥深くに封印されたものではなく日常的な財政支出に用いられていたことを間接的に裏付けている。一七・一八世紀には丁銀が、一九世紀には礦銀が市中で通行していたため、受領者は悪貨での支払いを忌避したはずであるが、殿閣や邸宅などの建築に際しては資材や労働力が強制的に徴発されたため、受取人が良貨を要求することはできなかったのであろう。

黄銀に次いで人気が低かったのは礦銀である。礦銀は名目上は十成天銀とされたが、朝鮮の吹錬技術は低く、また鉛鉄の意図的混入を防止できなかったため、低品位銀や贋造銀が混在し、八成丁銀より価格が安かった。たとえば正祖一七年（一七九三）、前江界府使権𢸫の上啓によると、平安道江界府では丁銀が高騰して銅銭三両五―六銭となり、一方同地には銀鉱があるため、天銀一両は銅銭二両五銭であった[14]。江界府では天銀は丁銀より銭一両も低価格だったのである。

しかし一八世紀初より丁銀の輸入量が減少し、中葉に至り杜絶すると、丁銀に対する信用は揺らぎ始めた。そもそも丁銀が朝鮮商人の間で高い評価を受けたのは贋物が混入していないという安心感のせいであったが、その信用を裏打ちしていたのは銀座を管理する大黒常是の極印であった（ただし宝永期特鋳銀には常是の極印なし）。しかし丁銀も秤量貨幣であるからには、流通過程においてどうしても適当な重さに切り刻んで使用する必要に迫られる。そして切れ込みが入れられた銀塊には雑鉄すなわち諸種の卑金属が混入されたものが多々あった。正祖二三年、江華府の備蓄を監査した宣伝官鄭周誠の状啓によると、「丁銀の銀片には中心に三本線がうっすらと見えるものが間々あり、小刀や錐で検査してみると雑鉄が混入されていることが明らかである」とあり、不純物をサンドイッチ状に挟み込んだ贋造丁銀が少なくなかったことを暴露しているが、しかし「天銀も丁銀も（帳簿との）僅かな誤差があったが、総数には欠損がなく、銀片に雑鉄が混入されているのは、星数がやや劣ることに由来するものであり、不正の跡は見られず、別に論ずべきことではない」と結論付けているように[15]、一八世紀末には品位の劣る偽造丁銀も多く見られ、官吏もこれを咎め立てしなくなっていた。こうして丁銀は品位に対する信頼性を徐々に喪失し、一九世紀には主役の座を礦銀に明け渡すようになる。

純祖二五年（一八二五）備辺司の上啓によると、銀木廛市民らは「従来尚衣院の貢物は天銀で買い付けて戸曹から丁銀で支払いを受け、銀品位の減縮分には配慮がなされていたが、両銀の価格差の拡大によって損失が甚だ多い。また以前は紙の貢納を丁銀で受領していたが、当時は丁銀価格が高かったので品位の減縮分を補塡することができた。今では丁銀は無用となり、丁銀の市価が銀一両につき銭一両以上下落したので、損失が膨らんでいる」と訴えている[16]。この頃の銀価格は不明であるが[17]、丁銀の公定価格である銭二両五銭に基づくならば、銭一両の下落により丁銀の相対的価値は六割に下がったことになる。正祖一七年の江界府では丁銀が天銀より銭一両以上高値であったことを鑑みても、丁銀の人気低下は顕著である。貢人は丁銀で支払いを受けることにより経営を悪化させていたのである。そして憲宗二年（一八三六）、代理聴政を行っていた純元大妃が平安・咸鏡両道への賑資を天銀で換算して支払えと戸曹に命じているように[18]、財政支出の規準は丁銀から礦銀（天銀）へと転換されていった。

一八世紀まで礦銀の人気が低かったのは、品質が一律でなく、鉛を埋め込んだ贋造銀が少なくなかったからであった。しかし丁銀にも贋造銀が多数出回ると、どうせなら名目品位が高い礦銀の方が選好されるようになったのであろう。ただ国内市場における銀貨の役割は一九世紀には低下し、代わって銅銭が擡頭した。とは言え、朝鮮が対清・対日貿易を継続する限り、銀貨圏から完全に離脱することは不可能である。一七世紀から朝鮮は対日貿易で銀を輸入し、勅使贈給や使行貿易を通して清国に送り出していた。対清関係における銀行使について検討する前に、まずは対日貿易における銀品位問題について復習しておこう。

二　東萊倭銀の品位

元禄八年（一六九五）江戸幕府は品位八〇％の慶長銀から六四％の元禄銀へ銀貨を改鋳した。対馬藩は当分の間手持ちの慶長銀を輸出し続けたが、元禄一〇年四月より朝鮮と元禄銀通用交渉を開始した。しかし朝鮮政府は元禄銀の品位を六三％だとして譲らず、また対馬藩主宗義真の書契も求めてきた。品位交渉は元禄一一年五月に妥結され、七月には宗義真の書契も手交されたが、政府はなおも元禄銀の通用性に疑問を抱き、容易に許可しなかった。東萊府使から倭館へ回答が寄せられたのは元禄一二年（一六九九）一二月のことであった。だが対馬商人の中には元禄銀に雑ぜて慶長銀を支払う風潮が見られるほど元禄銀の朝鮮での評判は悪く、銀の実質的輸出量も三分の一以下に下落した。東萊貿易の減縮は漢城での銀貴を招来した(19)。

一方幕府は宝永三年（一七〇六）七月、勘定奉行荻原重秀の指図により品位五〇％の宝永銀（二ッ宝銀）を鋳造した。そこで対馬藩は翌四年（一七〇七）九月、宝永銀の通行交渉を行った。第七章第二節で述べたことの再論になるが、朝鮮側史料である『辺例集要』巻九、開市によると、東萊府使韓配夏は

> （丁亥）九月、代官倭等一張の書啓を伝給して言いて曰く。日本行用の元銀は、上年秋自り宝字標新銀に改造されたり。願わくば貴国の買売に於いても、亦通行を為されんことを云云と。その成数の加減を問うも、終に明言せず。但だ元銀の上・旧銀の下云云と言うのみ。成数の加減の一款は、一に始用の元銀の例に依り吹錬すれば、則ち其の成数を知る可き是白乎旀《デアリマシテ》、書啓と同に捧上上送し、新銀は許用されるや否や、稟旨して分付されん（傍線部は吏読）。

と報告し、漢城朝廷より「吹錬して其の実数を知り、啓聞の後之を処せ」との回答を得た。そこで彼は

十月、宝銀をば吹錬して称量したるに、則ち天銀の実数、五成の分数に過ぎず。而らば反って六成三の元銀に如かず。倭人が謂う所の旧銀の下・元銀の上なる者は都《すべ》て虚罔に帰す。厳辞もて責諭したるに、則ち答えて以《い》為《わ》く。向日云う所は、只島中で聞ける所を伝えし而已。初《もと》より欺罔の意無し。即ち代官を島中に送り、曲折を探問したる後回報せん云云と。

と報告したが、回答はなかった。対馬藩がいかなる意図で元禄銀より更に品位の低い宝永銀の通行交渉を試みたのか不明であるが、宝永七年（一七一〇）には人蔘代往古銀（特鋳銀）の鋳造が開始され、正徳二年（一七一二）から輸出されたことにより、貿易銀の品位は再び八〇％に戻った。

通行交渉がまとまるまで対馬藩は幕府の許可を得て元禄銀を輸出し続けたが、元禄銀の確保も次第に困難になると、密かに灰吹銀を輸出するようになった。粛宗三五年（一七〇九）金宇杭の上啓によると、東莱から戸曹へ送付される税銀は十数年前までは一万六—七千両あったが、その後八—九千両へと減縮し、今年に至っては上送銀の半分が天銀、半分が新銀（元禄銀）で、丁銀に換算すると一千二百余両に過ぎないまで落ち込んだと報告している。[20]この時期の倭銀輸入が大幅に低落したことは先行研究により解明されているが、注目すべきは税銀の半数が天銀であったという点である。この全てが密輸出銀であったという証拠はないが、日本産灰吹銀も含まれていた可能性は否定できない。

元禄銀より後の貿易銀は宝永期特鋳銀（一七一二—一五）、正徳・享保銀（一七一六—三八）、元文期特鋳銀（一七三九—五〇）と変化したが、品位は何れも八〇％であり、朝鮮ではこれらを新丁銀と総称した。しかし新丁銀の天下は長続きしなかった。幕府が銀輸出総量を縮減させたからである。『辺例集要』巻九、開市によると、辛亥（一七三一）一一月、倭館の開市代官らが東莱府使鄭彦燮に天銀二万余両の通行を打診し、鄭彦燮が吹き分けたところ品位十成であることが確認されたが、朝鮮政府はたとえそれが十成であっても交隣のことはおしなべて一貫性を堅守しなくてはならないとして、八成銀での交易を遵守させた。なお『朝鮮英祖実録』巻三〇、英祖七年一一月辛丑の条にもこの一件が記されているが、①備辺司が「六成天銀」での決済を求め允許されたこと、②被執蔘価（対馬側が朝鮮商人に銀を前渡しして買い付けた人蔘の代価）は従来十成銀で行われていたが、次いで八成銀となり、また変じて丁銀となったと解説していることが『辺例集要』の記事とは異なる。天銀は十成であるから①は明白な誤りであり、八成の人蔘代往古銀を求めたとする『辺例集要』の方が信頼できる。②については、慶長銀の登場以前に灰吹銀が朝鮮へ輸出されていたことは確かであるが、それが八成となり更に丁銀となったというのは理解に苦しむ。なぜなら丁銀は八成であるからである。恐らく実録が言う丁銀とは「新丁」すなわち朝鮮政府の官僚が七成と見なした「宝字新銀」のことであろう。しかし繰り返しになるが、これは宝永期特鋳銀のことであり、品位は八成である。話はそれたが、対馬藩は私貿易の縮小に対抗すべく、天銀（灰吹上銀）の輸出を打診していたことは事実のようである。これは幕府が禁ずる密貿易であるが、朝鮮政府は外交上の観点からこれを拒否した。

それでも対馬藩は簡単には引き下がらなかった。『辺例集要』巻九、開市によると、英祖八年正月には夜間に倭館から八成丁銀が持ち出され、皇暦使に随行する使行貿易に充てられようとしたことが発覚したが、その背景には八包銀の確保が困難となり、商人が大損を被ったため、対馬藩が資金を融通したという事実があった。東萊貿易の縮小は対馬藩だけでなく萊商にも大打撃を与えていたのである。翌年三月には倭館が天銀一万六千両を持ち込んだため、府使鄭彦燮は直ちにこれを還送させ、丁銀で決済するよう訳官に厳命した。同年六月には、備辺司が、朝家が禁防している天銀を倭人が今またほしいままに持参しているが、訓導・別差（訳官）らは明白に詰問せず、漫然と看過していると上啓し、政府は府使鄭来周に訓令して訓導金顕門・別差金命採らを杖刑に処せしめた。同年九月には天銀の持ち込みを再度厳禁し、還送の際に奸商が訳官と通じてこれを抜き取れば潜商律に依って処断すると下命された。

『辺例集要』の一連の記事から、一七三二年から三三年にかけて対馬藩は積極的に天銀の密輸出を企図したこと、その背景には使行貿易の一翼を担う萊商の経営難があったことが知られる。なお東萊府使鄭来周は三三年の春に事態を上啓し、それが同年九月の下命に繋がったのであるが、朝廷では左議政徐命均が「かの国の銀路は未だ不足を知らず、必然的に天銀を持って来るのであるが、わが国の人は彼らに欺かれ、大いに利益を失うのである」と主張し、英祖が「新銀と天銀とを換捧するのに何の害があるのか」と尋ねると、左参賛宋寅明は「毎年天銀で納付していたが、欺かれることが甚だ多いので、厳飭しないわけにはいかない」と答えているように、対馬藩の天銀持ち込み問題は専ら詐欺防止の観点から議論されている。[21]使行貿易で利益を得ている朝鮮としては、丁銀であれ天銀であれ銀の輸入増加は歓迎すべき事態であるはずなのだが、朝廷は幕府の銀輸出制限政策を知らず、対馬藩に天銀ではなく丁銀を寄越せと迫ったのである。対馬藩や萊商が密貿易という危険を冒して日朝貿易の先細りを阻止しようと奮闘していることに彼らは気付かなかった。その後一八世紀半ばに丁銀の輸入は杜絶する。

三　勅行銀の品位

中国人は元来特定の銀品位を選好することはなく、原則としていかなる銀でも受け取るが、朝鮮政府は勅使に対して高品位の銀を贈給していたようである。既述の如く、仁祖二五年には戸曹が礼単や別贈には黄銀を使用すべからずと上啓しており、また孝宗二年（一六五一）にも、戸曹は礼単地銀四一〇〇両・別用天銀一〇〇〇両などを準備していると上啓しているように、[22]勅行応接には天銀や地銀が使用されていた。粛宗七年には京畿道観察使金宇亨が、重林駅の察訪金世翊が各駅より勅使所用の天銀の原資を調達していることを状啓し、[23]また粛宗三〇年（一七〇四）にも開城留守厳緝が、本府では勅使に天銀一〇〇〇両を別贈するのが通例となっていると状啓しているように、[24]沿路の地方官も天銀贈給の責務を負っていたようである。

ところが景宗三年（一七二三）五月九日、迎接都監の上啓によると、今回の二人の勅使はとりわけ貪欲で、贈答品を全て銀で折納させ、受け取った銀も全て秤で量り小釘で砕き、品位を調べた上で突き返し、訳官の朴得仁がやむを得ず天銀一〇〇両・丁銀一〇〇〇両および白綿紙・山獺皮などを密贈したが、贈答品は折銀して全て天銀で支払えと要求しているとある。[25]この時の勅使は特に銀を求めたようであるが、彼らは丁銀も受容したようであり、その額は天銀の約一〇倍に上っている。

勅使には天銀を贈給するという建前はその後も崩れなかったが、朝鮮には品位が安定した天銀が少ないため、彼らはやがて銀以外の贈答品を丁銀で折価することを望むようになった。英祖二四年（一七四八）戸曹判書朴文秀は「本曹の天地玄黄四色の封不動銀は六万九千余両あり、行用銀一万八千両の内、地銀の行用は一万七千両あるが、元より他に用いる処はない。ただ黄銀はこれを吹錬して勅使に元礼単として贈給する。しかし元礼単・元求請・別求請に含まれる各種の贈り物に至っては、勅使以下がもし折銀を要求した場合、天地等銀を給することができなければ、例として新丁銀で折給する。所謂新丁銀は黄銀の色目の中に入れられるが、現在記録にある黄銀万余両は皆雑色であり、そのため折銀の価として転用することはできない」と述べ[26]、勅使贈給銀には戸曹封不動銀の中の天銀や地銀を用いるが、黄銀も（天銀に）吹錬して贈給することがあり、更に銀以外の贈答品の折価としては新丁銀（特鋳銀）を用いるとする。注目すべきは、新丁銀は品位の上では黄銀（特鋳銀の品位は八成であるが、朝鮮政府の高官はこれを七成と誤認していた）に類別されるものの、品位が安定しているため贈給に適するが、封不動の黄銀は雑色すなわち品位がまちまちであるため、吹き直しを行わねば折価銀として贈給することはできない点である。品位は八〇％に止まるものの信頼性に優れた日本銀は清朝の勅使からも高い評価を得ていた。逆に朝鮮銀は場合によっては小釘で砕いて検査されるなど、不信の目で見られていた。

なお英祖三一年（一七五五）には、迎接都監が大通官徐宗順に地銀三〇〇両、福禄敦に地銀二〇〇両を贈給したと報告しており[27]、比較的品位の高い地銀も相変わらず勅行応接に用いられ続けた模様である。

勅行銀の品位が大きく転換するのは正祖期である。正祖八年（一七八四）開城留守鄭昌聖は「通例では勅使に対し丁銀を贈給すべきであるが、近来丁銀が枯渇し確保が不可能である」として、本府の天銀二千両を兵曹の封不動の丁銀三千両と交換して贈給したいと状啓した[28]。景宗期や英祖初期は贈答品の折価としてのみ丁銀が贈給されていたが、正祖期には全て丁銀を贈給することが慣例となり、天銀は受け取られなくなっていた。

勅使が天銀より丁銀を好んだ理由の一つとして漢城や開城などで薬材を購入する資金とする意図があったと考え

られるが、(29)やはり品位の安定性や信頼性に優れていることが最大の要因であったのだろう。しかし天銀や地銀などの礦銀は国内の銀鉱である程度自給することができるが、丁銀は専ら日本に依存し、その輸入は一八世紀半ばに杜絶していた。従って勅使が来る度に政府の丁銀備蓄は減少する一方であり、当座は封不動銀などを融通することで遣り繰りしていたが、いずれは枯渇する運命にあった。

正祖一九年（一七九五）九月、右議政蔡済恭は「兵曹の銀は底を付いたが、勅使の来訪は止まない。聞くところによると南漢山は丁銀を保有していると言う。兵曹より銀を取り尽くしたので、また南漢山より取ろうとしているが、南漢山の銀も尽きれば、今度は何処から取ろうとするのか」と上啓して銀備蓄の危機的状況を訴え、正祖の「勅需はなぜ必ず丁銀を用いるのか。天銀で代用すれば如何か」との問いに対し、「天銀は十成だが丁銀は七成で、天銀の品位はむしろ優れている」と応じている。続いて戸曹判書李時秀は「日本の丁銀は既に出来の路が途絶えているので、贈給を継続する術はない。天銀でもって丁銀を造成すれば甚だ容易だ」と述べたが、正祖は「先朝癸未年間（英祖三九年）、丁銀を造成することを禁じた。軽々しく議論すべきでない」と反論している。(30)この時既に兵曹の封不動丁銀は使い果たし、南漢山の備蓄まで取り崩す必要に迫られていたのである。ただ朝廷の議論は迂遠である。蔡済恭は正祖の質問にまともに答えていないし、丁銀を七成と見なすのも誤りである。李時秀はなぜ外国貨幣である丁銀が朝鮮市場で信任されているのか理解していないし、正祖も民間の私鋳と政府の公鋳とを混同している。国王も重臣らも貨幣制度についての知識は極めて乏しかった。同年一一月、蔡済恭は「国中所産の銀は、天銀・地銀を問わず八成に限って贈給するなら、勅行は決して貞［丁］銀の名色に非ずとしてこれを点退する（突き返す）ことはしないであろう」と述べ、(31)七成の丁銀の代わりに八成の礦銀を贈給すれば、一割増となるので、勅使も喜んでこれを受領するであろうと目論んだ。彼の品位認識には誤りが多いが、兎にも角にも封不動の丁銀が払底している以上、もはや丁銀の贈給は止めるべきであるという認識は固まりつつあった。

翌二〇年正月、開城留守李冕膺は「今回の勅使の接待には天銀を純用することが備辺司から広く布告された。臣の府でも天銀を留置しているが、丁銀を使用せず天銀を純用すると、両者の得失は遙かに異なる。すなわち丁銀は八成に過ぎないが印鋳されているゆえ、贈給の際一度も受領を辞されたことはない。天銀はあるいは八成を超えているといっても、しばしば受領を忌避され、必ず割増給付を求められる。ゆえに臣の府では以前は丁銀を純用していたのである」と上啓した。[32]丁銀は品位が八成であり、極印が打刻されているがゆえに勅使に信頼されているという李晃膺の認識こそ当時の朝廷で最も優れた銀貨論だったと言えるが、政府もこれ以上丁銀を贈給し続けるのは無理だと判断し、今回から勅使は天銀で迎接するよう通達した模様である。

正祖二三年正月、勅使に贈る銀の品位について問うた正祖に対し、左議政李秉模は「勅行で用いる丁銀は天銀・地銀を問わず八成のみを贈遺すれば、突き返されることはないので、これを末永く定式とすべきであること、既に昨年大臣が経筵で稟請して允許された」と答え、八成銀を贈給するよう進言した。[33]彼が言う「丁銀」は礦銀の誤りであろう。おそらく蔡済恭の丁銀より一割増の八成銀なら勅使も点退しないだろうという提案が基本政策となったものと考えられる。だが、翌年すなわち純祖即位年（一八〇〇）には迎接都監の任に就いた戸曹判書李書九が「勅使への礼単銀は通例本曹にある地銀で贈給するのであるが、贈答品の折価銀については本曹・貢契人（貢人）を問わず、必ず丁銀にて計給すべきものである」と述べているように、[34]礼単銀は礦銀に替わったが、贈答品については相変わらず丁銀で折価して贈給すべきだとの観念は残っていた。

さりとて丁銀の絶対的不足が解決する目途はなかった。純祖二〇年・二一年には備辺司が、勅使贈給銀の品位が低下したと上啓している。[35]これが礼単銀のみを指すのか、折価銀を含むのか不明であるが、丁銀はおろか上質の礦銀さえ準備することが困難になりつつあったことは確かなようである。同様の訴えは純祖三〇年・憲宗元年（一八三五）にもなされているが、[36]哲宗即位年（一八四九）には判府事朴晦寿が「凡そ我が用銀の法は字号と成数でもって高下を分別する。支勅の時には通例地銀を用い、所謂九成である。三道の贈給は通例元銀を用い、所謂八成である。奸弊が日々深刻化し、銀品位は次第に低下し、近年の贈給銀は甚だしい場合は四―五成に過ぎない」と上啓しているように、[37]一九世紀中葉には低品位の礦銀を使用せざるを得ないほど、朝廷の銀財政は逼迫していた。

以上のように、清国の勅使に対し朝鮮王朝は当初は天銀・地銀など高品位の礦銀を贈給していたが、丁銀の輸入が増加するに伴い、勅使は礼単銀以外の贈答品を銀で支払うよう要求し、英祖期までは丁銀で折価することが通例となった。勅使もまた品位が安定した丁銀を好むようになった。ところが丁銀の輸入が一八世紀半ばに杜絶し、政府の丁銀備蓄も減少し続けたため、正祖期には折価部分が丁銀から礦銀に換えられた。

四　使行銀の品位

勅行銀が清国勅使に贈給する銀であるのに対し、使行銀は政府が燕行使に持たせる八包の銀である。これらは使節団の行う私貿易の資金となった。その定額は一人当たり天銀二千両で、丁銀の場合二割を加増していた[38]。また八包とは別に清朝高官への工作費や賄賂として使用される公用銀もこれに含まれる。

孝宗即位年（一六四九）、戸曹は仁祖崩御に伴う今回の請諡使に天銀と地銀をそれぞれ五〇〇両ずつ持参させよと提起している[39]。これは八包ではなく公用銀のことかと思われるが、丁銀については考慮されていない。清国ではまだ丁銀の人気はなかったようである。孝宗五年にも戸曹は上年麟坪大君が使行で持ち出した人情（公用銀）に地銀七五〇両の余剰が出たので、これを平安監営に留置すべしと上啓しており[40]、ここでもやはり地銀が使用されている。

ところが景宗元年（一七二一）には景宗冊封の奏請使が礼部侍郎羅瞻より天銀五千両の賄賂を要求され、正使李健命は丁銀六千両を支払った[41]。この頃既に公用銀には丁銀が充てられていたことがわかる。しかし英祖期になると丁銀に代わり礦銀が盛んに輸出されるようになった。英祖初期からの礦銀輸出については既に第七章で論じたので、本章ではその品位について考察する。

英祖三年（一七二七）一一月、王は「最近の使臣の言により、清国では黄銀を多用していることを知った。これは我が国の物貨がたくさん流入した結果である。……我が国の黄銀は彼の地に多く流入しており、もし商賈牟利の弊を痛禁すれば、国中の銀貨も次第に余裕が生まれるだろう」と述べ[42]、対清貿易が拡大した結果、国内銀の多くが中国へ流出したと嘆いている。元来使行貿易には天銀や丁銀が使用されていたが、通訳官による銀の私的な持ち出しは半ば公然と行われていたから、品位の低い黄銀が密貿易に用いられていた可能性は十分ある。ただ使臣が清国で見た黄銀が本当に朝鮮由来の銀であったのか甚だ疑わしく、英祖は使臣の言を口実に銀の密輸出を厳重に取り締まるよう命じたと理解すべきであろう。

だが八包で正規に輸出された天銀にも贋造品が多く含まれていた。英祖二〇年、謝恩使副使を務めた李日躋は帰国報告で「関西における礦銀（の精錬）に関する禁令は弛緩し、所謂監官なる者は間に入って利を漁るため、一両の天銀には鉛や錫が半分を占め、清国人が吹錬すると、実数は僅かに五―六成に過ぎない」と語っており[43]、政府管轄下で鋳造した天銀でさえ意図的な粗悪品が多々あったらしい。

一方で輸出銀の品位の低さを日本銀のせいにする意見もあった。英祖一七年、左議政宋寅明は「我が国は銀貨が甚だ少なく、冬至使行の時に国産銀を持参する者は一―二万両に過ぎず、倭銀は八―九万両である。使行には天銀だけを用いるが、近年倭銀は常に流入減少に苦しみ、またその銀には不純物を混入するものが多い。清国人は銀の品位について熟知しており、ゆえに我が国の通訳官は多くが利を失っている」と論じ、英祖が「倭人（の手口）は極めて巧妙で、ゆえにその銀は銀に非ず、鉛鉄の如きである」と応えたところ、兵曹参判金若魯は「甚だしくは鉛七割・銀三割のものも有るに至る」と述べている[44]。ここで言う「倭銀」とは恐らく礦銀のことであろうが、国王や重臣らは贋造銀の横行を日本人のせいだと思い込んでいたようである。

以上のように、英祖期には勅行銀の相当量が丁銀で贈給されていたが、使行銀については丁銀から礦銀への転換と輸出量の制限が企図された。使行銀は勅行銀より絶対量が多いこと、また多くが私貿易に充てられていたことが両者の違いを生んだのであろう。

おわりに

朝鮮人は中国人や日本人と較べて銀貨に関する知識が乏しく、品位に応じて天地玄黄法と成数表示法という二種類の分類法が並行して用いられた他、その由来に応じて丁銀（日本銀）・礦銀（国産銀）・馬蹄銀（中国銀）などの呼称が独立して存在した。そしてこれらの間の相互関係は極めて不明瞭であり、例えば品位八〇％の人蔘代往古銀が七成とみなされ、時に黄銀と称されるなど、誤認識が多かった。

ただこれはあくまでも漢城朝廷の中だけの話である。開城留守李冕膺のように丁銀に関する正確な理解を示す地方官もいた。恐らく彼は開城を根拠地とする松商から何らかの情報を得ていたのであろう。松商や湾商・莱商は銀を用いて遠隔地交易を行っており、銀に関する正確な知識なくして銀遣い圏である中国や日本の商人と対等に渡り合うことは不可能だったと思われる。

しかし国王と圧倒的大部分の士大夫層が貨幣経済について無知であったことは、同時代の中国や日本と比較して際立っているように見える。支配層と商人層とが断絶し、実学者と呼ばれる一部の知識人もこの溝を埋められなかった(45)。財政が各衙門・軍門ごとに独立し、その中味も各種銀貨・常平通宝・綿布や米などに分散されており、規準となる貨幣が存在しなかったことが原因の一つと思われる。

ただ一九世紀に入ると中国から朝鮮へ銀が逆流するようになり、朝鮮はそれらを日本に輸出して生銅を輸入し、常平通宝を大量に鋳造した。緩慢ながら朝鮮は銅銭を主要通貨として確立させていった。銀の役割の相対的低下に伴い、銀品位を論じる必要性は確実に低下した。

註

（1）田谷博吉『近世銀座の研究』吉川弘文館、一九六三年、第四章、田代和生『近世日朝通交貿易史の研究』創文社、一九八一年、第一一章。
（2）李大鎬編『韓国貨幣史』韓国銀行発券部、一九六六年、元裕漢『朝鮮後期貨幣史研究』韓国研究院、一九七五年、同『韓国貨幣史』韓国銀行発券局、二〇〇六年、同『朝鮮後期　貨幣史』慧眼、二〇〇八年、宋賛植「朝鮮後期　行銭論」『韓国思想体系Ⅱ』成均館大学校大同文化研究院、一九七六年、須川英徳「朝鮮時代の貨幣――『利権在上』をめぐる葛藤――」歴史学研究会編『越境する貨幣』青木書店、一九九九年、李憲昶「一六七八―一八六五년간　貨幣量과　貨幣価値의　推移」『経済史学』二七号、一九九九年など。
（3）韓明基「一七世紀初　銀의　流通과　그　影響」『奎章閣』一五、一九九二年。
（4）『承政院日記』第一三〇冊、孝宗五年三月二七日。
（5）同右、第二四一冊、粛宗即位年九月一日。
（6）同右、第二七二冊、粛宗五年八月六日。
（7）同右、第四六三冊、粛宗三七年一〇月一〇日。
（8）同右、第六六六冊、英祖四年七月二九日。
（9）同右、第六七二冊、英祖四年一〇月九日。
（10）同右、第七七七冊、英祖一〇年四月九日。
（11）同右、第一四一二冊、正祖二年正月二五日。
（12）同右、第一四九四冊、正祖五年九月二一日。
（13）同右、第七八五冊、英祖一〇年八月二〇日、同右、第二〇七五冊、純祖一六年九月二〇日。
（14）同右、第一七一三冊、正祖一七年正月三日。
（15）『備辺司謄録』第一八九冊、正祖二三年一〇月二四日
司啓曰。即見江華奉命宣伝官鄭周誠状啓。則以為。……而銀品名色。大相不同。且丁銀銀片中心。透出三線者。間或有之。故刀抹看審。則雑鉄交合。宛然無疑。……天・丁銀雖有些少剰縮。都数則無欠。銀片之雑鉄交合。似由於星数之稍劣。而未見奸弄之跡。別無可論。
（16）『承政院日記』第二一八七冊、純祖二五年正月一四日。

(17) 前註(2)李憲昶、三一頁によると、純祖一六年頃の銀価格は銭二両七銭であったとされる。その九年後であれば更に値下がりしていたであろう。但し銀種は不明。
(18)『備辺司謄録』第二二四冊、憲宗二年一一月三〇日。
(19)『承政院日記』第四一四冊、粛宗二九年一〇月一〇日。
(20) 同右、第四四七冊、粛宗三五年三月二〇日。
(21) 同右、第七六六冊、英祖九年九月二〇日。
(22) 同右、第一一八冊、孝宗二年三月一四日。
(23) 同右、第二八一冊、粛宗七年二月一日。
(24) 同右、第四一九冊、粛宗三〇年六月二五日。
(25) 同右、第五五四冊、景宗三年五月九日。
(26) 同右、第一〇三一冊、英祖二四年七月二一日
文秀曰。本曹天地玄黄四色銀封不動六万九千両零。行用一万八千両零。而其中地銀行用一万七千両。元無他用処。只以黄銀吹錬。贈給於勅使元礼単。而至如元礼単・元求請・別求請各様物種。勅使以下。若請折銀。則如天地等銀不得給。例以新丁銀折給。而所謂新丁銀。同入於黄銀色目中。而即今記付黄銀万余両。皆是雑色。故無路推移於折銀之価。
(27) 同右、第一一二二冊、英祖三一年八月二一日。
(28)『備辺司謄録』第一六七冊、正祖八年一〇月一八日。
(29) 例えば朴趾源は『熱河日記』にて、清国人がしばしば朝鮮の薬材(清心元)をねだる様を記している。このような朝鮮物産に対する需要は無視できないであろう。『備辺司謄録』第一三二冊、英祖三三年六月一〇日の条にも、戸曹が戊辰・庚午(一七四八・五〇)の勅行に清心丸三〇〇錠を給したとの記載がある。
(30)『承政院日記』第一七五二冊、正祖一九年九月二九日。
(31) 同右、第一七五五冊、正祖一九年一一月六日。
(32) 同右、第一七五八冊、正祖二〇年正月一五日。
(33) 同右、第一八〇三冊、正祖二三年正月二五日。丁銀が礦銀の誤記だとしても、「天銀・地銀を問わず」八成をというのは理解に苦しむ。地銀の品位は不明であるが、天銀は純銀であり、決して八成ではない。
(34) 同右、第一八三〇冊、純祖即位年一一月一六日。貢人への支払いが言及されているのは勅使の接待に用いる物資を彼らに請け負わせていたためかと思われる。
(35)『備辺司謄録』第二〇九冊、純祖二〇年一一月六日、『承政院日記』第二一四四冊、純祖二一年八月五日。

(36)『備辺司謄録』第二一八冊、純祖三〇年九月三日。
(37)同右、第二三六冊、哲宗即位年一二月一日。
(38)同右、第一〇七四冊、英祖二七年九月八日・九月二九日。
(39)同右、第一三冊、孝宗即位年六月六日。
(40)『承政院日記』第一三二冊、孝宗五年九月一九日。
(41)『同文彙考』補編巻四、使臣別単四、奏請兼冬至行正使李健命・副使尹陽来別単（康熙六〇年□月□日）。
(42)『承政院日記』第六四九冊、英祖三年一一月一一日。
(43)同右、第九七三冊、英祖二〇年六月一一日。
(44)同右、第九三八冊、英祖一七年一一月二〇日。
(45)朴趾源は『熱河日記』「太学留館録」の中で、屡一旺という中国人から漂着朝鮮船が寛永通宝を満載しているのを見たと言われたことを紹介し、朝鮮の漂流船が日本の寛永通宝を積載していることはあり得ないと述べている。一方『備辺司謄録』第一五七冊、英祖五一年一〇月二八日の条によると、漂流日本船から寛永通宝が出てきたとの報告を受けた英祖は、日本にも銅銭が通行していることを知って驚いている。

第十章　現物貨幣の消滅

はじめに

後期朝鮮の貨幣経済は銀や銅銭を用いた点で同時代の中国や日本と似ているが、決定的に異なる点が一つある。それは銀や銅銭といった金属貨幣の登場後も綿布や穀物など使用価値を有する現物が貨幣としての機能を失わず、王朝末期まで交換手段として使用され続けたことである。本来貨幣とは貴金属やコイン・紙券など生活手段としての価値（使用価値）を有しない物貨が国家の強制や社会の合意によって商品交換の媒体としての機能を賦与されたものである。しかし綿布や穀物など使用価値を有する物貨はそれ自体が絶えず生産され消費される商品であるため、貨幣としての機能を果たしにくい。なぜなら貨幣はその流通圏内で長期的に価値を維持し続け、諸商品の価値規準とならなければならないが、綿布や穀物など農産物由来の物貨は季節や収穫量によって価値が常に変動するし、また虫喰いや変質・腐敗により比較的短期間で使用価値が低下するからである。例えて言えば、銀貨や銅銭は採鉱から製錬を経て鋳造に至るまで相当の手間暇を要するので市場での流通量は安定しているのに対し、綿布や穀物は一般庶民が簡単に生産できるし、また必要に応じて消費されるので、流通量が一定しない。更に金属と違って経年劣化が早いので、価値保存手段としても適さない。従って綿布や穀物などの現物を貨幣として使用する社会では、他の商品を売買する商人は当該商品の価値変動に加え現物貨幣の価値変動も見越して商業活動を営まなくてはならない。もちろん現物貨幣の経年劣化も加味する必要がある。総じて現物貨幣（物品貨幣）は市場経済に不適なのである。それでは朝鮮社会ではなぜ現物貨幣が永らく使用され続けたのであろうか。

綿布と穀物を比較すると、季節による価格変動が起こりにくく劣化の進行が緩やかな物貨は前者である。従って布貨（綿布貨幣）については比較的多くの研究が蓄積されてきた。しかし使用価値と交換価値が並存するという矛盾を止揚するには至らず、むしろ使用価値の桎梏から解放された粗悪布について議論が交わされてきた。先行研究により粗悪布の歴史を総覧すると、朝鮮政府が正布と認めた綿布の規格は長さ三五尺・幅七寸・縦糸数五升（一升＝八〇本）であったが、早くも世宗末年より規格外綿布の流通が見え始め、成宗期には三五尺に満たない尺短布の流通や二・三・四端を継ぎ合わせて一匹とする慣行が問題となった。続く燕山君期からは三升・四升の粗悪布が流通するようになり、燕山君が瑞葱台を造営するため苛斂誅求を行い、人民が旧衣敗絮を紡ぎ直して粗悪布を納税したため、後に粗悪布を瑞葱台布と称するようになった。燕山君を追放した中宗も粗悪布を駆逐することはできず、二升布までもが出現するに至った。政府は粗悪布の使用を禁止したが、市場から排除することは不可能であった[1]。ただし常平通宝が登場し、粗悪布の活躍の場が閉ざされていった一七世紀以降についてはこれまで研究がなされてこなかった。

尺短布や二升・三升・四升布は全く無価値ではないが、衣服を縫製するには適さない。にもかかわらず敢えて粗悪布が製造され流通したのには何らかの必要性があったはずである。先行研究の中でその原因について考察した須川英徳は、粗悪布の出現時期が一五世紀後半より凶年をきっかけに発生した場門と呼ばれる地方場市の登場と一致することに注目し、場市の発達が小額貨幣の需要を生み、その役割を粗悪布が担ったと捉えた。須川は更にこの現象が黒田明伸の言う「支払協同体」に相当すると考えた[2]。

ところが黒田が中国史で措定した「支払協同体」とは貨幣の行使や決済の方法を共有する地域や集団のことである。確かに両者とも定期市や市鎮程度の狭い交易圏を指してはいるが、行使や決済の在り方は全く異なる。中国の場合、百枚に満たない銅銭の束を百文と見なす短陌慣行や両替商が振り出す一覧払い手形である銭票の流通範囲が「支払協同体」ごとに異なっていると黒田は論じているのであり、金属貨幣である銅銭の行使とそれを相当量保有する商人の信用を前提として成立している。しかしながら朝鮮の粗悪布は、それと引き替えに銅銭のような金属貨幣が得られるわけではなく、また信用創造の担い手である商人もいない。粗悪布が場市に集う商人によって流通していたことは歴史的事実であるが、彼らがその行使や決済の方法について何らかの合意を形成していたとまでは言えない。そもそも協同体内の約束事であれば朝鮮政府が敢えてこれを禁止する必要性はないし、実際中国では政府が民間の短陌慣行や銭票行使に対し禁止措置を講じることはなかった。

場市の発達が小額貨幣の需要を喚起したことは確かであろう。問題はなぜ粗悪布が交換手段として選択されたかである。粗悪布は確かに使用価値から乖離している。しかし万人が容易に製造できるため、交換価値を担保する機能を有してはいない。粗悪布に使用価値が全くなかったとまでは断定できないが、社会全体から考えると貴重な衣料原料である綿花を用いて二升布や三升布のような織り目の粗い麤《そ》布（麁布とも記す）を製織することは資源の浪費以外の何物でもない。もしも朝鮮社会が小額貨幣を必要としていたのであれば、わざわざ麤布を用いずとも、たとえば室町時代の日本がそうしたように中国銭を輸入すれば事足りるのである。

また綿布の升尺減縮過程を丹念に検証した宋在璇は、一六世紀における麤布の小額貨幣としての使用体験が一七世紀における常平通宝の急速な普及の土台となったのではないかと推測している[3]。単に貨幣経済の初期段階として麤布流通を位置付けるのであればこのような認識もあながち誤りとは言えないが、それではなぜ一六世紀には正貨である五升布ではなく粗悪布が貨幣として選好され、一七世紀になると国幣である常平通宝に容易に置き換えられたのかが整合的に説明できない。

朝鮮社会が麤布という奇妙な現物貨幣を使用した理由を市場経済の論理から解き明かすことは困難である。そこで本章では視点を変え、朝鮮王朝の財政制度からこの問題を考察することにしたい。なお、粗悪布は升数の低い麤布と長さが規準に達しない尺短布に大別されるが、本章では主として麤布を対象とする。また粗悪布の弊害が深刻であった一六世紀ではなく賦役の布納化が進行する一七世紀以降を、すなわち粗悪布の最盛期ではなく終息期を検討の対象とする。

一　仁祖期の麤布流通

麤布の「麤」とは「粗」と同義であり、中国では一般に粗布と記すが、朝鮮の麤布は中国の粗布とは似て非なるものである。明代後期より各種の徭役を地税や丁税に一元化し、更に税の銀納化を推進した中国では、綿布は国家財政の束縛から切り離され、市場で流通する諸商品の一つに過ぎなくなっていた。従って中国の粗布は単に肌理の粗い綿布の総称に過ぎず、朝鮮の麤布のように国家の規格を満たすか否かは問題にならない。また肌理が粗くても使用価値は有しており、縦糸の数を故意に減らしているわけではない。本来的にインド棉や中国綿はアメリカ綿やエジプト綿と較べて繊維が太くて短く、高番手の綿糸を紡ぐのには適さない。従って製織される綿布はどうしても厚手になりがちである。それでも長江下流の江南デルタ地域では繊維が比較的細くて長い綿花を原料として細糸が紡がれ、薄手の細布が織られていた。松江府一帯の上質綿布は上海に集荷され、「衣は天下を被う」と称えられた如く、全国各地へ販売されていた。太糸で織られた粗布は一般に土布と呼ばれ、自家消費や狭隘な市場での流通に振り向けられた。また縦糸の本数を減らした綿布は必然的に横幅が狭くなり、短窄布と呼ばれて、一定の需要があった。

ところが朝鮮の麤布は横幅七寸の規格を変えず縦糸の本数すなわち升数を減らした粗悪品であり、単に生地がざっくりとしているだけでなく、それで袋を造ると隙間から豆がこぼれ落ち、蚊帳を作っても蚊が通り抜けると譬えられる（後述）ほど織り目が粗かった。普通の綿糸を用いてこのような織り方をすると布の強度が著しく低下する。そのような使用価値が極端に低い粗悪品を敢えて製織した最大の理由は、瑞葱台布に代表されるように綿布が貢納制と深い関わりを有していたからであろう。朝鮮では貢賦や徭役のような特産物・労働力調達は一五世紀より次第に布納化されたが、生産力の限界を超えた過剰な綿布収奪に喘ぐ小農が襤褸布や蒲団綿などを紡ぎ直して再生綿布を製織したのである。紙のリサイクルと同様、再生綿花は繊維の品質が悪く、概して極太で太さにもムラが出る粗悪糸しか紡げないため、再生綿布の升数は自ずと低下し、隙間だらけとなるのである。もちろん意図的に綿糸を細く紡いだり綿布の升数を下げたりする節約法も行われていた。このような粗悪布は徴税を担う胥吏によって点退（突き返し）されるはずであるが、負担能力に限界がある小農をいくら絞り上げても各司が要求する数量の綿布は確保できないから、末端では賄賂と引き替えに粗悪布での納税を容認していたものと思われる。[4] 麤布収捧慣行は燕山君の暴政によって深刻化したが、綿花の作柄にかかわらず毎年一定量の綿布が硬直的に徴収されていたため、以前からも行われていたであろうし、燕山君の失脚後もなくならなかった。[5]

麤布はこれを収納する財政部門にとっては頭の痛い問題であったが、市中で使用されている限り特に弊害は生じなかった。もちろん政府が徴収した麤布も軍役など各種の徭役を代行する貧民に支払われていたはずであるから、最終的には彼らが矛盾を一手に引き受けていたのであるが、一六世紀の政府当局は「三升布の如きも民間ではなお衣服と為すことが可能である」と楽観視していた。[6] ところが一七世紀に入り、各地で段階的に大同法が施行されると、麤布の弊害は富裕層にも及ぶようになる。国家が必要とする物資や役務が米や綿布により代替徴収され、政府はこれらを代価として貢人（貢物代納業者）より物貨を買い付けるようになったため、支払いを受ける商人が麤布を掴まされるようになり、彼らはその受領に抵抗し始めた。

仁祖二年（一六二四）には吏曹参判崔鳴吉が「京外の人は大同法を不便と考えている」と訴え、仁祖が理由を尋ねると、彼は「大抵京人が大同法を怨むのは、前戸曹判書李曙が麤木綿布で支払いを行ったため、これを最も苦痛と為すからである。外方大邑の民も怨む者が多い」と答えている。[7] 崔鳴吉の言う「京外の人」とは一般庶民ではなく、国家より支払いを受ける都城や外方の貢人を意味するものと考えられる。彼らは本来正布で貢物の代価を受領するはずであったが、李曙は麤布での支払いを強制したのである。仁祖六年には全羅道観察使李聖求が「全羅水軍統制使李沆が極麤綿布を各邑に分送して正租（籾米）を抑買（廉価での強制買い付け）しており、目下場市では綿布一匹の値が租米一〇斗であるのに、彼は麤布一匹の価格を無理やり租米二〇斗と定めている」と告発している。[8] 市場の半値で米を買い付け、なおかつ正布でなく麤布で支払うのは二重の収奪であるが、この場合も米商人が直接的被害を受けていたのであろう。

被害は貢人だけに限らなかった。仁祖二年には副提学鄭経世が「大同庁は五升三五尺を収納しており、目下各道の未納分は皆この規格に従わせているが、尺短布は連尺して納付させ、もし外方の官吏で朝廷の命令に従わず、過度の升尺を濫徴する者がいれば、観察使に摘発させ重究せしめよ」と上疏している[9]。鄭経世は尺短布を継ぎ合わせて一匹とする行為は容認しているが、規準を超える良布の徴収には反対しており、官吏の匙加減一つで納税者にしわ寄せが行くことも多かったものと見られる。

しかし加害者は官吏ばかりとは限らなかった。仁祖一四年には承旨崔葕が「外方では軍布一匹につき四〇余尺を濫徴しており、故全羅道観察使李時昉が上疏してこれを三六尺に減定させたが、近年では過剰徴収が復活した」と上啓したのに対し、大司諫李敏求は「徴収額が経国大典後続録の規定と較べればやや軽く、また兵曹の官吏も軍布が麤短であるとして責められる」と抗弁し、仁祖は「未納の軍布を私主人（納税請負人）が麤布で代納し、兵曹が点退すると綿布は現地に突き返される。外方の人は私主人の詐欺行為を知らないため、政府の信を失ったことを怨むのである」と述べている[10]。このように私主人による中間搾取もまた麤布の財政への混入を許し、それを彌縫するための抑買や濫徴を助長していた。ただ仁祖二一年、京畿道富平府使許曙が民結に細布を濫徴し支払いには麤布を用いたとして司憲府に告発された事件のように[11]、地方官が私腹を肥やす目的で麤布を利用することも多かったであろう。

また先の仁祖の言葉にも見られたように、政府は麤布を点退して地方へ返送したので、勢い外方軍営の綿布は麤短で京衙門の綿布は良質という格差が生じた[12]。外方軍営の麤布は商人からの食糧調達や兵士へ支給する給与に充てられるから、最終的には弱者がつけを支払わされていた。

以上のように綿布での賦税徴収は麤布の混入を排除できず、これを買い付けや給与など国家的支払い手段として用いると深刻な民怨を招来した。そこで政府は仁祖三年より銅銭の使用を認めるようになったが、丁卯・丙子胡乱により本格的な鋳銭は行われなかった。仁祖二六年、武臣による軍布の収奪により特に負担の重かった水軍の兵卒が耐え難い痛苦を受けていると上疏した司憲府持平李寿仁は、軍役軽減策として麤布での納税を認めるべしと提言し、仁祖の裁可を得ている(13)。価値安定的な貨幣が存在しないため、政府もまた麤布での納税を許容して極端な誅求を緩和しなくてはならなかったのである。ただこの措置はやむを得ず採られた彌縫的施策に過ぎない。抜本的な税制改革を行うためには価値安定的な金属貨幣の供給が必要であった。

二　麤布禁止令の施行

朝鮮政府が麤布の製造と流通を禁止したのは孝宗二年（一六五一）のことである。その前年七月、備辺司は次のように上啓した。

我が国はもともと銭幣の法が行われず、ただ綿布を市上行用の貨としてきた。従来木綿には自ずから規格があり、京外の庶民はこれを売買に用いるだけでなく、衣服を縫製していた。近年以来、人心は次第に狡猾になり、木綿の品質は粗悪になった。加えて連年綿花が凶作で、織られる綿布は日ごとに劣悪になり、単糸（撚り合わせていない糸）を筬《おさ》に掛け、稀《ほそ》く紡いで疎《あら》く織るので、これを裁断して袋を造ると豆がこぼれ落ち、蚊帳を作ると蚊が入ってくる。豊年であっても綿布一匹の価格は米一斗に達せず、一駄の薪芻・一壺の濁酒に至っても一端を要する。市上の諸物価が騰貴する弊害は概ね麤布のせいである。……そこで内外に暁諭して、村家行用の常布は必ず三〇尺以上を規準として製織し、従来の粗悪な綿布を尽く改変すべきである。来年正月より従来のように麤布を行使することを一切痛禁し、もし禁を犯す者があれば捕らえて重罪に処すべし(14)。

先行研究の通り、粗悪布の製織や行使は一六世紀より禁令が出されている。しかしそれが徹底されず、粗悪布の流通を黙認せざるを得なかった最大の理由は、当時は他に小額貨幣が存在しなかったため、粗悪布なしでは薪・秣・酒などの日用品が取引できず、禁令の厳守により小民の怨みを買うからであった。しかし一七世紀中盤に問題とされたのは麤布が物価騰貴を惹起していることであった。この半世紀間、朝鮮は部分的にではあれ中国銀の洗礼を受けており、麤布という悪貨の横行は銀などの良貨を駆逐するから、小民は貨幣の欠乏ではなくインフレーションに苦しめられていた。

孝宗二年二月二五日付の備辺司の上啓によると、「近ごろの麤短の綿布は、本より衣服として使用できず、（麤布のために）物価は騰貴し、商賈は資産を失っている。故に国家は禁制を制定し、今年正月より期限を定めてその行使を禁じた。しかし民間の蓄えはただ麤布だけであり、彼らはこれを市上で販売して朝夕の資としているから、禁令を画一に実施すると民の命を絶つことになる」とあり、麤布禁止の目的は物価騰貴を抑制して商人を保護するためであった。備辺司は更に戸曹と常平庁より各々米三千石を支出し、プレミアムを付けて麤布五万余匹を回収し、これを原料に正布を織り、供出した米を買い戻すべしと提言し、裁可されている[15]。二月二九日、備辺司は「三月一日より戸曹と常平庁より各々米一千石を発売し、麤布を回収する」と上啓している[16]。

それでは政府は麤布に代わる小額貨幣として何を供給したのであろうか。備辺司の上啓には麤布の代替物について記されていないが、第五章で述べたように、孝宗元年（一六五〇）朝鮮政府は金堉の提言により中国銭（清朝によって廃貨とされた明銭）を輸入している。恐らく孝宗は銅銭の行使を構想していたのであろう。孝宗二年四月二四日、常平庁による「麤木を禁じ銭幣を行うのは今日便民の挙である」との上啓が、これを裏付ける。しかし常平庁は続けて「両西の銭貨は今まさに通行されようとしている。京中の市民にも銭の使用を願う者がいるが、銅鉄が足らず銭文の供給が困難なので、東莱より銅鉄を買い入れるとともに、訓錬都監の軍器造成の役を停止させ、銭幣を鋳造させることを請う」と述べており、平安道や黄海道では直ちに輸入銭を流通させることができるが、漢城ではこれから鋳銭を始めねばならない有様であった。だが北伐に執念を燃やす孝宗がこれを受け入れるはずもなく、「京城はしばらく銭を用いるなかれ」との教旨を下している[17]。

こうして麤布禁止令は代替貨幣を供給することなく一方的に強行された。その結果、麤布を織造する者は跡を絶たず、六月三日には刑曹判書李時昉が製造者を重罰に処すよう訴え、刑曹参判許積も「麤布の禁は厳しくすべきだが、既に贖公（没収）は困難で、杖刑にも処さず、ただ麤布を裁断して捕らえた者に返すだけであるため、民は法を畏れず、禁令も行われない」と述べ、ともに厳罰化を請うている。[18] 八月一四日、許積は「刑曹と漢城府が毎日官吏を巡回させ取り締まっているが、市上ではなお麤布が多いと聞いている」と上啓し、[19] 禁令が遵守されていないことを訴えている。注目すべきは、彼が八月一九日に「江原道の大同米布は大半が粗悪で、綿布二百四十九同の内、やや良質のものは三七同に過ぎず、その余は使用に堪え得るが、劣悪なものが四七同ある」「これらは長期間の保管により損傷したもので、この四七同を（兵士などに）給付すると民怨を招く」「現在保管している慶尚道の収布は五升で十余尺（の尺短布）であり、価格は麤布一匹に相当するという。そこで給付の際、この布を用いれば民怨を招かないであろう」と上啓していることである。[20] 政府が虫喰いなどで傷んだ最劣麤布の代わりに同価格の尺短布を支給することは違法ではなかったのである。

それでも八月二三日には、戸曹が「六月一〇日の朝講時、領議政金堉が、麤木禁断令の施行後も塩鉄の代納綿布は甚だ麤劣である故、匹数を減額してやや良質の綿布を収捧すべしと上啓し、主上の裁可を得た。丙子胡乱の後、戸曹は経費が不足したので、忠清道の泰安・瑞山、全羅道の霊光・錦城（当時羅州は一時的に錦城と改称されていた）では魚塩税を綿布に換算して徴収してきたが、己丑の年（一六四九）に備辺司が民弊であるとして廃止を請うたため、その半数を削減せよとの教旨が下された」「今や麤木禁止令が出され、京外での実施に異同があってはならないので、前日本曹では三二―三三尺の密織布で収捧するだけでなく、かつて税塩一石の代価が綿布三―四匹と定められていたのを、近年では毎石綿布一匹半に改めている」と上啓しているように、[21] 良布を徴収する代償として貢賦の絶対量を減額し、納税者に過大な負担を懸けまいとする配慮はある程度なされたようである。

しかし上納された良布は市場には投下されなかったらしい。九月六日に備辺司は「京中の市民は、麤布が厳禁され、新綿布がまだ出回らないため、通行の貨がなくて困っており、両西では既に銅銭が通行していると聞き、皆銅銭を用いることを欲している」として、宣恵庁に秋捧が納入される今月二〇日以後に官銭を出売し、民をして用銭の便なるを知らしむれば、民間に退蔵されている銭も市場に出て来るであろうと訴えており、[22] 同月一一日にも「麤布禁断の後、市上には通行の貨がなくなり、市民は皆銭の使用を欲している。京中での銭行使は今が好機である。市民の私銭も禁断せず、行使を認めるべきである。常平庁が蓄える銭文も当庁に命じて処理すべし」と上啓している。[23]麤布禁止令の施行後、漢城の商人層は良布ではなく銅銭を通貨として行使したいと望んでおり、備辺司も政府備蓄銭の放出を呼び水として民間の退蔵銭を市場に引き出し、これを麤布に代わる小額貨幣とすべしと考えたようである。もちろん北伐を最優先課題とする孝宗が兵餉備蓄銭の取り崩しを許すはずはなく、代替貨幣の供給を伴わない麤布禁止令は漢城の市場経済をいたずらに混乱させる結果に終わったようである。

史料には現れないが、この後も麤布禁止令と銅銭行使の是非に関する議論は続いたらしい。翌孝宗三年四月、司諫院正言李万雄が「愚かな民は、菽粟は食べるべきものであり布帛は着るべきものであることを知るばかりで、銭貨が衣食の源であることを知らず、こう言う。銭というものは飢えても食べることができず、寒くても着ることができない。どうして必ずこれを使用しなくてはならないのか。ただ（市場に）流通する物貨（に過ぎない）と思われる。麤布もまた銭と同類である。着たり食べたりできないこと、銭と等しい。どうして必ず得にくい所（銭）を行い、得やすい所（麤布）を禁じなくてはならないのか、と。互いに（不満を）言い合い、（銭に対する）疑惑を生み出したので、市肆の間ではほとんど交易が行われなくなった。（そこで）しばらく麤布の禁を弛め、これを銭貨と併用させるに及び、民は皆銭を用いず麤布を用いるようになった。諺に謂う所の高麗の政令は三日を出ず（朝令暮改である）とは、果たしてこのことである」と上疏し、銭が民間で受容されていないと主張した。[24]実際に麤布の禁が緩和されたのか否か確認できないが、後述するように常平通宝の鋳造後も漢城以外の地域では銅銭を拒絶する傾向があったことは確かであり、朝廷では麤布から銅銭への転換を非現実的であると見なす意見が強かったようである。翌四年三月にも、弘文館が「我が国には元来銅山がなく、（銭の原料を）専ら海外からの輸入に頼っているので、銭を鋳造して通行させることは簡単ではない。もしこれを行おうとするなら、必ずや多くの銭を鋳造して漸進的に実施し、民をして銭が利であり害でないことを周知せしめ、然る後に施行すべきである。もし督促を急ぎ、まだ信頼されていない段階でこれを強行すると、恐らく財は豊かにならず、真っ先に民が困窮するだろう」

「麤短綿布の行用を禁止したのは弊害を矯正する意図であったが、突然禁令を出すと愚民が法を弄ぶ悪習を助長する」と上疏し、麤布禁止令の意義を認めつつ、性急な麤布廃止や銅銭行使には反対している[25]。

以上のように孝宗二年の麤布禁止令は失敗に終わった。ところが今回の禁止政策は中宗期のそれとはかなり様相を異にしている。まず最初に、麤布に対する定議がなされていない。中宗期には二升布や三升布など縦糸の数を減らした綿布が尺短布と並んで禁止対象となっていた。しかし今次の改革では「豆がこぼれ落ち、蚊が通り抜ける」などという誇張表現こそ用いられているものの、升数については具体的な議論が全く見られないのである。前述の江原道大同布についても、許積は「今の禁ずる者は、姑く其の至麤の木を禁ず。而して此は則ち蓋し陳久の木の致傷せる者を以てする也」と述べており、長期の保存で損傷した綿布を麤布の範疇に入れている。一六世紀には二升布や三升布のように麤布にも一定の「規格」があったが、一七世紀には単に品質が劣り衣料として適さない綿布をおしなべて麤布と称したようである。

次に、尺短布は規制の対象となっていない。一匹＝三五尺は貢納上の規格であり、必要に応じて短く裁断した綿布を商品として流通させること自体特に問題はない。尺短布が禁止されなくなった背景には、この一世紀間に綿布が貢物から商品へと変化したことがあるものと思われる。そして最後に、中宗期には粗悪布の代替手段として楮貨が措定されていたのに対し、孝宗期には銅銭が予定されており、商人層も銅銭の行使を希求していた。それが実現できなかったのは、銅銭の欠乏と孝宗の北伐政策のせいであった。乏しい銅は軍器の製造に振り向けられ、輸入した明銭も多くは両西の軍餉として備蓄されたのである。

顕宗期から粛宗初期にかけて、麤布すなわち各種の規格外綿布は小額貨幣として流通し続けた。一方税制面では、貢賦を地税化しその一部を米や綿布で徴収する大同法が創設され、光海君即位年（一六〇八）京畿道での施行後、仁祖二年には江原道、孝宗二年には忠清道、孝宗八年には全羅道、粛宗三年には慶尚道、粛宗三四年には黄海道へと拡大された。そして租税の多くが大同布や代役布で徴収されるようになると、綿布の需要はますます高まり、麤布の駆逐を困難にした。粛宗元年（一六七五）には備辺司が、近来各邑の守令が兵営や水軍に対し麤布を送付するので、これを受領する各営・各鎮浦の士卒の生計が困難になっていると上啓し[26]、地方官の不正により升麤尺短の粗悪布が財政に紛れ込んでいることを認めている。翌二年正月には京畿道積城の柳翼星が、刷馬（燕行使や勅使の往来などに際して借用される馬）一匹の代価は米一〇斗か細布二匹に公定されているが、各邑の守令は夫馬の徴発に際し、米一―二斗しか支給しなかったり、全く支給しなかったり、粟や麤布で代給したりすると告発し[27]、弘文館校理睦昌明も、全羅道左右水営では塩を麤布で強制買い付けしていると上啓しているように[28]、麤布は官吏の私腹を肥やす手段として悪用されることが多かった。

ただし麤布の残存理由を官吏の不正だけに求めるのは早計である。粛宗三年三月、戸曹判書呉始寿は弘文館副校理李聃命の「嶺南各道の済用監納の正布の価、多少懸殊あり」との上啓を踏まえ、「正布一匹の価格は作紙役の価格と同様、五升木三匹と酌定されている。……ゆえに先に本道に便なるや否やを問うたところ、一六邑の民情は三匹の定式を便としたが、その他の諸邑では皆なお旧例に準拠せんことを欲した。所謂旧例とは、本色・銀貨・米石・麤木を以て、得る所に随い折価計給するのである。得る所に随い折価計給する際には、済用監の下人が価額を操縦する弊害が発生するが、それでも五升木の織造が不便なため、定額方式を欲しない邑が甚だ多く、自願する邑は甚だ少ない。これは民情であり、強いて改革することは困難である」と述べている[29]。済用監とは宮中で使用する衣料品などを調達する官庁であり、ここで言う正布とは五升布ではなく王室御用達の高級綿布のことであろう。呉始寿は正布一匹の折価（換算）額を五升布三匹に固定しようと企図したが、慶尚道の大部分の邑では正布価格が不安定なため、旧例通り「得る所に随い」五升布・銀・米・麤布で適宜納付したいと願い出た。慶尚道は綿布の産地であり、五升布の織造が不便であるはずはない。問題は正布を含めた諸物貨の価格が常に変動することにある。人民は物価の変動を見較べながら最も安価な物品で納税し、得る所すなわち利益の最大化を目指していたのである。冒頭で述べた通り、現物貨幣は一般商品と同様常に供給量が変動し、価値が安定しない。政府が賦税の貨幣納化に踏み切った以上、中途半端な現物貨幣での納税はいたずらに官吏の不正行為や人民の節税対策を助長する。大同法の展開に伴い、孝宗期に先送りにされた銅銭の鋳造は避けて通れない課題となった。

三　常平通宝の鋳造

孝宗二年の麤布禁止令は失敗に帰したが、貢納綿布を五升三五尺に統一しようとする動きは止まなかった。粛宗三年四月、李畊命は「近来人民は上納綿布が点退されるため苦しんでいる。大抵綿布は升数の精麤や尺数の長短が決まっていないので、奸吏は不正を働き易く、官員は見抜くことが難しい」として、祖法に則り田税や貢賦の折価規準を五升布三五尺に固定するよう上啓した。これに対し兵曹判書金錫冑は「所謂五升木三五尺とは田税と貢賦の綿布を指すもので、軍木の升尺は本よりこれと同じでない」と述べている[30]。翌四年正月には、領議政許積が「先に司憲府が田税・奴婢身貢・軍布の規準を五升三五尺に定めるよう上疏し、朝廷の当該部署にて審議せよとの命が下された。綿布は五升三五尺を規準とするというのは法典（経国大典）の通りである。仁祖朝以後、諸臣の上疏や朝廷の議論では法典遵守を請うものが少なくなかったが、その間いろいろと困難な事情があり、終に変革ができなかった。孝宗朝に群議に迫られ五升三五尺制が試行されたが、果たして掣肘を免れず中止された」「収捧の際、外では各邑の下吏が、内では各司の吏胥が不正を働き、綱紀は紊乱して人民は重負担に喘いでいる。これは十分に痛禁しなくてはならない」と上啓し、各種税貢において五升三五尺制を厳守するよう求めた。しかし粛宗は不正の禁止に賛同しながらも、歴代国王が変革できなかったことを今に至って軽々に議論することは困難だと回答している[31]。

粛宗が許積の提言を拒んだのは、同年正月に常平通宝の鋳造が決定されたからであろう。閏三月には、備辺司が「麤木は交易に便利なものであったが、近年以来麤木は断絶し、公私の諸物品売買は専ら銀貨に依っている」が、銀による小額取引は不便で、なおかつ日本からの輸入に頼っているため、「広く変革の道を思うに、転々と流通し、尽きない需要を賄い得るのは、銭を置いて他にない」との結論を導き出し、各衙門に命じて四月一日より銅銭を通用するよう提案した[32]。粛宗初期、少なくとも漢城の市場では既に麤布が駆逐され、銀が広く流通していた模様である。しかし銀を通貨とすることには障碍が多いため、政府は銅銭の大量鋳造に踏み切り、流動性の増加と併せて市場に出回っている銀の回収を企図したのである。

ところが外方では銭が受領されず、それらは勢い漢城に流れ込んだため、京中の銭価は下落し、政府の銀銭公定比価が銀一両＝銭四〇〇文であったのに対し、市場では粛宗六年に銀一両＝銭八〇〇文という極端な銀貴銭賤が起こった。そこで領議政許積は、御営庁が備蓄する軍需品として適さない麤布数百同を放出して銭一万余両を回収し、数年間保管すれば、市上の銭は必ず減少し、かつ人民に政府が銭を貴んでいることを知らしめれば、銭は行使できるであろうと上啓した。更に彼は外方での鋳銭を一切禁止せよとも提議し、いずれも粛宗の裁可を得た[33]。

漢城市場では銀が行使されていたものの、地方では相変わらず麤布が通行していたため、常平通宝による幣制統一は実現できなかった。とは言え粛宗は許積の唱える五升三五尺制厳守案には乗らず、徐々に銭行使を浸透させることを目指していた。しかし粛宗一五年に至っても、領議政権大運が「当初銭文を鋳造した時、多くの物力を費やしたが、これを久しく施行したにもかかわらず、ただ近京数百里の地で行使できるだけで、遠道に至っては行使不可能である。諸般の民役についても、各衙門は皆綿布で収捧するので、遠道の民は銭を用いる方途がない。銭文が通行できないのは専らこのためである。今もし京衙門が収捧する綿布の三分の一を銭で代捧することを許せば、人民はますます銭を信用し、銭文は必ず遠道に通行するであろう。かつ銭文は綿布と異なり、上納の際に下吏が点退操縦する弊害が決して起きないから、最も適切である」と上啓しているように[34]、漢城とその周辺を除いて銅銭は流通しなかった。

それでは漢城の商人層が長年待ち望んでいた銅銭（ただし投入当初は政府の対銀比価が高過ぎて銀選好を惹起した）が、地方では全く価値を認められず、漢城へ流出するにまで至ったのはなぜだろうか。金属貨幣が現物貨幣より優れていることは贅言を要しないし、品質に差がない（実際には鋳造部局によりかなりのばらつきがあった）計数貨幣であるため、授受に際して官吏の不当な点退や価格操作を排除できることも確かである。にもかかわらず地方が敢えて銭を拒んだのは、いみじくも権大運が解決策で指摘しているように、当初の常平通宝には納税手段や国家的支払い手段としての機能が賦与されていなかったからである。すなわち常平通宝は銀を回収し、同時に市場における流動性を確保するために投下されたが、租税徴収や代価給付は相変わらず綿布や穀物などによって行われており、銀や銭は税財政とは連結されていなかった。常民や奴婢は綿布で賦税や身貢を納付しなくてはならず、また兵士は軍営から支給される綿布で生活必需品を買わなければならない。その綿布には多くの麤布が紛れ込み、しばしば官吏の不正に泣かされているが、彼らは綿布なしには生きていけないのである。

逆の視点から述べると、一六世紀に二升布や三升布が貨幣の役割を果たしていた理由は、須川が考えるように使用価値から切り離された価値安定的な物貨が交易の媒体として「支払協同体」に認知されていたからではなく、国家が生産力の限界を超えた綿布の収奪を行った結果、賦税の納入手段として粗悪布が織造され、それが国庫に収捧されて、最終的に市場に出回ったものとは考えられないだろうか。一七世紀の麤布や尺短布はある程度の使用価値を有する商品にまで成長したが、財政との腐れ縁は断ち切れず、民怨を引きずりながら貨幣機能を維持し続けた。しかし朝廷は権大運が提案した銭と財政とのリンクを真剣に検討しなかった。粛宗は鋳造費用が割高で、地方では容易に流通しない銭行使を見限り、粛宗二三年（一六九七）に鋳銭を停止した。

四　賦税の銭納化

ところが粛宗が鋳銭を停止したことで漢城は慢性的な銭荒となり、銭の価値が相対的に上昇した。粛宗三四年（一七〇八）、前持平洪好人が「（諸般の弊害の中で）銭幣の民に与える被害が最も甚だしく、廃止論は固より正当であるが、ただ銭を行使して既に一〇年が過ぎ、公私の財用は銭で通行しているので、突然廃止を実施したところで銭の勢いは止まらない。富戸の取息罔利は法を設け（て取り締ま）るべし」と上疏しているように、漢城では銭は財政に食い込み、富戸の高利貸しも盛んになっていた[35]。粛宗四二年には左議政金昌集が、銅銭の停鋳により銭が銀と拮抗するほど騰貴しているので、今後も銭行使を続けるつもりであれば加鋳が必要であると訴えたが、左参賛閔鎮厚ら諸大臣が反対し、粛宗も同調した[36]。

銭価格が上昇すると、国家も次第に銭で財政収支を行うようになった。粛宗四三年（一七一七）には領議政金昌集が「今年は綿花が不作で綿布価格が以前より高騰しており、外方の諸般の身布は銭布参半（半数）や全額銭納で徴収している。そこで（公定の）綿布価格も適宜変動させるべきである。綿布一匹の銭価格は旧定式では二両五銭であるが、近年は二両に改定された。現在綿価格が漸増しているので、二両で徴収すべし。しかし各衙門が支払う際には必ず不満の糸口となるので、旧定式に依り二両五銭で折価すべし」と上啓しており[37]、この頃既に身役の銭納化が地方でも次第に普及していたこと、綿布を銭に折価する場合には徴収・支払いいずれも換算額が公定されていたことが知られる。景宗即位年（一七二〇）にも領議政金昌集が「外方で綿花が不作ならば各種の身布は全額銭納や銭布参半で上納することが前に規定された。今年の綿花も不作の地方が多いと言う。各種の身役は銭布参半で徴収すべきである」と上言し、工曹判書閔鎮遠も「大同は一律に銭布参半で徴収せよ」と応じているように[38]、銭納化は身役から大同へと及んでいった。そしてこれに伴い、各種史料から麤布に関する記述がほとんど見られなくなる。

このような代役布や大同布の銭納化に対抗し、現物納への復帰を企図したのが銭廃止論者の英祖であった。英祖三年（一七二七）五月、左議政洪致中は「近日経筵にて、銭貨は弊害があるため、大同布を現物で上納せよとの王命が下された」が、一定の周知期間を置かねばならないため、今秋より新令を挙行すべしと上啓した[39]。これにより官吏の不正が再び顕在化した。同年一〇月、領議政李光佐は「木綿は初めは良品を徴収しても、都に至るまでに麤布に換えられる」「京中の奸細輩はあらかじめ麤布を準備しておき、上納する良布（の運搬者）を途中で出迎えて（麤布と）すり替え、邑標を私刻して（麤布に）押印する」と上啓し[40]、手の込んだ不正行為が早速出現したことを報告している。翌年七月には吏曹参判宋寅明が「近来貢人の経営が行き詰まり、貢物を上納できなくなっているが、原因は代価が米であれば水をかけられ腐っており、綿布であれば麤短布にすり替えられているためである」「大抵守令たる者は大同布及び各色軍布を捧上する時、必ず精布を選んで上納するのだが、胥吏が中間で奸策を巡らし、必ず麤布で換納する」などと上啓し、[41] 胥吏が不正に関与していること、政府財源の粗悪化により最終的には支払いを受ける貢人に被害が及んでいることを訴えている。

英祖はこれらの諸弊に関する報告を受けながらも、身布や大同の純木収捧と諸般用度の純木支出の方針を変えなかった。その後綿花価格が高騰し、銭木混合納税が認められたこともあったが、市中では相変わらず銭荒が継続していたため、綿花が豊作であった英祖五年、同知事尹淳の上啓により純木収捧に戻された。[42] 以後も部分的な銭木参半が繰り返され、純木収捧は骨抜きにされたものの、英祖は現物税制への回帰を諦めなかった。

英祖一〇年八月一〇日、英祖は純木制再実施の当否を諸大臣に諮問している。これに対し行吏曹判書宋寅明は、尺数・升数を厳格に定め、麤短布を上送した各邑の守令や操縦点退した京司の胥吏を処罰すべしと応答し、大司諫金始炯は、大同米及び各種軍布は当初三五尺を定式としていたが、今では各衙門は四〇尺を選んで収捧していると述べている。[43] 政府の規格は官庁では遵守されておらず、人民より上質布を収奪し京司へは粗悪布を上納するといった悪弊は依然として続いていた。にもかかわらず英祖は右議政金興慶の進言に従い、翌年正月から純木制の再実施を決定した。[44]

そしてこの決定により最も被害を受けたのはやはり貢人であった。翌一一年一二月七日、英祖は純木の法がわずか一年の実施で都民に耐え難い苦痛を与えたことを認め、諸臣に意見を求めた。これに対し左議政金在魯は「近来各種の物品は銭でなければ購入できず、米や綿布を持っていても必ず銭に換えて交易する。しかし朝廷は価格が下落した綿布を貢物主人（貢人）に給付し、騰貴した物品を貿納させている。彼らが不満を唱えるのは当然の道理である」として純木制の廃止を訴え、右議政宋寅明・知中枢府事申思喆・兵曹判書趙尚絅・戸曹参判朱真明らもこれに賛同している。[45] 加えて趙尚絅と朱真明は、外方では奸吏が銭で徴税しながら綿布を上納して中間搾取を働いていると述べている。[45]

貢人だけでなく綿布で給与を支払われる兵士も麤布の被害に遭っていた。一一年一二月一四日、備辺司の官僚が出勤途中、三人の軍人が街路に立ち、綿布を手に持って「苦しい軍役に立番し、兵曹より給与を受け取ったが、貰った軍布は尺寸を糊で継ぎ合わされた所が一匹の中に数十箇所もあった。こんな木綿がどうして使用できるのか」と涙ながらに怨嗟の声を上げていたのを目撃し、「近来外方の軍布は麤劣であると言うが、このような継ぎ接ぎの綿布は外方では決して上納しておらず、兵曹でも受領することはない。これはきっと兵曹の庫吏が外方の下吏と結託して、不正を働いたのであろう」との見解を添えて上疏した[46]。このような弊害が相継いだため、結局英祖は純木制を諦め、翌一二年より銭木参半や純銭収捧を容認した[47]。

英祖一八年には常平通宝の鋳造が再開される。英祖二六年には均役法が制定され、身役代布が二匹から一匹に統一される。こうして英祖初期に試みられた綿布を基礎とする財政統合は失敗に帰し、粛宗後期の銭・布・米混合財政に回帰した。そして時代が下るに従い銭の流通量が増大すると、銭の税財政における役割は上昇した。但し一八世紀には綿布が財政から完全に駆逐されるには至らず、綿作の豊凶に応じ「民願に従う」形で銭木参半や純銭収捧を随時実施した。

税制に綿布が残る限り、官員や胥吏の不正はなくならない。たとえば英祖二八年には、各邑で軍布を純銭収捧し、胥吏が麤布に交換して上納する弊害が指摘されている[48]。また英祖三八年には持平申一清の上啓により、平安道兵馬節度使が以前より兵餉綿布二〇〇同を正四升布四〇〇同に換えて運用し、利息を将士の武芸試験の褒賞に充てていたが、最近では出納取息の際に麤四升布一二〇〇同で返還させ、この内四〇〇同を元本の正四升布に充てて、残りの八〇〇同を着服していたこと、また留庫綿布は本来四〇尺であるが、今では三—四尺あるいは五—六尺、特に長いものでも一一—一二尺に過ぎないことなどが発覚した[49]。そもそも兵餉を高利貸しに使用すること自体が違法行為であるが、兵使は麤布を正布と偽ったり、尺短布に換えたりして兵営の資産を食い潰していた。注目すべきは、平安道では規格布（五升布）・正四升布・麤四升布の価値比が六・三・一であったことである。関西では精麤様々な綿布が現物貨幣として流通し続けていたこと、正四升布や麤四升布などの規格外綿布もまた一定の価値を有していたことがこの事件より読み取れる。

とは言え、大局的に見ると賦税の銭納化が進展するにつれ麤布の活躍の場は確実に狭められていった。正祖期にも麤布を用いた不正行為は時折史料に姿を見せるが(50)、英祖初期と較べると大幅に減少し、純祖期以降はほぼ杜絶する。麤布は中国の粗布と同様、単なる低価格商品となったのである。

おわりに

朝鮮後期の麤布は一六世紀の粗悪布と同様、現物貢納財政の影響を強く受けている点で共通するが、二升布や三升布といった普遍的名称を有する「規格」品でない様々な粗布の総称に変化していた。孝宗二年、政府は麤布禁止令を施行し、その製造と流通を禁止しようと試みたが、代替貨幣となるべき銅銭が市場に供給されなかったため、失敗に終わった。そこで粛宗四年より政府は常平通宝の鋳造を開始し、併せて綿布の規格化を図ったが、地方では銭がほとんど行使されなかったため、粛宗二三年に鋳銭は停止された。ところがこれにより漢城の銭価格が高騰し、地方でも銭での納税が始まったことで、銭への信任が次第に浸透した。高まる一方の銭需要に対し、銭廃止論者の英祖は純木収捧への回帰を試みたが、財政支出では既に銭遣いが定着していたため、純木制は支払いを受ける貢人を困窮させることになり、結局混合財政へ戻った。その後銭納化が拡大することにより、現物貨幣としての麤布は一九世紀にはほぼ消滅した。

もし仮に、場市の発達に伴い麤布が「支払協同体」によって流通手段としての地位を与えられたのであれば、常平通宝は短期間で麤布と交替したはずである。しかし漢城周辺以外では当初銭が通行されなかったのは、粛宗一五年に領議政権大運が指摘したように、各衙門が賦税や身役を綿布で収捧するため、換言すれば納税手段として使用できないためであった。一六世紀に見られた極端に粗い粗悪布の流通については更なる検証が必要であるが、一七世紀以降の麤布は税財政と密着しているがゆえに流通し、容易に駆逐できなかったのである。

註

(1) 田川孝三『李朝貢納制の研究』東洋文庫、一九六四年、六七五―六七六頁、宋在璇「一六世紀 綿布의 貨幣機能」『辺太燮博士華甲紀年史学論叢』一九八五年、須川英徳「朝鮮前期の貨幣発行とその論理」池亨編『銭貨』青木書店、二〇〇一年。行論では、これらの研究で明らかにされた史実については註記を省略する。
(2) 須川英徳「朝鮮時代の貨幣――『利権在上』をめぐる葛藤――」歴史学研究会編『越境する貨幣』青木書店、一九九九年、七九頁、前註(1)須川、二〇六頁。
(3) 前註(1)宋、四三〇頁。
(4) 前註(1)田川、五九八頁。
(5)『朝鮮中宗実録』巻四〇、中宗一五年八月甲戌。前註(1)宋、四〇一頁。
(6) 前註(1)宋、三九五・四二三頁。
(7)『朝鮮仁祖実録』巻七、仁祖二年一一月癸丑。
(8) 同右、巻一九、仁祖六年九月甲戌。
(9)『備辺司謄録』第三冊、仁祖二年正月一九日。
(10)『承政院日記』第五四冊、仁祖一四年一一月六日。
(11) 同右、第八六冊、仁祖二二年一〇月一一日。
(12)『備辺司謄録』第一一冊、仁祖二五年三月一六日
但近来銀貨絶貴。外方綿布麤短。雖得累百同。以銀折価。則其数不多。京衙門所儲綿布品好。且有銀貨。
(13)『朝鮮仁祖実録』巻四九、仁祖二六年一二月丁巳。
(14)『備辺司謄録』第一四冊、孝宗元年七月三〇日。
(15)『承政院日記』第一一八冊、孝宗二年二月二五日。
(16) 同右、第一一八冊、孝宗二年二月二九日。
(17)『朝鮮孝宗実録』巻六、孝宗二年四月庚午。
(18)『承政院日記』第一二〇冊、孝宗二年六月三日。
(19) 同右、第一二〇冊、孝宗二年八月一四日。
(20) 同右、第一二一冊、孝宗二年八月一九日。

(21) 同右、第一一二一冊、孝宗二年八月二三日。
(22) 同右、第一一二一冊、孝宗二年九月六日。
(23) 同右、第一一二一冊、孝宗二年九月一一日。
(24) 『朝鮮孝宗実録』巻八、孝宗三年四月壬寅
蠢愚之民。徒知菽粟之可食・布帛之可衣。不知銭貨之為衣食之源。乃曰。銭之為物。飢不可食。寒不可衣。何為乎必使用之耶。以為流行之貨云爾。則麤布亦銭之類也。其不可衣食則等耳。何必行其所難得。而禁其所易得者乎。伝相告語。以致疑惑。幾乎市肆之間。交易不通矣。及其姑緩麤布之禁。而使之竝行銭貨。則民皆不用銭。而用麤布曰。諺所謂高麗政令。不出三日者。果若是也。
(25) 同右、巻一〇、孝宗四年三月庚午。
(26) 『承政院日記』第二四九冊、粛宗元年一二月七日。
(27) 同右、第二五〇冊、粛宗二年正月一四日。
(28) 同右、第二五〇冊、粛宗二年正月一六日。
(29) 同右、第二五九冊、粛宗三年三月一四日。
(30) 『備辺司謄録』第三三冊、粛宗三年四月九日。軍布は六升四〇尺であった。
(31) 同右、第三四冊、粛宗四年正月二四日。
(32) 同右、第三四冊、粛宗四年閏三月二四日。
(33) 『朝鮮粛宗実録』巻九、粛宗六年二月癸亥。
(34) 『備辺司謄録』第四三冊、粛宗一五年九月八日
領議政権所啓。当初銭文鋳成之時。多費物力。行之已久。而祇能行於近京数百里之地。至於遠道則不能行。此無他。諸般民役。各司皆以布木収捧。故遠道之民。無所用銭。銭文之不能通行。職此故也。今若使京各司所捧布木。限其三分之一。許以銭文代捧。則百姓益信其注。而銭文必能通行於遠道矣。且銭文与布木有異。捧上之際。亦必無下吏点退操縦之弊。尤為好矣。
(35) 同右、第五九冊、粛宗三四年九月一一日。
(36) 同右、第六九冊、粛宗四二年一二月二五日。
(37) 同右、第七〇冊、粛宗四三年一〇月四日。
(38) 同右、第七二冊、景宗即位年九月二七日。
(39) 同右、第八一冊、英祖三年五月二七日。
(40) 『承政院日記』第六四三冊、英祖三年一〇月二四日。

(41) 同右、第六六六冊、英祖四年七月二五日。
(42)『備辺司謄録』第八六冊、英祖五年一〇月二四日。
(43) 同右、第九六冊、英祖一〇年八月二三日。
(44) 同右、第九六冊、英祖一〇年九月二日。
(45) 同右、第九八冊、英祖一一年一二月一三日。
(46) 同右、第九八冊、英祖一一年一二月一四日。
(47) 同右、第九九冊、英祖一二年四月二三日。
(48)『承政院日記』第一〇八三冊、英祖二八年六月五日。
(49)『備辺司謄録』第一四二冊、英祖三八年一一月一七日。ただし同右、第一四三冊、英祖三九年正月一一日の条によると、前北兵使李邦佐は民間に麤四升布を貸し付け正四升布を収捧していたとある。だとすると李邦佐は営儲に虧欠（穴あき）を作ったのではなく、民間人を収奪したことになる。
(50) たとえば『承政院日記』第一四〇二冊、正祖元年七月二一日、同右、第一八〇一冊、正祖二二年一二月一三日など。

第Ⅲ部　対日対清貿易と信用創造

第十一章　日朝貿易における被執取引

はじめに

周知のように、近世日本は対馬・長崎・琉球を通して中国・朝鮮・オランダと統制貿易を行っていた。長崎貿易（対中国・オランダ）は幕府が直轄し、琉球貿易（対中国）は実質的に薩摩藩が支配し、そして対朝鮮貿易は東萊府釜山鎮に置かれた倭館にて対馬藩が実施していた。三口に共通する点は、主として中国産の絹製品（生糸・絹織物）を輸入し、対価として倭銀を輸出することであり、日本は銀を通して近世東アジア貿易圏の一環に組み込まれていた。

一方朝鮮も日本と同じく民間人の自由な出入国を禁止し、貿易を国家の統制下に置いていた。朝鮮は日本に中国で仕入れた絹製品や国産の人蔘を輸出し、日本から銀貨を輸入して対中貿易の支払いに充てていた。日朝貿易は東萊の倭館内のみで行われ、日本側は対馬士民が、朝鮮側は東萊商人（萊商）が担当していた。ところが中朝貿易は使行貿易という燕行使に付随した私貿易という形態で行われたため、朝鮮側の通訳官や商人などが取引を主管し、中国商人は柵門・鳳凰城・瀋陽・北京にて朝鮮商人と接触するものの、清国勅使に随行して朝鮮に赴き、中国物産を売り込んだり朝鮮物産を買い付けたりすることはなかった。

朝鮮国内でも唐貨（中国物産）は好んで消費されたし、人蔘を筆頭とする朝鮮物産も日本に輸出されてはいたが、唐貨の国内消費と人蔘の対日輸出を除くと、朝鮮は日本銀と中国産絹製品との中継貿易をしていたと見なすこともできる。当時の中朝貿易・日朝貿易はいずれも原則的に求償貿易（バーター）であったことから、輸出入額は均衡していたはずであり、毎年日本から輸入される銀のほとんどが中国へ再輸出されていたものと考えられてきた。従って対馬から東萊倭館への銀輸送は使行の出発に間に合うよう、ある程度の季節調整がなされていた。もちろん丁銀と総称される倭銀は朝鮮を素通りするわけではなく、朝鮮国内でも相当量の銀が滞留し市場で流通していた。ただし朝鮮政府は独自の銀貨を鋳造したり銀による財政制度を構築したりすることはせず、あたかも中世日本における渡来銭の如く、外国貨幣である丁銀をそのまま市場で流通させていた。ただ朝鮮市場は慶長銀に匹敵する品位八〇％の銀貨しか受け入れず、一七世紀末に品位六四％の元禄銀の輸入を認めたものの、市場ではほとんど信認されず、大部分が国庫に死蔵された(1)。

対馬藩が行う貿易は進上（一六三五年より封進と改称）・公貿易と称される官営貿易と私貿易とに類別される。進上は贈答品の献上、公貿易は銅・錫・丹木・水牛角の輸出であり、ともに対価として朝鮮側から公木と呼ばれる綿布が支払われた(2)。銀の輸出と絹製品・人蔘の輸入は私貿易によった。官営貿易は定額制であったのに対し、私貿易は取引額に制限がなく、己酉約条で厳しく限定されていた歳遣船の数も対馬藩の工作によりなし崩し的に増大したが、幕府は一六八六年より対馬藩の年間銀輸出量を制限しており、朝鮮政府も人蔘の取引量を制限していた。これとは逆に、使行貿易では朝鮮政府が八包の制により、使節や訳官、より正確に言うと彼らに与えられた八包の権利を買った随行の貿易商人による銀・人蔘の持ち出し量を制限していた。このように朝鮮も日本も国内通貨であり対外決済手段である銀の国外流出に最も神経を尖らせており、加えて朝鮮では貴重な天然資源である人蔘の流出にも注意を払っていた。

にもかかわらず、倭館貿易では対馬側が絹製品や人蔘を買う場合、銀を朝鮮商人に前渡しして、数箇月ないし数年かけて商品を回収する取引方法が行われていた。このような代金前払い取引は朝鮮では「被執」と呼ばれた。被執の原義は「捕らえられる」ことであり、実際に当時の朝鮮史料では「捕虜になる」とか「逮捕される」という意味で用いられている。しかし「被執」の前後に「東萊」「倭館」などの語が付くと、それは全て朝鮮商人と日本人との取引を意味する。銀への志向が強い当時にあって朝鮮商人が被執という自己に有利な取引形態を採り得たのは、ひとえに彼らが中朝貿易と人蔘買い付けを独占していたからである。彼らは日朝貿易で藩財政を運営している対馬側の足許を見ていたのである。

従来の諸研究によれば、被執とは対馬士民の朝鮮商人に対する前払い取引であった(3)。ところが燕行使が銀を携帯するのは単に貿易のためだけでなく、清朝官僚に対する工作費や情報収集費、輸出禁止品を関所で通過させるための賄賂など、外交上の経費が必要だからでもあった。これらは使行貿易で得られる利潤から捻出されていた。また通訳官や随行員の正規の俸給は些少で、彼らは事実上使行貿易の儲けによって生計を立てていた。従って仮に日朝貿易が滞ったとしても、朝鮮政府は使行貿易と連動する倭館貿易の縮小を看過するわけにはいかない状況にあった。そして使行貿易によってもたらされた唐貨の多くは倭館に売られるが、その際にも「被執」が行われた。この場合には対馬側が唐貨の在庫を抱える朝鮮商人の足許を見て、銀の支払いを一年後または数年後に引き延ばした。要するに被執とは相手の弱味に付け込み、あらかじめ銀や物貨を質に取って対価の支払いを先延ばしにする延べ払い取引形態なのである。このような慣行の存在を可能ならしめていたのは、貿易が統制されており、なおかつ双方とも財政上の必要性に迫られていた所以であった。

本章の目的は一七・一八世紀に朝鮮商人が対馬士民に行った被執取引について検討することである。具体的には、まず朝鮮側被執の開始期について、次に被執取引が梗塞した元禄銀通用期について検証する。続いて被執と官営貿易との係わりについて触れ、最後に銀流入減少期の被執について瞥見する。

一　被執の二形態

近世日朝貿易は貿易依存度が高い対馬藩だけでなく中国との宗藩関係を維持しなくてはならない朝鮮にとっても必要不可欠であり、両者は持ちつ持たれつの関係にあった。すなわち壬辰倭乱以降、財政事情が悪化した明朝は朝鮮へ派遣した勅使を通して莫大な銀を求め、丁卯・丙子胡乱を経て清朝への服従を強要された後にも、緊張する外交関係を平穏裡に保つため「人情」「公用銀」と呼ばれる多大な工作費を要した。倭人への敵愾心が未だ払拭されない一七世紀初頭に対馬藩がなし崩し的に倭館貿易を拡大し得たのは、朝鮮政府も増大する銀需要を賄わなくてはならなかったからである。島内で米がほとんど穫れない対馬藩にとって日朝貿易が死活的重要性を有していたことは言を俟たないが、生糸（特に高級品である白絲）・絹織物・人蔘などの輸入代替生産が進んでいなかった一七世紀前期の日本国内でも対馬口を通した物貨の輸入は支配層の生活にとって必要不可欠であり、時には長崎口を凌駕する程の貿易が許されていた。

既に述べた通り、通説によると、倭館の私貿易は対馬側が朝鮮商人へ銀を前渡しし、代価を数箇月あるいは数年後に受け取る「被執」形態が取られていたと考えられてきた。しかし田代和生によれば、元禄九年（一六九六）には元方役（対馬藩の私貿易担当者）への売掛銀は二三四二貫目、買掛銀は二九八五貫目で、差額は六四三貫目の債務超過となっている[4]。この買掛こそ朝鮮政府の備蓄銀を主たる原資とし、使行貿易を通して輸入された白絲などの唐貨を朝鮮商人が延べ払いで売り込んだもので、朝鮮側ではこれも「被執」と呼んでいた。

朝鮮商人の被執が何時頃から行われていたのかを特定する史料は見当たらない。ただ粛宗五年（一六七九）九月五日、右議政呉始寿が「かつて卞誣使を送る際、倭館の銀貨がなかなか出来せず、員役に持たせる銀が確保できなくなることを恐れ、朝廷より各衙門の銀貨を貸与し、白絲や匹緞で償還させ、これを倭館に入送して銀貨と交換した。これは一時のやむを得ない政策であった」と上啓していることから[5]、粛宗二年に明朝野史の誤記を訂正して貰うために派遣された辨誣使の頃には既に朝鮮資金を原資とした中継貿易が行われていたものと見られる。

この時には倭館からの銀の上送が間に合わなかったため、やむを得ず政府機関の備蓄銀を使節に携行させたようであるが、使行貿易の旨味を知った諸衙門・軍門はその後先を争って備蓄銀を随行員に貸し出すようになった。粛宗九年三月、領敦寧府事閔維重は「凶年以来、諸衙門は多くの銀を貸し出し、燕行使に持たせて日紛《ママ》［白絲］の類を買い付け、倭館に下送して銀と交換」するようになったため、東萊府から戸曹へ上送される貿易税が減少したと述べているように、朝鮮商人から倭館への唐貨売り込みは次第に加熱し、しかも納税を免除されていたため、戸曹の税収に悪影響を及ぼしていた。そこで粛宗はこれら朝鮮側の被執取引にも課税するよう命じている。(6)

被執の語が史料に初めて登場するのは、管見の限り粛宗一七年（一六九一）に制定された「東萊商賈定額節目」の条文からである。(7)しかしこれは倭館への出入りを許された萊商を規制する条例であり、条文中の被執とは対馬藩が萊商に対して行った前貸し取引を意味するものと思われる。朝鮮商人による被執は、粛宗二四年（一六九八）四月、領中枢府事南九万が「近来各衙門・軍門は銀貨を燕行使随行商人に給送し、利息を付けて還納させている。しかし期限が定められており、商人らは転販が困難だとして買い入れた唐貨をそのまま返納するので、衙門・軍門は償還の遅延を心配し、公事（公文書）を訓導・別差（東萊の通訳官）に送り、公家の物貨と称して優先的に銀と交換して上送させる」「訓別（訓導・別差）の設置は本来倭人を接待するためであり、諸衙門の貿易の事は責任の埒外である。かつ館倭らがもし京中の諸官庁が営利事業を行っていることを知れば、必ずや彼らの軽侮する所となろう。既に諸官庁が下送した物貨で倭人に被執したものはもはや如何ともし難いが、今後公貨と称して公事を訓別に送ることは一切禁止すべし」と上啓したのを嚆矢とする。(8)南九万はいやしくも中央官庁が公金を流用して商行為をしていることを日本人に知られると国辱になるので、これを禁止せよと訴えているのであり、ここに当時の朝鮮社会の二面性、すなわち儒教の建前から商行為を卑賤視する一方、裏では士大夫が政府資金を用いた利殖活動を平然と行っているという矛盾を見出すのはたやすいが、より重要な点は朝鮮政府資金による倭館貿易も被執すなわち唐貨の前渡しであり、元利を合わせた代銀が国庫に償還されるまで一定の時間が必要であったことである。

一七世紀には日本での絹製品や人蔘に対する需要は旺盛で、また銀の産出も好調であったから、朝鮮政府衙門が代銀を回収することはそれほど困難ではなかったものと思われる。また中継貿易によって得られる利潤も相当多かったはずであり、南九万が禁止を訴えても簡単に止むことはなかった。ところが一六九七年に江戸幕府が輸出銀を慶長銀から元禄銀に転換し、一六九九年より元禄銀の輸出が開始されると、日朝貿易は梗塞し、対馬・朝鮮双方の被執取引に甚大な弊害をもたらした。

二　貿易銀問題と被執

肅宗二五年（一六九九）元禄銀の輸出が始まると対馬藩の私貿易は急速に縮小した。中国では慶長銀であれ元禄銀であれ銀貨はその品位に見合った評価を受けるが、朝鮮国内では元禄銀への信頼が得られなかったため、元方役の債権（対馬側の被執）は朝鮮側の代銀回収が滞ったことにより膨脹し、債務（朝鮮側の被執）は朝鮮商人が売り込みを躊躇したことにより急減した。かかる状況は貿易で生計を立てている対馬藩にとって死活問題であったが、使行貿易の利潤から対清工作費などを捻出していた朝鮮政府にとっても看過し難い問題となっていた。日朝貿易の萎縮に呼応して中朝貿易がどのように変動したかは不明であるが、この頃から被執に関する論議が官撰史料に盛んに登場する。

肅宗二六年（一七〇〇）、備辺司は冬至使からの持参銀確保の要請に対し、「この度はわが国の商賈が被執した物貨の代価が尚未だ償還されていないため、開市を許していない。近ごろ東萊府使金徳基の状啓を見たところ、被執物貨の未償還は丁丑・戊寅両年（一六九七・九八）のことであり、現在商賈らは人蔘・白絲等の物貨を本府に積置しており、新銀十余万両も未だ到着していない。今もし開市を許せば（銀の流入は）継続するであろう。そして己卯（一六九九）以後、被執物貨の未償還を理由に開市を許さなかったことは責任を問うべきである。彼（対馬）との交易では、これまで翌年償還の例が多かったと（府使は）言うが、現在争っているのは己卯のことであり、本より大幅に償還期限を過ぎているわけではない。商賈らが留置する物貨を保全し、これを旧例によって被執せしめるのが最善である」として、東萊府使が閉鎖していた開市を再開させ、冬至使行の出発に合わせて新銀十余万両を送らせるとともに、仮に不足が生じた場合は各衙門・軍門より備蓄銀を捻出して使節に貸与すべしと答え、裁可された(9)。朝鮮商人による被執が焦げ付き、東萊府使が開市すなわち私貿易を禁止して倭館に圧力を加えたのに対し、朝鮮政府は使行貿易を優先する見地から開市の再開を命じたのである。注目されるのは、被執の代価は原則として翌年までに償還されること、すなわち使行の往返に合わせて一年以内に支払いがなされていたことである。

ところが元禄銀は朝鮮商人から忌避され、市場では流通しなかった。決済の必要上、朝鮮商人から対馬側に銀を支払う場面でも慶長銀と元禄銀が混用されることがしばしば見られたように、悪貨であるはずの元禄銀を確保することさえ困難な有様であった。倭館では元禄銀に若干の慶長銀を混ぜることでなんとか被執取引を継続しようと努めたが、貿易額は急減し、債権が積み上がっていった[10]。同様に朝鮮の官民資本を原資として唐貨を買い込み、これを倭館に被執する朝鮮商人の債権も回収が難しくなっていった。粛宗三〇年（一七〇四）九月一〇日、右議政李濡は「訳官は帰国後、買い付けた物貨を倭館に下送するが、一年・二年たっても価銀は出来しないと称して還納する意志がない」と報告し、同月三〇日には「訳官が各衙門の銀貨を貸去し、直ちに還納しないのは悪習であり、本よりその道を絶つべきであるが、一時のやむを得ない情勢により許していた。そこで使行の首訳（首席通訳官）・次知（次席通訳官）に命じ、貸去した銀で買い付けた物貨のうち、倭館に被執した数を、戸曹に告知させ、戸曹は東萊府の訓別に命じて、価銀の出来を待ち、元数と利潤とを計算して戸曹に上送させ、各衙門に還給すべし」と進言し、裁可された[11]。元禄銀通用から五年が経過した時点で債務の償還には数年を要するようになり、戸曹が回収作業を代行するに至ったのである。商人とは異なり政府は元禄銀を受け入れている。しかしこれを市場に再投下することはできず、たとえ回収が順調に行われたとしても、それは結局各衙門・軍門の備蓄銀が慶長銀から元禄銀に入れ替わるだけである。李濡もその点は心得ていたようであり、一〇月二〇日の廷議では訳官に対する官銀の貸し出し自体を禁止すべしと述べている[12]。

しかし使節に銀を持たせなければ使行貿易に支障をきたす。粛宗三三年一〇月には謝恩使兼冬至使の正使李沢・副使戸曹参判南致熏が、現在南貨（東萊から上送される倭銀）が不順で出立に間に合わない恐れがあるとして、甲申年（一七〇四）の先例に倣い暫定的な官銀の許貸を要請して裁可されており、翌三四年一〇月にも刑曹判書閔鎮厚が同様の申請を行い、裁可されている[13]。一〇月三〇日には行礼曹判書李寅燁が「毎年皇暦使の出発に合わせて倭館の銀貨が出来していたが、近年ではしばしば期限通りに出送されなくなり、今年は全く来ない」と上啓している。[14] このように対馬藩が行う被執取引が年々縮小し、東萊から銀が上って来なくなると、最後には備蓄銀を貸し出す以外に手段はなかったのである。

この頃には朝鮮商人の被執にも相当の焦げ付きが生じていた。粛宗三五年九月、戸曹判書李寅燁は「近年燕行使には清国での必要経費が漸増したため、やむを得ず公家の銀貨を許貸しているが、（彼らは）白絲を買い付けて帰国し、これを倭館に被執して、三―四年あるいは五―六年経って始めて価銀が支払われる」と述べ、官銀の償還が更に遅れるようになったことを伝えているが、閔鎮厚もまた「訳官の官銀償還が滞ったため、かつて判中枢府事李濡の意見に従い、訳官が買い付けた白絲を戸曹が取りまとめて倭館に送り、倭銀の出来後、戸曹が各司に分送するようになった。この方法は頗る有効であったが、倭銀の出来がややもすると数年を経るため、金宇杭の上啓により方式が（倭館への被執を禁止し、白絲を戸曹に留置して本色銀貨で返済させるやり方に）再改定された。しかし使節の帰国後直ちに銀を償還せよと言うのは絶対に困難である。なぜなら対清貿易は白絲と錦緞に過ぎず、白絲は倭館へ売る以外に手はなく、錦緞も一時に売り尽くすことはできないからである」と語っており、[15] 各種の打開策が講じられたものの、銀の早期回収にはいずれも効果を発揮しなかった。翌年四月には行戸曹判書李寅燁が、甲申年に訳官への官銀許貸と白絲被執が決定されたこと、その後貸与銀の即時返納に改定されたが、白絲は我が国の用いるものではないため、倭館に被執しなければ他に転用する道がないこと、しかし被執後の代銀回収に数年が掛かり、逋欠（焦げ付き）も多いことを挙げ、むしろ当初（甲申年）の決定通り、白絲を倭館へ被執させ、銀の出来に応じて代銀を収捧させるべしと上啓し、閔鎮厚も賛同したので、[16] 非現実的な貸銀の即時償還策は撤回された。だが同年三月、東萊府使権以鎮が「商訳が物貨や人蔘を被執し銀が支払われる時、倭人は好物には被執期間が短くても額面通り支給するが、非好物には支払い時期を遅らせたり少ししか払わなかったりするので、商訳らは奔走して媚びを売る」と状啓しているように、[17] 倭館との被執取引の行き詰まりは既に限界に達していた。

以上のように、日本の輸出銀貨が慶長銀から元禄銀へ転換されたことで日朝貿易は大幅に縮小し、特に対馬・朝鮮双方が相手方に銀貨や唐貨を前貸しする被執取引に多額の焦げ付きを発生させていた。元禄銀がそのまま中国に再輸出されるのであれば本来何の問題も生じないはずであるが、銀資金は萊商から京商を経て湾商（義州商人）に至るまで複雑な過程を経て送金され、国内流通においては元銀（元禄銀）は信認されなかったため、政府は手持ちの丁銀（慶長銀）を訳官に貸与して使行貿易を維持した。しかし朝鮮側の被執は容易に償還されず、日朝双方とも大打撃を受けた。

宝永三年（一七〇六）七月、幕府は元禄銀を品位五〇％の宝永銀（二ッ宝銀）に改鋳した。一方対馬藩は宝永二―三年頃から国内通用銀を直接交易銀に充てることに見切りをつけ、勘定奉行荻原重秀に品位の高い交易専用銀の鋳造と輸出を請願し始めた。対馬藩はまた宝永四年五月に宝永銀を「七成宝字新銀」と称して朝鮮側に通行を打診したが、同年一〇月に東萊府使韓配夏が吹き分けを行ったところ五成しか確認できなかったため、交渉は頓挫した。最終的に宝永七年（一七一〇）九月、品位八〇％の人蔘代往古銀（特鋳銀）の鋳造が決定され、朝鮮政府との通用交渉を経て、正徳二年（粛宗三八年＝一七一二）正月に認可された。交渉が長引いたのは書契の文言を巡る擦り合わせに手間が掛かったためであり、粛宗三七年一〇月には既に倭館に到着していた旧銀（往古銀）が書契の遅れで冬至使の出立に間に合わなくなり、急遽戸曹・兵曹・各軍門の管餉銀を使行に貸与するというハプニングも生じている(18)。こうして元禄銀輸入による被執取引の行き詰まりは特鋳銀への転換でとりあえず解消されたのである。粛宗四三年（一七一七）には倭館の館主・裁判が被執唐貨を別枠で拡大して欲しいと東萊府使趙栄福に願い出たが、朝廷は使行の銀持参額が八包に限定されているとして要求を断っているように(19)、日朝貿易は再度活況を呈するようになった。

三　手標と被執

日朝貿易は原則として求償貿易であったが、実際には必要に応じて延べ払いが行われていた。私貿易では被執取引がそれに該当するが、官営貿易においても類似の慣行が見られた。それが手標取引である。『通文館志』巻五、

交隣上、年例送使の条に

進上・公貿等物も亦該船に付さず、別に代官を定め、一年の鉄物は都合《まと》めて称納せよ。該価木米は其の年条を詳らかにせし手標もて信と為し、訓別より受去せしめ、訓別交逓の際の毎に、憑考して其の折価を会計すべし。

とあり、寛永一二年（一六三五）に決定され一四年より施行された兼帯の制によって、従来歳遣船ごとに行われていた交易が一年ごとに決済されるようになり、使節の接待が簡略化された[20]。田代和生はこの史料を「進上・公貿易の品は、すべて代官あてに適宜輸送し、価木（木綿）や米は訳官の訓導・別差が発給する手標（手形）でおさめ、その年一回の交代期に会計決済を行う」と読み解いているが、正確には「進上・公貿易の品は歳遣船ごとに納付せず、別に代官を定め、一年の交易品をまとめて計量・納付せよ。対価の木綿や米はその年度を明記した手標で信用払いし、訓別を通して受け取らせ、訓別が交替する際に折価額を会計（して決済）せよ」という意味である。

重要な点は朝鮮政府が支給する綿布や米が手標の形で支払われていることである。手標とは手形の意で相違ないが、訓導・別差など担保を持たない通訳官が単独で振り出し得るものではなく、現物を保有する東萊府使が発行するものと考えられる[21]。従って手標の決済も東萊府使が行うものであり、訓別は単に交替時に総額を会計することで決済手続きの一翼を担っているに過ぎない[22]。

朝鮮政府が進上・公貿易の対価を年末にまとめて決済するようにしたのは歳遣船を減らして応接費の削減と簡素化を企図した兼帯の制によるものであったが、この措置は結果的に東萊府の財政に余裕を持たせることにも繋がった。すなわち年間の価木一千余同は政府財政全体からすれば些少であるが、東萊府にとっては重負担である。物流が未発達で綿花や米の作柄変動も激しかった近世にあっては、東萊とその周辺諸邑[23]にて価木米を期日内に取り揃えることが困難になることもしばしばあったと思われる。従って東萊府使があらかじめ訓別を通して倭館に手標を発給し、綿布や米の出来後に現物を一括して支払う方法は、対日貿易を委託された東萊府にとって好都合であった。

孝宗七年（一六五六）、備辺司は東萊府使の状啓を踏まえて、「慶尚道観察使が戸曹へ送った公文書を見たところ、今年給付しなくてはならない公木八〇〇余同は既に尽く手標の数を満たしており、現在未収のものが二〇〇余同ある」と述べているが[24]、これは本年の債務八〇〇余同は既に対価を確保できたが、累積債務が二〇〇余同残っていることを意味している。備辺司はまた公貿木三六〇同について、対馬藩主の江戸参勤で財政が逼迫したため、差倭は頻りに綿布を請求しているが、「聞く所ではこの布は倭人の手標がほとんど全て商賈に散給されことによる」と報告している[25]。意味の取り難い一節であるが、倭館では東萊府から振り出された手標を第三者である商賈に支払ったため、新たに現物の確保が必要となったようである。このように手標は場合によっては支払いを延期され、また倭人が商賈に転売することもあった。

ところで倭人が大口の取引をする商賈とは萊商に他ならず、その取引は被執形態を取っていた。従って先の手標は私貿易の決済に流用されていた可能性が高い。別の事例を見よう。粛宗二一年（一六九五）左議政柳尚運の上啓によると、「倭人には例年公木一四〇〇同を支給し、内八〇〇同については米で折給しているが、本色六〇〇同の内、倭人は例として二〇〇同を手標と成し（手標で受領し）、商賈輩に出給して被執物貨の代価に充てる。商賈輩は手標を持参して綿布収納官吏に差し出し、（支払いを）米にするか綿布にするか本官と協議する」とあり[26]、この頃の官営貿易における朝鮮側の支払いは公木で一四〇〇同、内訳は現物四〇〇同・手標二〇〇同・換米八〇〇同であり、倭館ではこの手標を被執唐貨の決済に充て、萊商は東萊府などに赴いてこれを米または綿布に引き替えていた。かくの如く日朝貿易は求償貿易としての建前とは裏腹に、内部では倭館・東萊府・萊商などが官営貿易・私貿易の境界を跨いで債権や債務を弾力的に融通し合っており、長期間の延べ取引は日常茶飯事であった。萊商は手標の支払いを米か綿布か有利な方の物貨で受け、これを売り払って銀を回収していたのであろう。

この手標取引に中央官庁である賑恤庁が関係することもあった。粛宗二三年（一六九七）には忠清道監賑御史閔鎮遠が、全羅道の飢饉を救済するため、昨年賑恤庁より手標を発行して慶尚道の倭供木から米四千石を代捧させた例に倣い、本年も手形を振り出して賑済米を確保したいと願い出た[27]。また粛宗四四年（一七一八）には賑恤庁の備蓄米が欠乏したため、政府はやむを得ず唐貨を貿来して倭館に被執し、公木手標を取得して米に換え賑済に用いた[28]。前者は官営貿易の換米部分を賑恤庁の手形で代替するもので、換米の制を拡大したい対馬藩との摩擦を生ずるであろう。後者は唐貨を倭館に売って東萊府の手標を取得し、これを現物に換えて賑資とするもので、わざわざ倭館を通す必要はない。にもかかわらず賑済に倭館貿易が絡むのは、東萊府と倭館との間に手標を介した長期信用の慣行が成立しており、米の調達が比較的容易であったからであると思われる。後者の例で言うと、賑恤庁が東萊府より直接米を借りて債務を負うより、使行が貿来した白絲を倭館に売って手標を買い、これを東萊府に持ち込んで米で精算させる方が会計上都合が良かったのである。もっとも南道地方が凶作に陥っている時、独り東萊府のみが新たに倭供公作米を確保する術などあろうはずはなく、当該年の換米はまた手標という形で倭館に支払われ、累積債務となるのである。

こうした政府機関による公作米の流用は当然ながら対馬藩の不興を買った。粛宗四五年には通信使従事官李明彦が、「公作米未収の弊は彼（対馬）も常に言っている。すなわち東萊府より手標を振り出し、以て料辦（支給）の資としているのである。しかも東萊府に止まらず慶尚監営や京衙門も同様であり、弊端を醸成していると云う。宜しく禁断を加えて頂きたい」と述べており[29]、東萊府・慶尚監営・京衙門（賑恤庁など）が米を手標で給付するので対馬藩は現物を受け取れず、深刻な外交問題に発展していたことが窺われる。対馬藩では倭館に派遣する裁判（交渉役人）を「米取裁判」と呼んでいたと言われるが、その背景には公作米の恒常的な支払い遅延があったのである。

そしてかかる状況に付け込み、京衙門が営利行為に走ることもあった。粛宗六年（一六八〇）守禦庁の軍官韓時翊が清国より輸入された白絲を倭館に被執して公木一七一同に相当する手標を受け取り、これを公作木未納の諸邑に持ち込んで綿布一疋を米一〇斗に折価して米で支払わせ、総計五千余石の米を倭館に売ろうと企図し、更に前訓導朴再興も韓時翊に銀を払って御営庁の米二千石を横流しして貰い、これを倭館に売ろうと企図していたことが発覚し、東萊府使趙世煥によって告発されている[30]。倭館が米の確保を喫緊の急務としていたこと、公作米が滞納傾向であったことは賑恤庁の事例と同様であるが、支払者が東莱府ではなく公作木提供義務を負う慶尚道諸邑であった点が異なっている。そして何より、その目的が賑恤米の確保ではなく韓時翊・朴再興とその背後にいる守禦庁の純然たる利殖であった点において、賑恤庁よりはるかに悪質である。

一八世紀後期になると公作米手標を用いた投機的取引が問題を生むようになった。正祖即位年（一七七六）九月、東莱府使柳饋の上疏によると、同府の四大弊害の内二つが立本（民生政策）の悪影響と手標倭貿をめぐる諍いであり、これらは倭人が公作米・料米・魚価米を時として緊急に求めるので、商訳輩は価格が下落している時にあらかじめ東莱府へ現物を納付して手標を受領し、期日後に米に換えてこれを発売し、利益を得ようとするのだが、東莱府も民生政策として春先の端境期に公作米・料米・魚価米・料黄豆を売り出すため、かえって商訳輩が損失を蒙るというものであった[31]。商訳による米の投機的売買は地域社会にとって弊害であるはずだが、府使柳饋は彼らの牟利ではなく失利を問題視しており、また立本という救済政策をも四大弊害の一つに挙げているのは、その原資が公作米であったからである。すなわち平糴それ自体は善政であるが、商訳が納付した公作米を賑恤に充てるのは営利行為であり、手標の期日を過ぎても換米を許さないのは背信行為だというのである。東莱府に十分な官米が備蓄されていればこのような弊害は起こり得ないはずであり、財政の逼迫による公作米や平糴米の遣り繰りがこのような事態を招いたものと思われる。ただ商訳も単に米を買い占めて端境期まで貯蔵しておくのではなく、米を東莱府に持ち込んで公作米手標と交換しており、倭館側が手標を求めた可能性が高い。

四　被執の衰退

元禄銀の通用停止により一旦回復した倭銀の輸出は一七三〇年代から再び減少に転じ、一七五二年を最後に公式記録から姿を消す。これと連動して日朝貿易は縮小し、被執取引にも深刻な影響を与えた。英祖九年（一七三三）戸曹判書宋寅明は、「戸曹は銀貨の出処が全くない。以前は東莱倭館より徴税して補塡していたが、最近年々減縮し、今年は最もひどい。もしこのまま放置すればやがて皆無になるだろう」と警告している。[32] 翌一〇年、彼は倭訳輩が東莱で潜商となり倭人と密貿易を行うため、かつて一万両から四—五千両あった戸曹の税収が一—二百両にまで激減したと述べている。[33] しかし全てを潜商のせいにすることは不自然であり、実際には銀の輸入量が減少していたのである。そもそも倭館での私貿易に参画できる莱商の数は一六八〇年より二〇名に制限されており、一六九一年に三〇名に増やされたものの、商訳という用語がしばしば史料に登場するように、訓導・別差などの通訳官が私貿易に関与することは容認されていた。英祖一一年には朝廷でも「倭訳が物貨を被執するのは燕行使の八包と同じく生計の術である」「訳官には田土がなく、物貨の交易だけで生計を立てている」との声が多数を占め、[34] 結局彼らの被執取引は従来通り黙認されることとなった。

朝廷では英祖一二年頃からようやく日朝貿易の構造的変化にも目が向けられるようになる。同年四月、冬至使書状官具宅奎は、最近長崎島が中国物貨を直接輸入するようになったので、わが国の銀路が途絶するようになったと述べた。[35] 未だ幕府の銀輸出制限政策まで考察が及んでいないものの、日朝貿易の絶対量が減少していることは認識されるに至ったのである。英祖一四年には礼曹参議呉命瑞が、東莱府は数十年前までは一年の人蔘被執が二—三千斤に達したが、今では蔘路が大きく変わり、一年の被執は二—三百斤にまで低下したと上疏しており、[36] 主力商品であった人蔘の輸出までもが激減したことを伝えている。一八世紀前期には日本国内で人蔘の輸入代替生産が始まり、同時に山蔘（天然人蔘）の産地であった平安道江界府で資源の枯渇が進行していたことが、銀流入の減少に拍車を掛けていたのであろう。英祖二四年（一七四八）には東莱府使閔百祥が、以前は六—七百斤あった被執人蔘が近年では数十斤に落ち込んでいると状啓しており、[37] 英祖二八年（一七五二）には戸曹判書金尚星が、潜商の猖獗により人蔘の被執がほぼ断絶したと述べている。[38] 人蔘輸出はまさしく銀流入と並行して衰退し、消滅したのである。

一八世紀中葉には被執取引は末期的様相を呈するようになった。英祖二一年には東莱府使沈錐が「近年倭館での被執取引で代銀支払いが慢性的に遅延している」と状啓しており、[39] 英祖三三年（一七五七）一〇月には冬至使副使戸曹参判金尚翼が「最近聞くところでは東莱府の被執が減少したようだ」と述べ、[40] 同年一一月には英祖自ら「訳官の窮乏は推して知るべし。近年の銀貴は専ら被執（の減少）によるもので、どうして訳官の過失であろうか」と語っている。[41]

銀の流入途絶後も日朝貿易は継続されるが、被執取引は非常に困難になった。英祖・正祖期には国内で銭荒が深刻になり、鋳銭原料として日本銅の輸入が何度か試みられるが、正祖八年（一七八四）吏曹判書徐有隣は「聞くところでは倭銅は多年蓄積されているが、被執の路は甚だ困難で、誠に主客共に苦しむという所である」と述べている。[42] 幕府は対馬藩の銅輸出に対し一七一四年から年間一〇万斤しか許可しなくなり、次第にこの額が固定化されるようになったが、対馬藩は銅山から直接仕入れて密輸出していたらしい。しかし一七七五年に対馬藩が幕府に「私貿易断絶」の申し立てをして以降は、私貿易を公然と行うことはできなくなった。[43] 一方朝鮮側も日本で唐貨や人蔘の需要が低下していることに気付き始めていた。正祖一一年（一七八七）には国王自ら「百斤の被執を三〇斤に減らしても倭人はなお人蔘貿易を願わない。そのため象胥（訳官）は利を失ったと言う。かつては我が国の人蔘を至宝と見なしていたのに、今ではこの有様である。もしや彼らが敢えて人蔘を服用しなくなったのか。人蔘の品質が粗悪で服用に堪えなくなったためではないのか」と臣下に下問し、御史金履成は「倭人が被執を願わないのは品質が劣悪なためだけでなく、伝聞によると鬱陵島の人蔘が流入しているらしい」と答えている。[44] 先の「長崎島」説と同様、今回の「鬱陵島」説も的外れであるが（ただし鬱陵島は日朝密貿易の拠点であったため、金履成は人蔘の潜売をほのめかしているのかもしれない）、朝廷は倭館私貿易の衰退が単なる訳官の潜商行為のためではなく日朝貿易構造の変化に起因するものであることをようやく認識するようになったのである。

ただ政府が原因を究明し適切な対策を講じたかと言えば、答えは否である。純祖七年（一八〇七）に至っても東莱府使呉翰源は訳官の被執を禁止せよと状啓しており、左議政李時秀もこれを支持し、商人以外の被執を厳禁するよう進言している。[45] 被執取引全体が激減する中で訳官を排除しても、彼らを窮地に追い遣るだけで、潜商の防止には何の効果も期待できない。にもかかわらずこのような禁令が議論されているのは、政府がもはや被執の維持を放棄したからではなかろうか。この年を最後に被執は官撰史料から姿を消す。倭銀の輸入と白絲・絹織物・人蔘の輸出が相継いで途絶える過程で、被執取引はその役割を終えていったのである(46)。

おわりに

近世日朝貿易は原則として求償貿易であったが、実際には当初より被執という延べ取引や手標という手形での決済が行われていた。被執には対馬士民が銀を前渡しして数箇月後に唐貨や人蔘を受け取る対馬側被執ばかりでなく、朝鮮商人が政府資金を借り受け、使行貿易を通して唐貨を貿来し、これを倭館に持ち込んで数箇月後に銀貨を受け取る朝鮮側被執も存在した。

日朝貿易が順調に発展していた一七世紀には被執取引で慢性的な償還遅延に陥ることはなかった。しかし一六九九年に元禄銀の通用が始まると貿易全体が萎縮し、対馬側被執も朝鮮側被執も共に膨大な債権の焦げ付きを抱えるようになった。被執の完済には五―六年を要するようになり、これは倭館貿易で財政を維持していた対馬藩にとっても、燕行使の対清工作費を使行貿易からの利益で賄っていた朝鮮政府にとっても大きな痛手となったが、一七一二年に人蔘代往古銀の輸出が開始されたことにより混乱は終息し、日朝貿易は再度活気を取り戻した。

被執は私貿易における延べ取引であるが、官営貿易にあっては進上と回賜が同時に行われるはずであった。しかし東萊府では代価である公作米の確保が期日内に間に合わず、手標を振り出して支給を繰り延べすることが間々あり、加えて慶尚監営や賑恤庁が手標を発給して公作米を横取りすることもあった。倭館側も私貿易の朝鮮側被執で負った債務を公作米の手標で決済することがあり、手標を介した信用取引は官営貿易と私貿易との垣根を跨いで普く行われるようになった。

人蔘代往古銀の登場で息を吹き返した日朝貿易は幕府の銀輸出規制により再度縮小し、更に一八世紀後期には日本における唐貨・人蔘の輸入代替生産の進展によって追い打ちを駆けられた。その影響を直接被ったのが日本語通訳官である訓導・別差であった。しかし政府は有効な対策を講じ得ず、一九世紀には被執取引が史料から姿を消した。

国際分業の視点から見ると、一九世紀には日本における綿製品・絹製品・人蔘の輸入代替が完了し、輸出の主力は銅に限定された。朝鮮も倭銀から紅蔘への対中輸出代替が完了し、中国銀が朝鮮へ逆流するようになった。朝鮮はその一部を日本へ再輸出し、倭銅を輸入して常平通宝を鋳造し、銭本位制を確立させた。日朝貿易の衰退は中国の周縁であった朝鮮と日本がそれぞれの方法で国内市場の自己完結性を強化し、貿易への依存度を相対的に低下させた結果に他ならない。

註

(1) 田代和生『近世日朝通交貿易史の研究』創文社、一九八一年。倭館貿易に関する記述はその多くを田代の研究に拠っているが、煩瑣を避けるため、行論では議論の要となる箇所を除き先行研究が明らかにした歴史的事実についての註記を省略する。

(2) 田代和生は公木とは朝鮮政府が公課として徴収した綿布のことだと言う（田代書、二七六頁）。一方貿易開始当初は「巾八升長さ四〇疋の両端に青糸を用いた高級なものが支給」されたとも述べる（同書、一五一頁）。しかし前章で述べたように当時の貢布の標準品質は縦糸数五升・長さ三五尺であったので、八升（升は長さではなく縦糸の数で一升は八〇本）・四〇尺（疋は尺の誤り。同書、七五頁で引用されている『蓬萊故事』には四十尺と見える）の綿布は公課ではなく政府の特注品である。一七世紀初頭には朝鮮産の高品質木綿が日本でも珍重されたようであるが、年代が降るに従って公木が粗劣になり（恐らく財政事情により特注品から標準品へ転換されたのであろう）、その一方で日本での綿布生産が普及すると、対馬藩は公木に代わり領内で欠乏する米を支給するよう朝鮮側に要求するようになった。これが所謂「換米の制」である。また貢布は朝鮮国内で貨幣と同様の機能を果したため、対馬藩は支給された公木を輸入せず、大部分を朝鮮商人に対する支払いに充てていた。田代はこれを公木の再輸出と見なす（同書、二七六―二七八頁）が、現物が一度も対馬に運ばれておらず、また本章第三節で述べるようにその一部は現物の綿布でなく手標で取引されていることなどを念頭に置く必要がある。

(3) 田代書、二四二頁、糟谷憲一「なぜ朝鮮通信使は廃止されたか――朝鮮史料を中心に――」『歴史評論』三五五号、一九七九年、一一―一二頁。一方韓国では、被執を政府に十分の一税を払った正規取引と捉える金柄夏、朝鮮商人の日本人に対する割賦販売とみなす鄭景柱・梁興淑、倭館開市貿易の意と朝鮮側割賦販売の意との混用だと考える金東哲など、異論も唱えられている。

Byung-ha Kim（金柄夏）, *The Question of Silver-Ginseng in the Latter Period of the Yi Dynasty―With Ginseng Trade with Japan―*, Journal of Social Sciences and Humanities, No.37, 1972, p.5, 鄭景柱「仁祖―粛宗朝의 倭人 求請慣行과 決済方式――朝鮮後期 対日貿易 事例 紹介――」慶星大学校貿易研究所『貿易評論』創刊号、一九九四年、二八―三二頁、梁興淑「一七～一八世紀 訳官의 対日貿易」『地域과 歴史』五号、一九九九年、一四三―一四五頁、金東哲「朝鮮後期 倭館 開市貿易과 被執蔘」『韓国民族文化』一三輯、一九九九年、二七―三一頁。田代書を代表とする日本側研究とこれら韓国側研究とは正反対のように見えるが、それは被執の対象商品が、前者は唐貨、後者は人蔘であることと密接に関連しているものと思われる。因みに金鍾円は白絲の倭館への被執を物件先給・代金後納と捉えている。金鍾円「朝鮮後期 対清貿易에 대한 一考察――潜商의 貿易活動을 中心으로――」『震檀学報』四三輯、一九七七年、四三頁。

（4）田代書、二四三頁、表Ⅱ―4。典拠は宗家記録『特鋳銀記録』とある。

（5）『備辺司謄録』第三五冊、粛宗五年九月六日。

（6）同右、第三七冊、粛宗九年三月一〇日。

（7）同右、第四五冊、粛宗一七年七月一六日。

（8）『承政院日記』第三七八冊、粛宗二四年四月二五日。

（9）『備辺司謄録』第五一冊、粛宗二六年一〇月一五日

啓曰。以冬至上副使啓辞。萊銀許出事及各衙門・諸軍門銀貨許貸事。令廟堂急速稟旨分付事。命下矣。……今番則以我国商賈。被執物貨之価。尚未論償之故。不許開市矣。頃見東萊府使金徳基状啓。則被執物貨未償者。乃是丁戊両年条。而商賈輩。人蔘・白絲等物。今方積置於本府。新銀十余万両。亦已未到。今若許市。則亦将有継来者。而以己卯以後。被執物貨未償之故。不許開市。今方責論。云彼者交易。従前多有翌年准債之例。即今所争。乃是己卯条。則本非大段過限。不如膠守商賈輩留置物貨。使之依例被執。仍許開市。先来十余万両。趁節使為先受出上送。此後所出銀貨。亦為連続上送之意。分付於東萊府。而但使行之期迫近。萊銀或未得及期上来。則必有狼狽之患。各衙門・諸軍門。所儲銀貨。従其多少許貸以送矣。

『承政院日記』第三九三冊、粛宗二六年一〇月一五日も同じ。ただし「丁戊両年条」の部分を「甲戌両年条」とする。

（10）田代書、二四四・三〇四頁。

（11）『承政院日記』第四二〇冊、粛宗三〇年九月一〇日・九月三〇日。

（12）同右、第四二一冊、粛宗三〇年一〇月二〇日。

（13）同右、第四三八冊、粛宗三三年一〇月二二日、同右、第四四五冊、粛宗三四年一〇月二〇日。

（14）『備辺司謄録』第五九冊、粛宗三四年一一月二日。

（15）『承政院日記』第四五〇冊、粛宗三五年九月一日。

（16）同右、第四五三冊、粛宗三六年四月一二日。
（17）『朝鮮粛宗実録』巻四八、粛宗三六年三月甲午
先是。東莱府使権以鎮状啓。条列辺事。請加釐正。……其三曰。商訳被執物貨・人蔘。而出銀時。倭人所愛者。被執雖近。準数以給。所不愛者。稽緩後時。又多不準。故商訳奔走献媚。争為心腹。在国家制辺之計。実為莫大之憂。
（18）『承政院日記』第四六三冊、粛宗三七年一〇月二二日。
（19）『辺例集要』巻九、開市、丁酉十月。
（20）田代書、一四九頁。原文は以下の通り。
進上・公貿等物。亦不付於該船。別定代官。一年鉄物。都合称納。該価木米。詳其年条。手標為信。於訓別而受去。毎於訓別交逓之際。憑考会計其折価。
（21）『承政院日記』第二三二冊、顕宗一四年正月一一日の条に
又読至手標事。上曰。此是何事。〔同副承旨鄭〕晳曰。故参判柳淰為府使。有所相約事。以手標為信云矣。
とあり、手標は府使が発行する信用状である。ただ同右、第六〇〇冊、英祖元年九月一一日の条に
而訳舌輩。多負倭債。故凡于被執之物。趁不出給云。
とあるように、訓別は単なる通訳官ではなく、自ら被執取引に参画し、倭館と債権・債務関係を築いていた。また同右、第四八八冊、粛宗四一年三月一八日の条に
在前倭館成造之時。以価銀劃給之後。如有不足。則又使商訳輩。受出公木手標。先貸甘同倉米。転授備償者。已有其例矣。
とあり、商訳輩と呼ばれる通訳官が府使の指示により手標を発給することもあった。
（22）鄭成一『朝鮮後期対日貿易』新書苑、二〇〇〇年、第三章によると、毎年臘月一五日に「明文」「不忘記」と題された訓導・別差・商人行首等が作成し署名・捺印した私貿易総額決算書が対馬藩の代官に渡されていた。従って「憑考会計」とは会計報告のことであると見られる。もちろん会計と同時に手標が決済されることは文脈から読み取れる。
（23）『東莱府啓録』に収録されている年末の状啓によると倭供木米は慶尚道内四〇邑に攤派されていた。ただしこれらは一九世紀中葉の史料であり、当初はもっと少なかった。『備辺司謄録』第三〇冊、顕宗一二年三月一二日の条によると、公作米は「慶尚道沿江二十邑」に攤派されていたとある。
（24）『承政院日記』第一三九冊、孝宗七年四月一三日
取見慶尚監司移関戸曹。則今年応給公木八百余同。已尽於手標之数。時方未収者。有二百余同云。
（25）同右
其中島中事情。切於得布而不緊於用銀。一年例給之数。減縮至於三百六十余同。幡《マ》摩《マ》守辺入江戸。多有需用。源差之懇懇不已

者。其所意望。専在於此。似聞此布。因倭人手標。幾尽散給於商賈云。
(26)『備辺司謄録』第四九冊、粛宗二一年一月二一日
倭人例給木一千四百同内。八百同作米。六百同以木入給云。……作木六百同内。倭人例以二百同成手標。出給於商賈輩。以充被執物貨之価。商賈輩持其手標。往捧於応為納木官。或米或木。与本官相議為之云。

「成手標」を直訳すると「手標を作る」となり、「手標で受領する」と解釈するのは無理がある。しかし倭人が手標の発行元とはなり得ないので、ここでは敢えて「六〇〇同の内の二〇〇同分は手標で受け取った」と理解した。なお鄭景柱は、倭人が求請物貨の支払いに際して手標を振り出し、公木で計除（相殺）する「手標計給」型決済もあったとする。前註（3）鄭、二七―二八頁。しかし最終的に債権者へ綿布を支払うのは東萊府であり、倭人が東萊府の同意なく勝手に手標を作ることは不可能であったと思われる。
(27)『承政院日記』第三七四冊、粛宗二三年一一月一三日。
(28)『備辺司謄録』第七一冊、粛宗四四年一二月二九日。
(29)同右、第七二冊、粛宗四五年四月一二日
従事官李明彦曰。……而且倭供米。多有未収。故倭人以此連送差倭。蓋供木萊府。買其手標。以為料辦之資。至於慶尚監営・京衙門亦然。以致年条未収者多。此為弊端矣。今此使行入島。則島主必以是為言。自今申飭萊府。其年条未収者。流伊輸給。勿買其手標。凡干詐偽之事。亦令痛禁似宜。

なお「買其手標」の箇所は「買う」ではなく「売る」の意と理解した。
(30)『辺例集要』巻九、開市、庚申六月。この手標の発行者が東萊府使であったのか各邑守令であったのか不明であるが、たとえ府使が振り出した手標であっても滞納中の諸邑が守禦庁の支払い命令を拒むことは不可能であっただろう。
(31)『朝鮮正祖実録』巻二、正祖即位年九月庚寅
東萊府使柳戇上疏曰。本府有四大憂焉。一曰立本之害民也。二曰手標倭貿之生釁也。三曰軍兵之畳役也。四曰関防之失宜也。所謂立本之害民云者。公作米一万六千石。料米・魚価米五千一百石。料黄豆八百石。大同儲置。増減雖異。三穀恒留。殆近三万石。輒於春後発売。秋冬所当用者。毎石出二両五銭。散給民間。使之秋後納米。剰銭皆帰別用。本府各鎮。相率効尤。些少餉穀。率多虚留。所謂手標倭貿之生釁云者。公作米・料魚價米。倭人或有緊急所需。則商訳輩限前減価。以某物給本直。預受手標。以為待限出米。発売取剰。便為本官所犯。歳輒為二千余石。反致商訳輩之失利呼冤。
(32)『承政院日記』第七七〇冊、英祖九年一二月二〇日。
(33)同右、第七八五冊、英祖一〇年八月二〇日。
(34)同右、第七九八冊、英祖一一年四月二〇日。

(35)同右、第八二四冊、英祖一二年四月一九日。
(36)同右、第八七五冊、英祖一四年七月一八日。
(37)同右、第一〇三四冊、英祖二四年九月一七日。
(38)同右、第一〇八〇冊、英祖二八年三月一九日。
(39)同右、第九八二冊、英祖二一年正月二二日。
(40)同右、第一一四九冊、英祖三三年一〇月一七日。
(41)同右、第一一五〇冊、英祖三三年一一月三日。
(42)同右、第一五五〇冊、正祖八年二月一四日。
(43)田代書、三六一・三六八―九・三七二頁。
(44)『承政院日記』第一六三四冊、正祖一一年九月三〇日。
(45)同右、第一九二一冊、純祖七年正月一三日・二〇日。
(46)とは言え、一九世紀になっても対馬藩の輸出圧力は高く、債権の恒常的な未償還傾向は解消されなかった。

第十二章　中朝貿易における手標取引

はじめに

後期朝鮮王朝は東萊倭館を通して日本と、燕行使を通して清国と、それぞれ政府間貿易を行っていた。後者は純然たる朝貢貿易であるが、前者もまた対馬藩の進上（封進）と朝鮮国王の回賜という形態を取り入れた擬似的朝貢貿易であった。進上（封進）に公貿易を加えたものが官営貿易と称せられる。そして両者とも官営貿易本体よりそれに付随する私貿易から得られる利潤の方がはるかに多く、朝鮮政府は倭館での開市日数や使行が持ち出しを許された附載貨物である八包を厳しく制限していた。それゆえ、倭館貿易や使行貿易には制限を超えて交易する脱法行為が後を絶たなかった。政府間貿易からは逸脱するが完全な密貿易とも言えない、一方あるいは双方が黙認している中間部分（たとえば日朝貿易では路浮税《のぼせ》行為、中朝貿易では後市）は弁別が困難なグレーゾーンに位置するため、とりあえず非公式貿易と呼んでおく。

朝貢貿易は基本的に求償貿易（バーター）であり、輸出入は常に均衡していたが、進貢と回賜は「厚往薄来」すなわち中国皇帝が朝貢国を優待し、貢物を上回る価値品を下賜するのが通例であり、宗主国側の財政を圧迫した。朝鮮と対馬とは宗藩関係ではなく単なる上下関係に過ぎなかったが、前章で述べた通り、倭館官営貿易では朝貢原則が援用され、東萊府使は毎年対馬藩へ一千余同の公木を輸出しなくてはならなかった。恐らくは財政負担に堪えきれなかったため公木の質が低下すると、対馬藩は代わりに島内で絶対的に欠乏する米の支給を求め、公木の一部が換米されたが、公木であれ公作米であれ毎年これを滞りなく輸出し続けることは相当困難だったようであり、一二月一五日の決済日に手標（東萊府使が振り出した約束手形）が現品化されないこともあった。対馬人は不渡りの手標を私貿易で行われた被執（延べ払い）取引の決済に充てることもあった。このような手標の有価証券化は被執慣行と並んで求償制度を内側から蚕食する役割を果たした。

ところで、私貿易は公式貿易であるため取引額が制限されている。これを超えて非公式貿易を行おうとすると、官憲の目を盗んで資金を移動させざるを得ないから、現銀決済より延べ取引が主流となる。日朝貿易では対馬藩が米の非合法購入手段として朝鮮商人に「登せ銀」を前貸しする行為が「路浮税」と呼ばれ、潜商（密貿易）として禁止されていた(1)。このように貿易統制下では延べ取引と潜商とは密接な関係にあった。

それでは、このような延べ取引は中朝間の使行貿易では発生しなかったのであろうか。使行貿易については張存武の包括的研究や寺内威太郎・金鍾円の柵門後市・団練使後市に関する研究が蓄積されており(2)、交易品や取引形態に関する基本的史実は既に明らかにされていると言えるが、金融的視点からの分析はなされていない。そもそも朝貢貿易においては債権・債務関係は存在し得ないことになっているからである。しかし張や寺内が紹介しているように、英祖三年（一七二七）には遼東の攬頭胡嘉佩らが朝鮮商人に対し総額銀六万七千余両の貸し越しを抱えていたことが発覚し、雍正帝が英祖に対して強い口調で返済を求めるという「清債事件」が発生していたのであり、使行貿易でも求償貿易体制は崩れていた。

本章では清債事件を通して使行貿易における延べ取引と手標取引について考察する。とは言え、胡嘉佩らが行った延べ取引については既に実態が解明されており(3)、その後同様な事件は表面化しなかった。そこで本章では清債事件を通して明るみに出た手標取引について考察する。手標とは手形証文の総称であり、通行証・預かり状・約束状などに幅広く用いられるが、今日で言う約束手形も手標と呼ばれる。東萊府使が発給していた手標は兼帯の制に伴う約束状に過ぎなかったのであるが、清算が遅延したことから次第に有価証券化した。だとすれば清債事件では攬頭胡嘉佩らが朝鮮商人の手標を保有し、それが焦げ付いたことで不良債権が表沙汰になったはずである。しかし朝鮮商人が攬頭に支払い証文を渡していたという史料は存在せず、胡嘉佩らは持参銀の限度を超えて唐貨を求める朝鮮商人に信用販売を行っていたに過ぎない。この取引が外交問題に発展したのは攬頭が純粋の商人ではなく駅站官・佐領など内務府包衣出身者で、[4] 盛京戸部より貸し出された公銀を原資として運送業や仲買業を経営していたからである。

朝鮮政府は清朝より指摘された債務者二百数十名を調査したが、対象者を特定することは困難であったため免除を要請し、清朝も同年九月に要求を呑んだ。だが宗主国に借金の棒引きを認めさせるには相当高額の賄賂を要路に贈らねばならなかったはずであり、清債事件は国内問題としてはくすぶり続けた。かかる状況下、英祖六年に清国商人の手形を所持した金楚瑞の事件が発覚したのである。本章は金楚瑞事件を素材として一八世紀前期の中朝貿易における信用創造とその背景について論じる。

一　瀋陽八包と清債事件

朝鮮商人の清国商人に対する債務超過問題は胡嘉佩事件によって突如明るみに出たものではなく、政府は燕行使の報告を通して柵門や瀋陽における非公式貿易の弊害を知っていた。早くも英祖元年（一七二五）九月には、開城留守李塽が「近来松商の弊害が極まり、瀋陽・柵門の開市が創設されてより数十年来、大量の銀貨を持ち出して濫雑を極め、清商からの負債を抱えて返済しない者もいる。臣が燕京に赴いた時、胡人の中には不満を訴える者が多かった。これらのことで後日もし清朝が糾問の挙に出たなら、その国辱たるや計り知れないだろう。松商輩は我が国の人蔘産地に遍く赴き、採取されるや全てを買い上げて倭国に入送し、倭国からもたらされる銀貨は全て松商に帰するが、松商はその全てを清国に持ち込んで通商する。このため我が国の銀と人蔘は高騰し、薬物も救命に応じられない」と状啓し、[5] 清債が外交問題化する危険性を指摘している。朝廷もこれを真摯に受け取り、翌月には司訳院より松商が使行に紛れ込むことを禁止し、荷物輸送は土着の人すなわち清国人に委ねるべしとの提言がなされ、裁可された[6]。

だが清債を抱えていたのは松商ではなかった。彼らは平安道江界府などの蔘場で人蔘を買い付けて倭館に売り込み、対価として得た銀貨をことごとく使行貿易に注ぎ込んでいたのであり、不正な銀貨持ち出しについては責められるべきであるが、清国商人に現銀で支払っているため債務を背負う危険性は低かった。にもかかわらず朝廷が松商を槍玉に上げたのは、彼らの営業が活況を呈する反面、正規の私貿易である八包貿易が慢性的赤字に陥っていたからである。英祖元年一一月には左議政閔鎮遠が「各衙門・軍門の銀貨はこれまで使行に貸去し、訳官に分給してきたが、未返済の数が甚だ多く、癸卯年（一七二三）以前の未回収分は六万両に達している。古の富人は必ず訳官を称していたが、近年の没落は特に甚だしく、累積債務を償還できず、去年は自殺者まで出た」と上啓し、通訳官の救済策として償債庁を設置し、白絲貿易の利益により五―六年かけて債務を返済させるべしと上啓した[7]。要するに新興の松商を弾圧する傍ら、償債庁を通して訳官（実際には八包の権利を買った京商・湾商）に資金を追い貸しすることで彼らを救済し、以て国庫の虧欠を彌縫しようという虫の良い提案であり、朝廷には成果を危ぶむ声も少なくなかった。その成否はともかく、柵門や瀋陽で負債を抱えていたのは松商ではなく政府系の商人であった。後の胡嘉佩事件では、左議政洪致中が京商や湾商が債務を負ったと証言している[8]。

先行研究によれば、朝鮮政府は清朝の要求する銀額の算定方法が曖昧であるとして、債務者三名の処刑を除き、負債の支払い免除を要請し、英祖三年九月には清朝も了承したとされる。その背景には攬頭らが朝鮮商人に対し信用販売を行っていたこと、朝鮮商人も偽名で取引していたことがあった[9]。私貿易といっても朝貢貿易の一部であり、攬頭が朝鮮政府の銀持ち出し制限を無視して掛け売りを行っていたことは潜商に準ずる触法行為であると見なし得るから、清朝としてもあまり強く朝鮮を非難する名分がなかったものと見られる。とは言え朝鮮政府は清朝の要求を「雍正辱咨」と受けとめ、私貿易への監視を強化した。同年一〇月六日には平安道観察使尹游が、近年来八包の制限を超えた銀貨の密輸出が増大していると危惧し、故平安監司（観察使）韓祉が義州府尹の在任中、八包の法を厳しく守ったことを引き合いに出して、彼の偉業に倣い銀の流出を厳禁せよと訴えた[10]。これに応えて一〇月二四日には領議政李光佐が、各衙門・軍門・営門の訳官への銀貨与と私貿易への関与を厳禁すべしと上啓し、同日備辺司も延卜すなわち帰国した使節団に遅れて柵門に運ばれて来る荷物を受け取るため商訳らが義州より一千匹近い駄馬を送る時、密かに銀貨を持ち出し、府尹も税収増を期待して黙認している現状を革めるよう奏請している。[11]

使行貿易の弛緩が突然表面化したことを受け、一一月四日、当年の冬至兼謝恩使正使李槾は八包の全面禁止に反対し、限度の範囲内で使臣の銀帯去を認め、瀋陽八包は全て防止すべしと上啓した。[12] 尹游は八包の廃止まで求めてはおらず、銀の私的な持ち出しを問題にしているのであるが、この部分が「瀋陽八包」と呼ばれていたのであろう。[13] 同月一一日の廷議では戸曹判書権以鎮が八包以外の過剰な銀貸与により戸曹の封不動銀が五百余両にまで減少したと訴え、兵曹参判趙文命も朝鮮から北京への銀流入が毎年無慮十数万両に達している話を清国商人より聞いたと述べ、ともに八包以外に半ば公然と持ち出されていた銀の輸出禁止を主張したが、[14] 一四日には領議政李光佐が「これまで関西は物力が疲弊し、義州は最も甚だしいが、その上従来勅行が一年に五―六回に及んだこともあって更に余裕がなく、勅需の供給が最も困難であったので、朝家より瀋陽八包のうち六窠が義州に給されていた。平安監営・平安兵営・松都にもそれぞれ二窠が給されていた。今回尹游の赴任に際しての上疏は八包外の商賈を禁止すべしというものであり、瀋陽八包は元よりその中に含まれていない。しかし正使李槾は平安監司尹游の真意を知らず、軽率にも全てを防止せよと上陳した」と述べ、右議政沈寿賢も「瀋陽八包は例として義州より団練使によって輸送され、団練使を通して収税している。しかし北京八包は例として訳官が自ら輸送する。今瀋陽八包を廃止しようとするなら、当然団練使の収税と併せて善後策を立てた上で、初めて廃止すべきである」と訴え、慣例化した銀持ち出し特権を擁護した。[15] 一九日には備辺司が瀋陽八包を半額に減らし、義州は三窠、団練使は一窠、平安監営と開城府はそれぞれ一窠を許可し、平安兵営と黄海監営は併せて一窠とすべしとの妥協案を提言し、裁可されている。[16] 瀋陽八包は一二窠から七窠へとおよそ半減したのである。

これらの議論を通して、清債事件の頃には正規の八包である北京八包とは別に、瀋陽八包と呼ばれる法令から逸脱するが半ば慣例化した銀貨輸出枠が平安監兵営・黄海監営・義州府尹・松都留守に与えられていたことが暴露された。特権付与の直接的根拠は勅使饗応に備えるための税収確保であったが、それは結果として湾商・柳商・松商に公然と銀を持ち出す絶好の機会を与えていたのである。

一七二〇年代は元禄銀通用問題で冷え込んでいた対日貿易が好転し、倭銀輸入量が第二の山場を迎えていたため、使行貿易にも正規の八包とは別枠で瀋陽八包が認められていたのであろうが、対清貿易の盛況は政府備蓄銀の減少と商人による持参銀枠を超えた掛け買いの横行をもたらした。その結果として清債事件が発生したのである。所謂「雍正辱咨」に懲りた朝鮮政府はこの後一転して対清貿易を制限するようになる。瀋陽八包は勅行応接の必要上全廃こそ免れたものの、大幅に制限された。

英祖四年六月二八日、謝恩使副使鄭錫三は「使行の時、商訳は通例として銀貨を持参し、売買をして戻るのだが、以前は使行が帰国する時、商訳輩の荷物も同時に出柵した。清国人の雇車が（荷物を）柵門まで運ぶと、我国の商訳人が受け取って駄運していた。甲戌年間（一六九四）より使節が帰国を急ぐあまり先に出国し、荷物は遅れて出柵するようになった。そこで訳官輩は復命後、再度義州に赴き荷物の到着を待つようになったが、その弊害は多く、延卜と称して人馬を無数に送り込み、銀貨を持ち出して柵門外で売買し、義州府尹も税収入を利として黙認するので、百弊が倶に生じた。しかし柵門では物貨が四集し、商訳輩の銀貨は少なく清国人の物貨は多いので、柵門外で取引し、七万両の銀債も実際には延卜売買の弊によるものである。今回使行の帰国に際し、商賈の再入柵と延卜売買をさせない旨、鳳凰城城将より訳輩に明言が下された。……今後は使行の帰国時、商訳輩の荷物は各自運搬を促し、これらを期日までに柵門に運ばせ、もし荷物が遅れたならば、使行はたとえ柵門出発が遅れても必ず荷物が皆到着するのを待って引率出柵し、商訳輩が延卜受け取りのために再度柵門に入ることのないようにすれば、延卜の弊は除かれ、辺防の禁は厳しくなるだろう」と上啓し、柵門後市の禁止を奏請して裁可された[17]。続いて翌五年四月二二日、帰国した冬至使上使尹淳は「潜商負債の弊害は専ら方物・歳幣の人馬が瀋陽に到着・回還する際の恣意的売買による。しかし送り込まれた団練使は江辺の僉使や万戸の類に過ぎず、土地は僅かで人は少ないため、取り締まることができない」と述べ、運搬を監督し潜商を予防するために差遣されていた団練使が機能不全に陥っているため、これを廃止し、代わりに平安都事を派遣して刷馬人夫を引率させるべしと提案し、英祖も賛同した[18]。延卜は商訳輩の意図的行為であり、これを取り締まる団練使も彼らに丸め込まれていたため、平安都事が卜物運搬を指揮するよう改められたのである。同年六月三〇日、左議政李台佐は昨年の柵門後市禁止により売買が途絶したと報告した上で、今次の謝恩使に随行する訳官に対し、潜商を阻止すれば論功行賞し、失察すれば厳罰に処すべしと上啓した[19]。また閏七月一〇日、右議政李㙫は団練使の刷馬を廃止し清国の車戸を雇用したことで潜商が減少したと上啓しており[20]、政府は①柵門後市の禁止、②瀋陽—柵門間での団練使貿易（団練使後市）の禁止、③訳官に対する信賞必罰の三施策により清債事件の再発防止を企図したのである。加えて八月一日には都承旨趙顕命が、団練使貿易の禁止により潜商の拠点が中江開市に移転することを懸念し、平安道観察使や義州府尹に取り締まりの強化を要請して、裁可された[21]。

一方、京商や湾商の不良債権処理は容易には進まなかった。英祖四年二月、領議政李光佐は「償債庁は西路（平安道・黄海道）より始まり朝廷に達するに至ったが虧損が大きい」として、その釐正を訴えた[22]。白絲貿易に資金援助することで商訳の債務償還を促進しようとする当初の政策は暗礁に乗り上げていたのである。同年八月には備辺司が、清債を負って捕らえられた者は三回刑推（拷問）を加えて極辺へ定配（流刑）するよう王命が下されており、債務不履行に陥った者はその通り処置すべきであるが、手標を持つ者は刑推を免除し、返済が一定基準に達した者は刑推二回を減じ、返済中で未だ規準に達しない者は刑推一回を減じ、当人が死んで子孫や一族が捕らえられた者は直ちに釈放するなど、負債の状況に応じて量刑を加減するよう進言している[23]。では手標とは何のことであろうか。手標を持つ者は債務不履行者とは対照的に最も軽い刑に処せられている。従ってここで言う手標とは、債務に匹敵する価値を有する物、恐らくは清国商人の手形であろうと類推される。

清債事件では胡嘉佩ら清国商人が朝鮮商人に掛け売りをし、多額の不良債権を抱えていたことが問題とされた。従って本来なら債務者である朝鮮商人が債権者である清国商人に手形を振り出すはずである。朝鮮商人が清国商人の手形を持っていたとすれば、それは密かに持ち出され、清国の両替商に売られた銀貨に対して振り出された手形しか考えられない。具体例を挙げよう。英祖五年一二月、領議政洪致中は、今次の謝恩使が清へ入国する際、訳官金文慶が腰帯に天銀二九二両を、鞍韉（くらと下くら）に天銀二九四両を隠し、韓斗綱も腰帯に天銀九四両・丁銀一五両を隠していたことが発覚し、調査の結果八包外の銀であったことが判明したため、潜商律に従い国境で処刑された[24]。また六年一〇月、謝恩兼冬至使副使尹游は、柵門外では銀貨不法所持の摘発が十分でないと訴え、英祖は義州の人は胥吏を心底から憎悪しているので、府尹単独でなく書状官と府尹が共同で検査を行えと命じている[25]。これらの史料から清債事件以後も銀貨の密輸出が続いていたこと、その主体が通訳官や「義州の人」であったことが分かる。尹游が「湾商」ではなく敢えて「義州の人」という表現を選んだのは、彼らの多くが義州―柵門間を往復する卜駄運搬業者であったからであろう。

清債事件以前は八包以外の不法な銀持ち出しが盛んであったが、それはひとえに義州府での卜駄検査が手緩かった所以であった。通訳官は役人風を吹かせて身体検査を免れていたであろうし、卜駄運搬業者は胥吏に多額の袖の下を渡していたのであろう。胥吏に対する彼らの怨みが骨髄まで達していたのは黙認の代価として高額な賄賂を要求されていたためだと思われる。注目すべきは、清国で違法取引を行う湾商と銀貨の運び屋である通訳官・卜駄運搬業者との間で役割分担がなされていたことである。運び屋は銀を清国商人に売って手形を買い入れ、義州に戻って湾商に売る。湾商は危険な現銀を身に纏うことなく、紙片である手形を隠し持って検問をくぐり抜け、柵門や瀋陽で現銀に換えて唐貨を仕入れていたのであろう。

手標が清国商人の振り出した手形であると明記した史料は見当たらないが、当時の状況から考えると最も妥当な解釈であろうと思われる。これまでの研究では使行貿易に紛れ込んだ商人が密貿易を行っていたものと考えられてきた。しかし義州府の役人に顔を知られた湾商が鴨緑江の検問をすり抜けることは容易ではなかったであろうし、また商売に不慣れな通訳官や卜駄運搬業者が清国商人を相手に直接取引を行っていたとも考え難い。銀輸送と密貿易の実行者は分離しており、両者を繋ぐのが手標であったと捉えるべきである。そして朝鮮政府も清債事件の後始末に際し、手標という清国商人の債権を持っている負債者には処罰を緩和したのである。ただし手標は潜商の手段である以上、その所持は紛れもなく潜商罪あるいは潜商準備罪に相当する。この問題が表面化したのが英祖六年に発覚した金楚瑞事件であった。

二　金楚瑞事件と手標取引

金楚瑞事件についてはその全貌を記した史料がなく、ただ英祖六年一二月下旬、朝廷で彼の量刑を議論した経緯が『備辺司謄録』や『承政院日記』に記されているだけである。そこで廷議での発言が詳細に記録されている『承政院日記』を通してこの事件を読み解いてみよう。

『承政院日記』第七一六冊、英祖六年一二月二〇日の条によると、まず右議政趙文命が平安道観察使からの状啓として、義州金楚瑞の手標事件は先頃梟示（晒し首）の判決が下されたが、彼は自己の幼名がたまたま松都の人と同じであったため手標を受け取ったとして無罪を主張していること、また無断で越境したのではないことを報告した。英祖が時の府尹を誰何したのに対し、趙文命は洪廷相であると答え、当時の人々は皆手標を受け取ることを常例としており、辺境監視の任に在りながら予防できなかったのは甚大なる過失だとした上で、この件は禁令以前の出来事であり、なおかつたった数十両の銀子で処刑するのは甚だ公正を欠いていると評した。これに対して英祖は「江辺七邑・北道六鎮の民は清国人と挨拶を交わすほど親しくしており、彼我の国家が異なることを意識していない。ゆえに互いの家を訪ねては手標を遣り取りするのである。これは辺禁が弛緩しているゆえに他ならない。ましてや清債の事は何度も申飭を下しており、このような違法行為を厳しく罰しないなら、必ず彼らの中から禁令緩和の訴えが出てくるであろう。既に梟示を命じたからには、最初の教旨に従いこの者を殺し、時の府尹を逮捕せよ」と反論した。

続いて都承旨朴文秀と趙文命との間で禁令前の行為を処罰することの是非について議論が交わされるが、英祖は「前の者が受け取ったのは清国人が債務を負う手標であったが、この男（金楚瑞）が受け取ったのは張三李四の間で区別がなされた手標であった。どうして痛禁すべきでないと言えようか」として、極刑が妥当だという主張を取り下げなかった。議論はその後も延々と続けられ、結局この日は決着を見なかったが、諸臣の意見は皆、辺禁の重要性を認めつつも法の不遡及という観点から梟示には批判的であった。とは言え、彼らは人命尊重や法の公平性という観点から金楚瑞の処刑に反対したのではなかった。趙文命が「梟示の命が下されて以降、両西人は冤罪を唱えており、当初の清債も本来彼が犯したものではない」と述べているように、彼らは義州の輿論に相当気を配っていたのである。一方英祖は「江辺七邑・北関六鎮の人は清国人を父母のように慕い、我が国を楚・越（春秋戦国時代の辺境諸国）のように見下している。清国人が万一侵攻して来たら必ず皆髪を剃って出迎えるだろう」と述べ、清国との密貿易で潤う辺境の人民に露骨な敵意を抱いていた。

二〇日の議論は量刑に重点が置かれたため事件の内容は不明であったが、翌二一日の条より問題の本質が次第に明らかにされ始める。まず侍読官尹彙貞が「この輩が清国人と通じ合い密かに手標を受け取るのは既に悪習となっており、清債を徴収する時、手標で以て支払う者もまた多かった。楚瑞はこれを常例と見なして義州府に提出し、義州府も平安監営・備辺司もこれを認めた。手標中に所謂金而尚とある者を楚瑞と対辨（本人確認）したのは義州府と監営・備辺司であり、皆手標が死罪だとは自覚していなかった。手標の禁を申厳したのは戊申（英祖四年）一〇月であり、楚瑞が手標を受け取ったのは同年三月であるから、楚瑞は禁令を知らなかった」として、処刑の再考を求めた。前節で明らかにした通り、朝鮮政府は清債を負った者に弁済を求めており、手標で支払うことも容認されていた。前日趙文命らが配慮したのは、金楚瑞を梟示することで彼らが返済を躊躇し、結果として国庫が毀損することであった。清債事件は雍正帝の配慮で大部分が帳消しにされたが、その根回しには莫大な賄賂が清朝の官僚や胥吏に贈られたはずであり、英祖が中朝間の密貿易に携わる辺境の商人を朝鮮王朝に対する裏切り者のように認識していたのも無理はない。しかし金楚瑞が手標を受け取ったのは手標禁止令以前のことであり、手標での清債返済は認められていたのであるから、彼は断じて売国奴とは言えないのである。

にもかかわらず英祖が極刑に固執したのは、彼の提出した手形が金而尚名義だったからである。英祖が問題としたのはその手形が「張三李四間区別」の手形すなわち一覧払い手形ではなく受取人指定の手形であったこと、加えて受取人名義が異なっていたことである。朝鮮人の運び屋が密かに持ち出した銀貨を両替商に売る時、彼らは一覧払い手形を選択していたものと思われる。けだし当時の両替商は当人の容貌や保証人の認証で名義人と同一人物であることを確認しており、運び屋以外の者が受取人指定手形を換金することは困難であったからである。湾商本人が銀を持ち出して唐貨を仕入れていたのであれば現銀で取引するはずであり、受取人指定手形が出てきたということは取りも直さず密貿易に携わる湾商の身元保証人が清国側にいるということに他ならない。自由な往来ができない両国間で一介の私人に信用を供与することは非常に親密な関係が構築されていることの証左であり、英祖が辺境の商人を夷狄と内通する逆賊と見なしたのもそのせいであろう。

ただ諸臣が指摘するように、手標による清債の返済自体は容認されていた。そこで英祖は名義が異なっている点を槍玉に上げた。すなわち国王は、

戊申年の辱国のことを廷臣らは皆忘れたのだな。この輩が私的に清債を背負い、毎度国家を辱めることにどうして心を痛めないのか。他の者の手標は受来償債の標（資金の預かり証）に過ぎないが、この男は張三李四の間を区別しようとした。事が発覚した後、清国人の手標を受領しようと図り、以て弁明の計略としたのは、既に悪知恵の極みである。また同名の故を以て己の罪を他人に押し付けたことは、最も痛憤すべきである。

と言い[26]、彼が受取人指定手形を用いたばかりか、受取人を別人に仕立てて罪を逃れようとしたと断罪した。これに応えて吏曹判書宋寅明も、

当初清国人の債権帳簿には義州金而尚として記録されていた。しかし義州には而尚の名を持つ者がおらず、金楚瑞の幼名が而尚であったので、故に義州府より債銀を徴収した。楚瑞は返納のあてがなく、朝廷が負債者を流刑にした後、楚瑞は流刑を免れようとし、使行が清国人の手標を得ようと図っていたため、負債者は松都の

金而尚であって義州人の金楚瑞ではないとして、義州府に納付した。また義州人で使行より戻った者が証言したので、義州府は巡察使に報告し、巡察使から開城府に公文書を送って金而尚を押送させようとしたが、開城府は身柄を押送しなかったので、平安監司が備辺司に報告し、備辺司が開城府に押送を命じたのである。

と述べ(27)、起訴事実を認めている。

金楚瑞が実際に清債事件の負債者であったか否かを確認できる史料は残されていないが、胡嘉佩ら攬頭の帳簿には義州の金而尚に掛け売りしたと記載されており、朝鮮政府はこれを金楚瑞と同定して債務の返済を迫った。しかし金楚瑞には資金がなく、流刑も免れたいがため、たまたま燕行使が清国の手形を求めており、その中に松商金而尚なる者がいたため、金而尚名義の手形を差し出した。義州府は平安監兵営を通して開城留守に金而尚の召喚を依頼したが開城側が応じなかったため、備辺司を通して召喚させた。その結末は不明でり、宋寅明も金楚瑞の無実を主張してはおらず、法の不遡及という観点から減刑を訴えているに過ぎない。ただ仮に債務者が義州の金楚瑞ではなく松都の金而尚であったとしても、金而尚名義の手形を金楚瑞が所持しているのは不自然であり、自分の幼名が記されたため他人名義の手形を受け取ったことについては合理的説明が付かない。英祖はこの曖昧さを突いたのである。

状況証拠を勘案すると、金楚瑞は幼名である金而尚の名義で清国商人より債務を負い、金而尚と名乗って潜商活動を行う密貿易商であった可能性が高い。しかし廷臣らは口を揃えて彼の減刑を主張した。その理由として湾商と清国商人との間で手標による潜商が半ば常態化していたこと、そして使節や訳官および随行商人らも潜商に一枚嚙んでいたことが想定される。彼は自分の幼名が松商金而尚と同一であり、燕行使が清国人の手標を欲しがっていることを知って奸計を巡らせたとされる。使行を通した官民協同の潜商と一匹狼である金楚瑞の潜商とは違法性において同罪であり、廷臣らはこの事件が燕行使による銀貨密輸出問題に発展し、柵門後市の取り締まり強化を招来しかねないと危惧して、議論の流れを量刑の妥当性に誘導したものと思われる。結局英祖七年正月一〇日、左議政李堠が諸臣を代表して減刑を嘆願し、英祖も二度の刑推を加えた後無期限の流刑に処すよう命じたことで、一件落着した(28)。

その後手標に関する事件は史料から姿を消す。ただ英祖四八年（一七七二）には副修撰李宅鎮が「潜商の弊害は誠に難題である。四千両であっても三千両を債券化し、また清国の手記を受けるので、どうやってこれを察知すべきか」と述べているように(29)、手標・手記と称される手形を媒介した清国との密貿易は水面下で継続されていたものと見られる。正祖一六年（一七九二）一一月には行吏曹判書徐有隣が、前年の冬至使において帽子廛の商人が帽子七五隻（一隻＝一〇〇〇箇）の価銀三八六二両を手標で受け取ってこれを卜駄運搬業者に支払ったことが備辺司を通して義州府に通知されたと報告しており(30)、一八世紀中盤に倭銀輸入が途絶したことに伴い、中朝貿易では現銀取引に代わって手標取引の割合が増大していたとも考えられる。政府も建前と現実との乖離をこれ以上放置できなくなり、英祖二八年（一七五二）に柵門後市を公認したのである(31)。

おわりに

近世朝鮮は清帝国に対し朝貢貿易を行っていた。その中には両国間の贈答品授受や朝鮮政府の官需品調達といった官営貿易の他、使節や通訳官による私貿易も含まれていた。ただ彼らが持ち出せる銀の上限は八包制度により規制されていた。私貿易は官員の実質的給与として、また対清工作費である公用銀の資金源として必要不可欠なものであったが、彼らは利益の極大化を企図すべく、清国商人との延べ取引や密貿易を行っていた。これに加えて勅使への贈答銀を調達しなければならない平安監兵営・黄海監営・義州府・開城府などの官衙や卜駄輸送を管理する団練使も「瀋陽八包」という名称を設けて、半ば合法的に銀を持ち出していた。更に北京から帰国する使節に遅れて柵門に到着する延卜を受け取りに義州―柵門間を往復する卜駄運搬業者が柵門にて銀を密売していた。これら私貿易からは逸脱するが慣例化した密貿易は団練使後市や柵門後市などと呼ばれた。後市は私貿易と密貿易との間の言わばグレーゾーンに位置するため、時の朝廷の意向次第で厳禁されたり黙認・公認されたりした。

英祖三年に清債事件が勃発すると、政府は柵門後市を厳しく取り締まり、また債務を負った商人に返済を命じた。ただし政府は手標での返済も許したので、債務者の一人であった金楚瑞は受取人指定の手標を義州府に差し出したが、義州府尹はこれを潜商の証拠と見なし、潜商律に則り処刑しようとした。英祖は彼を国境で梟示するよう主張したが、廷臣らはこぞって反対したため、結局彼は負債の罪のみで裁かれた。金楚瑞以外の商人が差し出した手標は一覧払い手形であったものと見られるが、金楚瑞が差し出したような受取人指定手形が一部で用いられていたことから、清国にも朝鮮商人に振り出された手形を認証する保証人がいたと考えられる。延べ取引や手標の出現はとりもなおさず両国の商人間において信用取引が相当頻繁に行われていたことの証左である。

なお一八世紀後半には開城商人が「換」「於音」などと呼ばれる手形を使用し、納税手段としても認められていたことが残された簿記冊より確認されているが[32]、官撰史料には景宗四年（一七二四）に武科挙における替え玉受験で監督官への賄賂として銭手標が使用された事件や正祖一八年に全州の胥吏が糧餉庁の屯税銭八〇〇両と戸曹の巫匠税銭一二一両を換銭手標で受け取った事件などが散見される程度で[33]、手標取引の全体像を把握することは困難である。ここでは中朝貿易で使用された清国商人の手標は、倭館貿易で私貿易決済に流用された東萊府使の手標と同様、バーターを原則とする当時の対外貿易における例外的・非正規的手段であったと述べるにとどめたい。

註

（1）長正統「路浮税考――粛宗朝癸亥約条の一考察――」『朝鮮学報』五八輯、一九七一年。
（2）張存武『清韓宗藩貿易：一六三七～一八九四』中央研究院近代史研究所、一九七八年、寺内威太郎「柵門後市管見――初期の実態を中心に――」『駿台史学』八五号、一九九二年、同「柵門後市と湾商」『清朝と東アジア』山川出版社、一九九二年、同「団練使小考――李氏朝鮮の貢物輸送をめぐって――」『駿台史学』八六号、一九九二年、金鍾円「朝鮮後期 対清貿易에 대한 一考察――潜商의 貿易活動을 中心으로――」『震檀学報』四三輯、一九七七年。

（3）事件の概要については前註（2）寺内「柵門後市管見」三二一―三三頁を参照。
（4）畑地正憲「清代の輸送業者『攬頭』について――李朝朝貢団の貨物輸送をめぐって――」山口大学『文学会誌』三八号、一九八八年。
（5）『承政院日記』第六〇一冊、英祖元年九月二二日。
（6）同右、第六〇二冊、英祖元年一〇月二日。
（7）同右、第六〇四冊、英祖元年一一月五日。
（8）同右、第六三四冊、英祖三年三月二六日
［左議政洪］致中曰。……此輩負債之数。将至七万両。雖以即今国儲見［現］存者言之。不足以当此数矣。況可得一一徴出於渠輩乎。其所謂王京人。即指京中人也。其余則多是湾上人也。
（9）同右
［領府事閔］鎮遠曰。瀋陽・柵門交易之弊。自数十年来始有之。其所交易者。不可青布・唐絲等物。而彼中物貨有余。我国商賈輩価銀。則常患不足。故或有約価後。先為取来。而不為還償。以致今日無限之弊矣。……曾聞訳官輩所伝。則我国商賈輩。与彼人交易之際。例多変幻姓名。或以小字言之。或以他名言之云。若然則今此所録負債人姓名。必多仮虚。雖欲徴出。恐難摘発。此事実為難処矣。
（10）同右、第六四七冊、英祖三年一〇月六日。
（11）同右、第六四八冊、英祖三年一〇月二四日・二九日。なお、同右、第五三四冊、景宗元年一〇月二日の条によると、戸曹判書閔鎮遠は使節団の卜物遅滞が半年に及ぶと上啓している。
（12）同右、第六四九冊、英祖三年一一月四日。
（13）同右、第五六〇冊、景宗三年一一月二日の条によると、右議政李光佐は前年（一七二二）より勅行銀確保のため義州の瀋陽八包が八窠に、団練使の瀋陽八包が三窠に拡大されたが、これらは過剰であるとして、義州を六窠、団練使を二窠とするよう上啓し、裁可されたとあり、この記事が「瀋陽八包」の初出である。
（14）同右、第六四九冊、英祖三年一一月一一日。
（15）同右、第六四九冊、英祖三年一一月一四日。なお『通文館志』巻三、事大上、開市に
而至於歳幣・方物交付後。回来人馬。則另差団練使。禁緝奸濫。其後団練使。反為商賈之将領。落留累日。尽情買売。順載於回馬以帰。是則名之曰団練使後市。

とあるように、団練使の本来の目的は人馬帰還に際して潜商を取り締まることであった。
（16）『承政院日記』第六五〇冊、英祖三年一一月一九日。なお窠とは官缺（ポスト）の意であり、ここでは包窠すなわち八包の権利

を指している。従って一窠は使節一人分の持参銀二千両に相当すると解釈される。

(17) 同右、第六六四冊、英祖四年六月二八日。
(18) 同右、第六八三冊、英祖五年四月二二日。
(19) 同右、第六八七冊、英祖五年六月三〇日。
(20) 同右、第六八九冊、英祖五年閏七月一〇日。
(21) 同右、第六九一冊、英祖五年八月一日。
(22) 同右、第六五六冊、英祖四年二月二〇日。
(23) 同右、第六六九冊、英祖四年八月一九日
又以備辺司言啓曰。負清債在囚者。並厳刑三次後。極辺定配事。命下矣。其中債物。終不還報者。尤為無状。而既已貸死。則三次刑推。極辺定配之外。無以加之。其中備納者与不納者同律。亦非区別之道。今番還報於本処。有手標者。除刑推只定配。準納者刑推。減二次納。而未準者。刑推減一次。身死而子孫族属囚禁者。直為放送。似為合宜。以此分付。何如。伝曰。允。
(24) 同右、第六九八冊、英祖五年一二月一〇日。ただし『備辺司謄録』第八六冊、英祖五年一二月一二日の条によると、金文慶は腰帯に天銀二九七両、鞍韉に天銀九四両を隠匿していたと記されている。
(25) 『備辺司謄録』第八八冊、英祖六年一〇月六日。
(26) 『承政院日記』第七一六冊、英祖六年一二月二一日
戊申辱国之事。朝臣皆忘之矣。此輩私出清債。而毎毎辱及於国家。寧不痛心乎。他人手標。則不過受来償債之標。而此漢則欲辨張三李四之間。事覚之後。図受彼人之手標。以為発明之計者。已極巧詐。又以同名之故。推諉渠罪於他人之状。尤為絶痛。
(27) 同右
当初清人債帳。以義州金而尚懸録。而義州無而尚名。金楚瑞児名而尚。故自本府徴捧債銀。楚瑞無辞備納。及朝家発配負債人之後。楚瑞図免罪配。因使行図得清人手標。以為負債者乃松都金而尚。而非義州人楚瑞。納于本府。且以湾人自使行来者為証。本府報巡営。自巡営移文松都。使之捉送而尚。而松都不為起送。箕営又報備局。備局令松都捉送事。
(28) 同右、第七一七冊、英祖七年正月一〇日。
(29) 同右、第一三二八冊、英祖四八年五月一七日。
(30) 同右、第一七一一冊、正祖一六年一一月二〇日。
(31) 前註（2）寺内「柵門後市と湾商」三八四頁。
(32) 李憲昶著（須川英徳・六反田豊訳）『韓国経済通史』法政大学出版局、二〇〇四年、一三二―一三三頁。
(33) 『承政院日記』第五七二冊、景宗四年八月一三日、同右、第一七三二冊、正祖一八年七月一三日。

終章　近世東アジアにおける朝鮮経済の位置付け

朝鮮半島は三方を海に面しているが、日本海流の支流である対馬海流の影響を受けるのは南三道にとどまり、半島北部ほど大陸性気候により近くなる。従って全羅道や忠清道は古来より穀倉地帯として名を馳せているが、逆に平安道や咸鏡道は概して農業に不向きな辺境地帯であった。反面、北辺は大陸からの侵略を受けやすく、歴代王朝は当地を戦略上の要衝と位置付けていた。

朝鮮王朝は建国当初より中国との国境を鴨緑江と豆満江を結ぶ線上に敷いていた。しかしこの一帯には女真族が多数居住しており、更にその西には朱元璋によって中国から駆逐されたモンゴル族が余勢を保っていた。そこで朝鮮は太祖李成桂以来、対外政策として明への事大を選択し、明帝国の傘下に入ることで女真族やモンゴル族の脅威を牽制した。一方、国境の内側に居住する女真族については、世宗が咸鏡道北関に慶源・会寧・慶興・鍾城・穏城・富寧六鎮を、平安道東部に閭延・茂昌・虞芮・慈城四郡を設置して防衛拠点とし、女真族の帰化と南三道から両界への富戸の徙民を推進して、北辺の内地化を図った。北関六鎮は維持されたが、鴨緑江沿いの四郡は世宗没後ほどなくして廃止され、一九世紀に復設されるまで永らく廃四郡と呼ばれた。

朝貢（宗藩）関係とは外交上朝鮮国王が明朝皇帝に臣従することであり、朝鮮が中国を中心とする礼的秩序に組み込まれることを意味している。従って朱子学を国教とした朝鮮では、朝貢関係が国王の権威を毀損することはなかった。明への進貢や勅使の接待には少なからぬ経費が掛かったが、独自に強大な防衛力を構築するよりはるかに安上がりで現実的な安全保障政策であった。

ところが一六世紀末にヌルハチが女真族の統合を開始し、一七世紀前期に後金、次いで清が建国されると事態は一変する。丁卯・丙子胡乱の敗戦により朝鮮は明との関係を断ち切られ、清への事大を強制された。華夷変態すなわち礼的秩序の下では蕃夷に位置付けられていた女真族国家への朝貢は、王権を揺るがす深刻な問題であった。従って後期朝鮮王朝の宿願は華夷変態状況の克服であった。ただし彼我の軍事力の圧倒的格差を考量すると、北伐より先に清の再侵攻に備えることが喫緊の課題であった。

朝鮮が清帝国に対し恐怖と侮蔑を覚え、心中で明帝国の復活を望んでいることは、清朝側も察知していたであろう。康熙帝や雍正帝は自ら高い儒教的教養を身に付け、中華世界の新たな主として君臨する一方、朝鮮に対しては常に警戒の目を向け続けてきた。彼らが恐れたのは朝鮮政府による軍事侵攻ではなく、満洲族が大挙して山海関内に遷移し、防備が手薄になった東三省東部の国境地帯で、朝鮮人による人蔘資源の越境偸採活動が盛行することであった。順治帝から雍正帝の時期に清と朝鮮との国境は非常に緊張していたが、清朝が人蔘偸採を警戒し、朝鮮が再侵攻を警戒するというように、相互不信の対象はずれていた。それを象徴するのが莽牛哨設汛問題である。清朝は自国民による自国資源の偸採を取り締まるため、鴨緑江河口の清国領に水上警備拠点を設置しようとしただけであるが、朝鮮はこれを退柵の前触れと疑い、強く反対した。おかげで馬尚船偸採集団の活動は止まず、彼らが人蔘を採り尽くしたことで設汛問題は終息した。一方朝鮮政府は自国領の人蔘にも無頓着で、資源保護より倭銀確保を優先し、江界府より天然人蔘を収奪し続けた。その影響は廃四郡にも及び、奇しくも乾隆期には清国側でも朝鮮側でも人蔘資源が枯渇したのである。

世宗の没後、両界では積極的な徙民は実施されなかったものの、両界からの逃亡者に対する刷還は継続された。朝鮮後期になると彼らの中から新興富豪層が勃興し、南三道からの流民や漢城から誘拐された私奴婢・良民を収養して大規模経営を行うようになったようである。こうして両界でも士大夫層が形成されるようになるが、彼らが官途に就く道は他道の士大夫層より更に狭められていた。また両界の農業生産力は相対的に低く、自然災害に脆い体質を克服していなかったため、一九世紀に入り王朝の賑恤政策が滞ると、南部へ逃げることのできない被災者は山間部に入り火田民となった。彼らの中には鴨緑江を渡って清国で小作人や農業労働者となる者もいた。

総じて平安道や咸鏡道では国初より一貫して軍事優先的な政策が実施され続けたが、朝鮮後期になると新たに生起した人蔘資源問題を除いて軍事化はむしろ後退した。その理由は壬辰倭乱で見せつけられた明軍の優れた後方支援制度にあった。富民を強制移住させ、辺地を開墾させても、厳しい自然環境を克服する農業技術は容易に確立しない。従って非常時における兵餉を両界の農民に頼ることはほとんど期待できない。むしろ要衝の地に銀や銭を備蓄し、戦時には貨幣を用いて新興富豪層などより兵餉を購入する方が効果的である。そこで仁祖末期より平安道や黄海道などで銅銭の流通が試みられるようになる。これらは成功を収めなかったが、粛宗四年、政府は常平通宝を鋳造し、本格的な銭の普及と銭による銀の収買に着手した。粛宗初の鋳銭は軍事優先で実施されたため、粛宗後期から英祖前期には政治的理由により停止されたが、銭を受け入れた市場では激しい銭荒が起き、英祖中期より鋳銭は再開された。

倭乱終息後、明朝は勅使を通して銀の回収を企図したが、朝鮮では倭銀を輸入することで国内の銀不足を補塡し、併せて漢城や各地の軍事的要衝で積極的に銀備蓄を推進した。朝鮮では銀の吹錬技術が低かったため、当時最も信用を得た銀は徳川幕府が鋳造した品位八〇％の丁銀であった。民間における銀使用の実態は史料がないためよく分からないが、戸曹では銀の品位に基づき天地玄黄法や成数表示法で区別していた。これとは別に品位八〇％の倭銀である慶長銀・人蔘代往古銀・正徳享保銀を丁銀と総称し、品位六四％（朝鮮政府は六三％と認識）の倭銀である元禄銀（元銀）や国内で産出され名目上純銀と見なされた礦銀と弁別することもあった。市場では丁銀が広く使用され、元銀や礦銀は政府備蓄に回された。

ところが一八世紀初頭より状況は次第に変化する。まず国内の人蔘資源の枯渇と徳川幕府の銀輸出制限政策により倭銀の輸入は漸減し、世紀半ばに杜絶した。これは対日貿易自体が縮小したことを意味する。しかし対清貿易である使行貿易は衰えず、朝鮮は輸入した高級絹織物の滞貨と国内備蓄銀の減少という難題に直面した。そこで政府は応急措置として国産銀である礦銀を使行貿易への貸付金に充てたが、銀鉱の新規開発には消極的であった。時代は乾隆の盛世に至り、清帝国の軍事的脅威は遠のいたからである。更に一九世紀になると紅蔘の対清輸出により、銀の必要性自体が低下した。一方、常平通宝は恒常的に鋳造されず、漢城では常に銭荒が起きていたが、政府は北方の備蓄銭を南送してこの事態に対処した。ここでも対清脅威の低下が見られる。銀の流出と英祖中期以降の持続的銭鋳造により一九世紀半ばには銭がほぼ唯一の貨幣となった。

以上のように、後期朝鮮経済はその上層部分において極めて軍事偏倚的性格を帯びていた。特に両界では下層部分においても軍事的側面が色濃く残っていた。ところが最初は兵餉として確保された銀や銅銭は、下層部分における商業化と対清緊張緩和に伴い、民間の商品流通にも盛んに使用されるようになった。清帝国の脅威が低下するにつれ、上層部分の軍事偏倚性は薄れてゆき、やがて消滅した。

一六世紀末から一七世紀前期にかけて朝鮮は倭乱と胡乱という二度の国難に瀕し、清帝国への臣従を強制されたが、その後政府は軍備強化と並行して事大・交隣外交による対外的脅威の予防に努めた。やがて中国・朝鮮・日本の三国は使行貿易と倭館貿易を通して経済的結び付きを深めた。これらはいずれも政府や藩による求償貿易であったが、私貿易の拡大に伴い被執取引（延べ払い）や手標取引（手形決済）も発生し、部分的ながら信用創造が見られた。ただし対清・対日貿易は朝貢貿易およびその擬制であり、被執や手標の出現により求償貿易構造の一角が崩されたことは評価できるが、本格的な為替決済制度には発展しなかった。

一方、国内では常平通宝の普及に伴い徴税制度が現物納税から現物・銅銭混合納税へと移行し、一九世紀には麤布の貨幣としての機能は消滅した。また一八世紀中盤に日本銀の流入が杜絶したことにより、朝鮮国内で通行する銀貨は丁銀から国産の礦銀へと移行するが、礦銀は名目上十成天銀とされながら品位が安定せず、また鉛の意図的混入も跡を絶たなかったため、結果的に基軸通貨としての銀の信用性を徐々に低下させ、市場における銅銭選好性を高めた。英祖中期以降における銅銭の大量鋳造、丁銀の地位低下と礦銀の擡頭、そして麤布の非貨幣化はともに上層部分と下層部分の接近・一体化を指向している。一九世紀になると紅蔘の対清輸出により中国銀が朝鮮に逆流するようになったが、朝鮮はその銀を日本に輸出し、生銅を輸入して銅銭の追加鋳造に充てた。宮嶋博史が想定したような東アジア銀経済圏から隔絶され「世界システム」から孤立した朝鮮経済は一九世紀以降ようやくその姿を現したのである。

経済構造の基層に位置する農業生産や手工業商品生産の実態が史料の欠乏により未解明である以上、上層部分の跛行性から後期朝鮮経済の歴史的性格を規定することは限界がある。しかし仮に手工業先進国である中国と鉱産資源大国である日本とが専ら海路を通して貿易を行っていたなら、自給自足的性格の強い朝鮮社会は貨幣経済から取り残され、北辺の開発も進まなかったであろう。現物貨幣に慣れ親しんだ朝鮮経済に常平通宝を流通させたのは、市場の要求ではなく国王粛宗の強い意志であり、それゆえ英祖初期には銭経済からの撤退も志向されたが、紆余曲折を経て一九世紀の銭遣い体制へと帰着した。銀を確保し対清外交・防衛に充てねばならなかったことが結果的に代替貨幣である銭の必要性を惹起させ、銭の普及が将棋倒しのように現物貨幣、特にその底辺部分である麤布を市場から駆逐したのである。

これを図式的に表現すれば次のようになるだろう。一七世紀前期の朝鮮には衙門・軍門および富裕層が所持する銀によって動かされる政府経済と現物貨幣に慣れ親しんだ庶民経済が分立していた。しかし一七世紀後期以降、銀が兵餉から国際貿易に引き揚げられることで政府経済は下降し、貨幣は銀から銭に置き換えられる。また農産物の商品化などで庶民経済は上昇し、麤布を駆逐する一方、流動性の不足は政府経済から滲出した銭で補われる。両者の距離が縮小するにつれ、銭が共通の通貨として信認され、銀は中継貿易の不振で国内市場から姿を消し、一九世紀前半には銭遣い体制へと収斂される。

近代史から見ると、銭本位制の朝鮮は銀本位制の中国や金銀並行本位制の日本より工業化にとって不利な立場にあったと言える。西欧諸国への輸出品である生糸や茶の商品生産に欠いていたことも外貨獲得を困難にした。しかし朝鮮は銀と同じく銅も日本からの輸入に大きく依存しており、その対価の一部を中国への紅蔘輸出で賄っていたのである。人蔘は結果的に洋薬には対抗できなかったが、一九世紀前中期にあっては清帝国から東アジアの国際通貨である銀を少量ではあれ輸入し得るまでの力量を有していた。中継貿易が消滅しても朝鮮は自力で貨幣経済を維持することができるまで成長していたのである。

一国史的な発展段階論に依拠すると、後期朝鮮は現物貨幣から銭遣い制へと移行した時代だと規定せざるを得ない。これはせいぜい中世日本や宋代中国の水準に過ぎない。しかし一七・一八世紀の朝鮮は銀遣いの時代でもあり、銀を通した国際貿易が活発であったことも看過できない。銀遣いが定着しなかったのは製錬技術や鑑定能力の低位性によるものではなく、朝鮮市場が銀を捨てて銭を選択したからである。絹織物の輸入代替生産がほとんど試みられなかったのもまた手工業の停滞性によるものではなく、朝鮮社会が輸入依存からの脱却を志向しなかったからである。選択の方向性は「貨権在上」のようなイデオロギーではなく、恐らく朝鮮を取り巻く国際的要因によって規定されたものと推察されるが、本書では究明するには至らなかった。残された課題となるであろう。

あとがき

私が朝鮮史に関心を寄せたのは前著『環渤海交易圏の形成と変容――清末民国期華北・東北の市場構造』（東方書店、二〇〇九年）で得られた諸方式を鴨緑江流域に当てはめようとしたことを出発点とする。その試みは結局水泡に帰したが、私は自分の方程式が朝鮮史で通用しない、つまり中国と朝鮮とでは経済構造が大きく異なっていることにかえって興味を抱き、中国との相違点を軸に研究を進めてきた。その集大成が本書である。

周知のように朝鮮は朱子学を国教とし、明朝に倣った政治体制を構築し、漢文で記録を残しているが、身分における良賤制や財政における貢納制など、中国社会では止揚された中世的制度が国内に鞏固に残存し、それが外来の中国的近世と奇妙に融合している。朝鮮史では当たり前と見なされるこれらの諸事象が明清史研究者の私にはとても不思議で新鮮に見えた。歴代朝鮮国王や政丞判事らは平均的な中国人士大夫よりはるかに熱心に経書や漢詩を学んでいるが、社会・経済的現実を客観的に捉える思考力はほとんど持ち合わせていない。従って既存の史料から歴史像を再構築する作業は中国史より一層困難であったが、それが逆にこの国の特徴を示しているように思われる。朝鮮は中国、特に明朝に似て非なるキッチュな国家なのである。それを映像で現代風に再現した韓国歴史ドラマは更にキッチュなのであるが、その魅力を語り出すときりがないので、ここでは触れない。ただ、たとえば「馬医」というドラマで仁宣大妃が「人の体に刃物を入れるのがどうして医員なのですか。それは白丁のすることです」と語る場面などを見るにつれ、このような台詞が未だに不適切な表現とされる我が国の歴史的恥部にも思いを致す必要があることを付言しておきたい。韓流史劇は単なるお笑い朝鮮史ではなく、日本人が亀鑑とすべき点も数多く含んでいることを肝に銘じるべきである。

ところで近年東洋史や日本中世史の中で「東アジア海域史」とでも呼ぶべき潮流が勢いを増している。朝貢や互市など流通への関心が高まったことは歓迎すべきだが、「貿易は利益を生み出す、従って善である」ことを前提としているなら、私は賛同できない。近世の日本と朝鮮について見れば、鎖国による貿易統制で国内経済の自立性を維持していた側面を否定できないからである。日本は銀輸出を阻止する一方、生糸や人蔘の輸入代替化を推し進めたし、朝鮮は銀遣い制こそ放棄したが、代わりに銭遣い制を確立した。商品流通は比較優位性の追求によって発生するため、地域経済の安定的維持と衝突する部分がどうしても発生する。現代日本でも自由貿易の徹底追求を目的としたTPPは自動車や家電など競争力の強い産業にとって追い風となるが、農業や医療などにとっては間違いなく逆風になる。TPP推進派はグローバル企業が競争力を取り戻すことで景気が回復し、国民経済全体の底上げが実現するという楽観論を吹聴するが、この二十数年間われわれが見てきたのは、構造改革を推進してもトリクルダウンは起きず、所得や資産の格差だけが拡大するという厳しい現実であった。貿易は確かに利益をもたらすが、その利益は一部の階層だけに集中するため、国民経済の規模が大きくなればなるほど「貿易は善」とは言えなくなる。約三百年前の日本や朝鮮の為政者らが東アジア市場あるいは世界市場とどう対峙したのか、私たちは今一度振り返ってみるべきである。

顧みれば私の卒業論文や修士論文は米や綿布の流通史であった。一九八〇年代、既に農村手工業は時代遅れの研究課題であり、明清経済史の先端は物価や貨幣に斬り込んでいた。だから学部時代の指導教官から面と向かって「お前の修論は五〇年代水準だ」と言われた時は相当傷ついた。本書が私の最後の研究書となるのは間違いないので、敢えて言おう。先端的研究をもてはやしたことが結果として現代における歴史学の衰退を招いたのではないだろうか。八〇年代は理論面で硬直化した史的唯物論や単線的発展段階論から解放され、また実証面で中国本土や台湾から新資料が続々と刊行されたこともあって、明清史は百花繚乱の時代を謳歌していた。しかし衣食住の大部分を地域内で自給する農村経済への理解は深まらず、テーマ自体が時代遅れと見なされてしまった。そのような風潮の中で、私は敢えて当時の基幹産業である主穀や綿布の生産・流通を追求し続けてきた。そのような蓄積を経て、初めて銀や人蔘・白絲・貂皮など奢侈品の流通が国家や地域に与える影響が理解でき、それが本書で結晶化し得たと自覚している。理論や史料の斬新さを競うのではなく、地味な作業に見えても着実に史実を検証し続けることこそが歴史学の発展に繫がるのではないだろうか。挑発的に言えば、果たして「東アジア海域史」が本書で取り上げた朝鮮半島経由の国際貿易を整合的に取り込むことができるか、知りたいところである。

最後に、送付した拙論の別刷りを丁寧に読み、温かい励ましの言葉をかけて下さった田代和生氏、および本書の刊行を快諾して下さった九州大学出版会の永山俊二氏のお二人に厚くお礼申し上げます。

二〇一四年五月二二日

山本　進

1796	正祖 20	嘉慶 1	寛政 8	上土鎮を旧慈城郡治に移設し開墾を許可
1798	正祖 22	嘉慶 3	寛政 10	金華鎮が当五銭鋳造を提起し，丁若鏞も中銭・大銭と小銭との併用を説く
1811	純祖 11	嘉慶 16	文化 8	平安道で洪景来の乱勃発
1813	純祖 13	嘉慶 18	文化 10	姜浚欽が当二銭鋳造論を提起
1816	純祖 16	嘉慶 21	文化 13	金履陽が当十銭鋳造論を提起
1842	憲宗 8	道光 22	天保 13	鴨緑江で春秋統巡が開始される
1847	憲宗 13	道光 27	弘化 4	中朝両国による春秋統巡が始まる
1854	哲宗 5	咸豊 4	安政 1	金左根が銀銭並用論を提起
1866	高宗 3	同治 5	慶応 2	興宣大院君が当百銭を発行
1870	高宗 7	同治 9	明治 3	廃四郡を復設
1910	隆熙 4	宣統 2	明治 43	日本が朝鮮王朝（大韓帝国）を滅ぼし植民地化
1911	—	宣統 3	明治 44	辛亥革命が勃発，翌年清帝国が滅亡

註：朝鮮国王の年号を標準とし，当該年に相当する西暦・和暦・中国年号を付載する。
後金建国以前の中国については明朝の年号を記す。

1716	粛宗 42	康熙 55	享保 1	日朝貿易銀が宝永期特鋳銀から正徳・享保銀へ転換
1721	景宗 1	康熙 60	享保 6	馬尚船の鴨緑江遡上が本格的に始まる
1725	英祖 1	雍正 3	享保 10	趙彦臣が当二銭鋳造論を提起
1727	英祖 3	雍正 5	享保 12	攬頭胡嘉佩による清債事件が発覚／鄭亨益が礦銀流出の弊害を上啓
1728	英祖 4	雍正 6	享保 13	柵門後市を廃止
1729	英祖 5	雍正 7	享保 14	団練使を廃止
1730	英祖 6	雍正 8	享保 15	金楚瑞による手標事件が発覚
1731	英祖 7	雍正 9	享保 16	雍正帝が第一次莽牛哨設汛計画を提起／飢饉対策として臨時に鋳銭
1734	英祖 10	雍正 12	享保 19	金潤亨事件を契機に北辺への人身売買が議論
1735	英祖 11	雍正 13	享保 20	宋真明が当十銭鋳造を建議し大銭鋳造論議が本格的に開始
1738	英祖 14	乾隆 3	元文 3	禁蔘節目を頒布
1739	英祖 15	乾隆 4	元文 4	日朝貿易銀が元文期特鋳銀へ再転換
1740	英祖 16	乾隆 5	元文 5	清が東北で封禁政策を実施
1742	英祖 18	乾隆 7	寛保 2	常平通宝の鋳造を再開／金若魯が当十・当百銭鋳造論を提起
1745	英祖 21	乾隆 10	延享 1	柵門後市を再開
1746	英祖 22	乾隆 11	延享 3	乾隆帝が第二次莽牛哨設汛計画を提起／紋緞の禁を実施
1750	英祖 26	乾隆 15	寛永 3	常平通宝の定期的鋳造開始／均役法を施行し身役代布を2匹から1匹に統一
1752	英祖 28	乾隆 17	宝暦 2	江蔘変通節目を制定し人蔘交易統制を強化／釜山に最後の御銀船が来る
1758	英祖 34	乾隆 23	宝暦 8	鴨緑江で馬尚船が最後に発見される／翌年より礦銀輸出禁止を命ず
1763	英祖 39	乾隆 28	宝暦 13	朴務行らによる贋銀鋳造事件が発覚
1778	正祖 2	乾隆 43	安永 7	推刷官を廃止し官奴婢の刷還を停罷／鋳銭事業を戸曹が専管
1786	正祖 10	乾隆 51	天明 6	李柱国が当十銭鋳造論を提起
1787	正祖 11	乾隆 52	天明 7	柵門後市を廃止
1788	正祖 12	乾隆 53	天明 8	年例鋳銭制が採用され定期的に鋳銭/禹禎圭が当十銭・当千銭鋳造を提起
1790	正祖 14	乾隆 55	寛政 2	柳知養が当百銭鋳造を提起
1791	正祖 15	乾隆 56	寛政 3	辛亥通共実施
1792	正祖 16	乾隆 57	寛政 4	清銭の輸入を試みる／朴趾源が金履素に当二銭使用を提案
1793	正祖 17	乾隆 58	寛政 5	権𤁋が廃四郡玉洞・黄水徳嶺・麻田嶺の開墾を建議
1795	正祖 19	乾隆 60	寛政 7	柵門後市を再開

略年表

西暦	朝鮮	中国	日本	事　象
1434	世宗 16	宣徳 9	永享 16	咸鏡北道へ四次にわたる徙民政策を開始
1573	宣祖 6	万暦 1	天正 1	織田信長が室町幕府を滅ぼす
1592	宣祖 25	万暦 20	文禄 1	豊臣秀吉が朝鮮侵攻（壬辰倭乱）
1593	宣祖 26	万暦 21	文禄 2	日明両国が講和を模索／朝鮮政府が端川銀鉱の開発許可
1597	宣祖 30	万暦 25	慶長 2	日本軍との戦闘再開（丁酉倭乱）
1598	宣祖 31	万暦 26	慶長 3	日本軍が撤兵，この頃より朝鮮で銀が流通し始める
1600	宣祖 33	万暦 28	慶長 5	関ヶ原の戦い
1603	宣祖 36	万暦 31	慶長 8	徳川家康が江戸幕府を開く
1608	宣祖 41	万暦 36	慶長 13	大同法が京畿道で実施され，その後各道に展開
1609	光海 1	万暦 37	慶長 14	己酉約条が締結され日朝国交回復
1616	光海 8	天命 1	元和 2	ヌルハチが後金建国
1619	光海 11	天命 4	元和 5	サルフの戦いで後金が明と朝鮮に勝利
1626	仁祖 4	天命 11	寛永 3	ヌルハチ歿しホンタイジが即位
1627	仁祖 5	天聡 1	寛永 4	後金の第一次侵攻（丁卯胡乱）
1633	仁祖 11	天聡 7	寛永 10	朝鮮通宝を鋳造し翌年より発行
1635	仁祖 13	天聡 9	寛永 12	江辺採蔘事目を頒布／兼帯の制が確立し 2 年後より実施
1636	仁祖 14	崇徳 1	寛永 13	後金が清に改称し第二次侵攻（丙子胡乱）
1639	仁祖 17	崇徳 4	寛永 16	日本の鎖国体制が完成
1644	仁祖 22	順治 1	正保 1	明の滅亡により清が中国本土を制圧
1650	孝宗 1	順治 7	慶安 3	北京より明銭 15 万文を輸入
1651	孝宗 2	順治 8	慶安 4	麤布流通禁止
1653	孝宗 4	順治 10	承応 2	清が遼東招民開墾例を公布
1672	顕宗 13	康熙 11	寛文 12	柳条辺の再整備が完了
1676	粛宗 2	康熙 15	延宝 4	辨誣使を派遣，政府資金による被執取引が行われる
1678	粛宗 4	康熙 17	延宝 6	常平通宝（単字銭）の鋳造開始
1679	粛宗 5	康熙 18	延宝 7	常平通宝（二字銭）の鋳造開始
1684	粛宗 10	康熙 23	貞享 1	南九万が咸鏡道で親騎衛を設置
1685	粛宗 11	康熙 24	貞享 2	三道溝事件発生
1686	粛宗 12	康熙 25	貞享 3	廃四郡を無人化し南北蔘商沿辺犯越禁断事目を頒布
1697	粛宗 23	康熙 36	元禄 10	元禄銀通用交渉が開始され 1699 年より正式通用／常平通宝の鋳造停止
1707	粛宗 33	康熙 46	宝永 4	対馬人が七成宝字新銀の通行を打診／北京使行蔘商禁断節目を頒布
1711	粛宗 37	康熙 50	正徳 1	特鋳銀通用交渉が開始され翌年より正式通用
1712	粛宗 38	康熙 51	正徳 2	白頭山定界碑建置

わ行

ま行

や行

ら行

な行

は行

た行

さ行

索　引

〈著者紹介〉
山本　進（やまもと　すすむ）
1959年　滋賀県生まれ
1989年　名古屋大学大学院文学研究科博士後期課程修了
現　在　北九州市立大学外国語学部教授

主要論著
『清代財政史研究』汲古書院，2002年
『清代社会経済史』創成社，2002年
『清代の市場構造と経済政策』名古屋大学出版会，2002年
『明清時代の商人と国家』研文出版，2002年
『環渤海交易圏の形成と変容』東方書店，2009年

大清帝国《だいしんていこく》と朝鮮経済《ちょうせんけいざい》
——開発・貨幣・信用——

2014年10月31日 初版発行

著　者　山　本　　進
発行者　五十川　直　行
発行所　一般財団法人　九州大学出版会
〒812-0053 福岡市東区箱崎7-1-146
九州大学構内
電話　092-641-0515（直通）
URL　http://kup.or.jp/
印刷・製本／大同印刷㈱

ISBN978-4-7985-0138-3